精 神 家 園

現代中文文學研究論叢4

張 堂 錡 著

現代文學研究叢刊

文史哲出版社印行

國家圖書館出版品預行編目資料

精神家園：現代中文文學研究論叢.4 / 張堂
錡著. -- 初版 -- 臺北市：文史哲,民 99.07
面： 公分. -- (現代文學研究叢刊; 38)
ISBN 978-957-549-916-7(平裝)

1.中國當代文學 2. 文學評論

820.908   99014353

現代文學研究叢刊　　38

精　神　家　園

現代中文文學研究論叢 4

著　　者：張　　　　堂　　　　錡
出 版 者：文　史　哲　出　版　社
http://www.lapen.com.tw
e-mail：lapen@ms74.hinet.net
登記證字號：行政院新聞局版臺業字五三三七號
發 行 人：彭　　　　正　　　　雄
發 行 所：文　史　哲　出　版　社
印 刷 者：文　史　哲　出　版　社
臺北市羅斯福路一段七十二巷四號
郵政劃撥帳號：一六一八〇一七五
電話 886-2-23511028 ・傳真 886-2-23965656

實價新臺幣三五〇元

中華民國九十九年（2010）七月初版

自　　序

　　收在這本書中的幾篇文章，是發表於 2005 年至 2010 年間的部分成果，討論的議題都集中在中國現當代文學，特別是「文人群體」的文學史鉤沈與觀察，評述與析論，包括了非主流、邊緣性的湖畔詩社、立達文人群、東吳女作家群、白馬湖作家群，以及在五〇年代曾經引領一時文風的「散文三大家」。開掘並探討許多在文學史頁中被忽視的作家群體，是我自九〇年代中期起投入白馬湖作家群研究時即已關心、追求的學術課題，其他如「開明作家群」等，都是我過去十餘年來念茲在茲、苦思鑽研的研究對象與學術興趣，而且，這個興趣始終沒有消退過。

　　這幾年來我的寫作計畫重心是完成《純美意識與中國現代作家》一書，斷斷續續地閱讀，醞釀，書寫，進度極為緩慢，原因之一是在閱讀、思考的過程中，總會有其他相關的小議題飛進我的視域，吸引我的注意，寫作心力因此而分散，這本書中的幾篇

文章，以及 2008 年出版的《追想彼岸》，都是這類的「離題之作」。
彷彿是上學的小孩，途中見到好玩的事物，不知不覺轉進小巷迷
宮中，興高采烈，樂此不疲，卻忘了上學這件正經事。還好，看
似離題之作，卻始終以中國現當代文學、台灣新文學為中心，這
是我十餘年來矢志耕耘的學術陣地、研究崗位，不曾也不會「擅
離職守」。

　　這些「不在計畫中」的文章，和計畫中的寫作一樣，共同建
構出屬於我個人的學術圖景。舉例來說，我對白馬湖作家群的研
究早有《清靜的熱鬧 —— 白馬湖作家群論》專書於 1999 年由東大
圖書公司出版，十年後，增訂版將由上海復旦大學出版，為此我
特別撰寫了〈「白馬湖作家群」命題形成與發展的歷史考察〉，以
補充 1999 年以來相關研究的新材料與新成果，回顧與前瞻交織，
字裡行間有我對此一議題的深厚感念，畢竟這是我個人學術道路
上一塊重要的界碑。海峽兩岸第一篇以作家群體的角度析論「東
吳女作家群」的論文，是我在 2005 年發表的，而後有華東師範大
學王羽的博士論文《「東吳系女作家」研究》於 2007 年 5 月完成，
那也是我在閱讀施濟美的小說集《鳳儀園》時，從簡短的序言中
得到的啟發，原本想擴大撰寫成書，因時間難以兼顧而擱置。對
立達文人中的白采進行研究，是因為尉天驄老師曾以白采之作《絕
俗樓遺集》相贈，讀後有感而作。對「散文三大家」的研究則是
和復旦大學欒梅健教授合作編寫《大陸當代文學概論》時，我承
擔散文部分的撰寫工作，因材料的蒐羅閱讀產生興趣而寫。至於
湖畔詩社的考辨，則是我撰寫《純美意識與中國現代作家》時，
處理湖畔詩社一章，閱讀了許多資料，發現存在許多問題有待釐
清而執筆。對於澳門文學的關注早在九〇年代初期即開始，真正

投入時間去研究是這幾年的事,曾以此爲課題申請國科會研究計畫,也在《文訊》雜誌上策劃「發現澳門文學」專題,收在本書中的論文是應邀在一場兩岸華文文學研討會上宣讀發表的,是我觀察澳門文學最近二十多年發展的初步心得,其中許多看法都是自己的體會,相信對認識與理解澳門文學過去成果和未來發展會有一定的助益⋯⋯。

這種「不在計畫中」的書寫仍將會持續下去,畢竟學術研究已經成爲生活、生命的一部分,正路與歧途,最終還是會朝著既定的方向走去。特別要感謝文史哲出版社的彭正雄先生,他讓我在「現代中文文學研究論叢」的名義下,將這些零星文章匯集成冊,陸續印行,連這本在內已經出版了四輯。十餘年來在現代文學史研究道路上跋涉過的山頭、探險過的蹊徑,在這幾本書中可以看到重重踏下的足跡,或許凌亂,但卻真實。

想起蘇軾貶謫海南的詩〈汲江煎茶〉,其中有幾句寫道:「活水還須活水烹,自臨釣石汲深清。大瓢貯月歸春甕,小杓分江入夜瓶。」這詩中自得其樂、豁達超脫的境界,自是庸碌如我難以企及的。如果學術研究這條路,是汲取江水煎茶的過程,那麼我這些年來不改其志地在現代文學領域的耕耘,大約就像是在深夜江面釣磯上,寂寞一人,彎身用大瓢小杓汲取清流。收在這書中的幾篇文章,當然不是能夠貯月的大瓢之水,而只能是浩浩長流的一杓水波,是否達到「深清」的意境,亦未可知,但這些裝入夜瓶的小杓水,確實讓我在許多寂靜的夜裡,感受到學術生命的潮湧,觸摸到藝術審美的律動,聆聽到創作心靈的召喚。其實,這樣也就足夠了。史鐵生小說〈命若琴弦〉中的老瞎子對小瞎子說,要想睜開眼看看這個世界,得盡力一根一根地彈斷一千兩百

根琴弦才行，當然，那只是虛設的目的，就像老瞎子彈斷了師父交代的一千根弦，依然不能看見一樣，然而，「目的雖是虛設的，可非得有不行，不然琴弦，拉不緊就彈不響。」這是令我著迷不已的神話寓言，因為我在故事中看到了自己的來時路，也預見了自己的未來。

我將一根一根地彈起學術生命的琴弦，在「過程」中體會艱辛與困惑，踏實與喜悅，至於「目的」答案是不是一張無字的白紙，看來一點也不重要。

感謝採用這些文章的刊物主編，以及曾經審查過這些論文的學者專家。「精神家園」是沒有盡頭的終極理想，我希望自己跨出的每一小步，都在試圖接近這個家園，帶著謙卑仰望的敬意，以及痴迷不悔的心情。

2010 年 6 月，政大百年樓

精 神 家 園
—— 現代中文文學研究論叢 4

目　　次

湖畔詩社研究若干問題考辨

一、前　言

　　湖畔詩社是中國現代文學史上繼「中國新詩社」後成立的第二個新詩團體[1]，由四個志趣相近、性情相契的年輕人發起組成，他們才 20 歲左右，分別是同時就讀於浙江第一師範學校的汪靜之（1902-1996）、潘漠華（1902-1934）、馮雪峰（1903-1976），以及上海棉業銀行的職員應修人（1900-1933），在「五四」新文學運動的思潮

1　中國新詩社是「五四」時期新文學運動中出現的第一個鬆散的新詩團體，1922年初在上海成立，發起人有朱自清、葉紹鈞、俞平伯、劉延陵等。以該社名義編輯出版以新詩創作為主的《詩》月刊，是新文學史上的第一個詩刊。自第 1 卷第 4 期起，《詩》同時作為文學研究會定期出版的刊物之一，直到 1923年 5 月停刊，中國新詩社也隨之結束活動。汪靜之在許多地方都強調湖畔詩社是中國第一個新詩社團，如寫於 1993 年的〈沒有被忘卻的欣慰〉中說湖畔詩社是「中國第一個新詩社」；寫於 1981 年的〈對青年作者的談話〉中也說：「是中國最早的新詩社」，見《汪靜之文集・沒有被忘卻的欣慰》（飛白、方素平編，西泠印社出版社，2006 年 1 月），頁 57、39。《汪靜之文集》的編者在介紹汪靜之時逕寫道：「中國第一個新詩社團湖畔詩社的主要代表」。這個說法顯然有誤。

激盪下，於 1922 年 4 月在杭州西子湖畔成立，曾先後出版過《湖畔》、《蕙的風》、《春的歌集》等詩集，在當時產生過很大的影響，受到青年讀者的熱烈歡迎、喜愛，一度引起文壇的矚目。尤其是汪靜之的個人詩集《蕙的風》，在很短時間內印行六次，銷售二萬餘冊，這在新文學發展的初期階段是不多見的。

對於湖畔詩社的關注與研究，最集中且熱烈的階段是二○年代，曾爲文談論湖畔詩社整體風格與成就，或者是個別詩人表現與特質的就有魯迅、周作人、朱自清、馮文炳（廢名）、宗白華、劉延陵等，這些知名學者及作家，爲這一小小社團、幾位年輕人相繼發言，使得湖畔詩社的地位大幅提昇。湖畔詩社的受到矚目，和汪靜之詩集《蕙的風》出版有關，幾首大膽表露渴望愛情的詩，被胡夢華等保守衛道者抨擊爲「挑撥肉欲」、「提倡淫業」、「有不道德的嫌疑」[2]，引起一場「文藝與道德」的激烈論戰。1922 年下半年，也就是論戰前後的湖畔詩社，應該是其發展的高峰期。1925 年「五卅」事件發生，迅速對這幾位年輕詩人產生強烈衝擊，應修人、潘漠華、馮雪峰先後加入共產黨，投身於政治漩渦與戰鬥行列中，放下詩歌寫作的純美嚮往，轉而追逐革命的宏大理想。汪靜之雖未入黨，但他也體認並決定：「不再寫愛情詩，不再歌唱個人的悲歡，準備學寫革命詩。」[3]要「以詩爲武器，爲革命盡一分力。」[4]如此一來，湖畔詩社就因停止活動而無形中解散了。

從 1925 年至 1949 年間，由於戰火無日或歇，革命情勢瞬息

---

2 以上對胡夢華文句的引用均出自其〈讀了《蕙的風》以後〉一文，原載 1922 年 10 月 24 日《時事新報・學燈》，收入《湖畔詩社評論資料選》（王訓昭選編，上海：華東師範大學出版社，1986 年 12 月），見頁 107、108、112。
3 汪靜之：〈《蕙的風》（1957 年版）自序〉，《湖畔詩社評論資料選》，頁 283。
4 汪靜之：〈回憶湖畔詩社〉，《汪靜之文集・沒有被忘卻的欣慰》，頁 38。

萬變，時代風雨使這些詩人拋棄過去愛與美的追求，帶有明顯政治傾向的戰鬥詩篇，成爲他們主要的文學表現，個人的聲音匯入了大時代的合唱中，他們的湖畔特色也就不復存在。和湖畔時期創作的熱情相比，1925 年以後的作品大幅減少，這就使得相關的討論難有「五四」時期的盛況。二十多年的時間，僅有朱自清、趙景深、朱湘的零星短評，篇幅稍長的也只有沈從文的〈論汪靜之的《蕙的風》〉和馮文炳的〈湖畔〉。這段時期可以說是湖畔詩社研究的衰退期。1949 年以後，政治局勢有了新的變化，至 1976 年「文革」結束爲止，整個五、六〇年代，由於革命鬥爭的情緒高昂，接二連三的政治運動，使人們幾乎忘了「愛情」在文藝中的存在與必要，以「愛情詩」爲招牌的湖畔詩社自然受到打壓和遺忘，相關的研究除了王瑤在 1953 年由新文藝出版社出版的《中國新文學史稿》中有不到二百字的評論外，可謂乏人問津。「文革」十年，湖畔詩人的愛情詩自然屬於小資產階級情調，難逃被禁的命運。這段時期可以視爲湖畔詩社研究的停滯期。

　　「文革」結束，進入新時期以後，湖畔詩社的研究終於迎來了又一次的高峰，堪稱爲復甦期。這個階段最重要的成果應該是由錢谷融主編的《中國新文學社團流派叢書》中所收錄的《湖畔詩社資料集》、《湖畔詩社評論資料選》二書，於 1986 年出版，其內容的豐富，已爲後人的研究提供了彌足珍貴的第一手材料。書中的研究性、追憶性文章，比起以往顯得多元而廣泛，正如謝冕在 1981 年爲王家新等人編選的《中國現代愛情詩選》所寫的序〈不會衰老的戀歌〉一樣，愛情永遠是令人著迷的文學主題，它的聲音儘管溫柔而纖弱，但它的力量卻是足以穿透時空、深入人心，湖畔詩人的愛情詩因此而有了新生的意義。九〇年代以後，相關

的研究進入了深化期，賀聖謨於 1998 年出版的《論湖畔詩社》與2006 年由飛白、方素平編的六冊《汪靜之文集》是指標性的著作。《論湖畔詩社》是第一本研究專著，對史料的考訂格外用心，序者駱寒超指出：「這部書分兩大部分：第一部分是『湖畔詩社評述』，第二部分是『湖畔詩人分論』。我覺得兩者的比例不夠勻稱。第一部分『評述』得雖扼要而中肯，但顯得簡略了一點。主體實際上是第二部分。這部分對幾位湖畔詩人的論述頗呈異彩。」[5]也許是作者和汪氏有一段長逾十年的交往，書中對汪靜之的論述較深入全面，且迭見新意。至於《汪靜之文集》的問世，不僅提供了有關汪氏個人和作品的豐富材料，對湖畔詩社的史料與研究也有許多比對參照的可貴線索。

從二〇年代的高峰，到三、四〇年代的衰退，再到五、六〇年代的停滯，以至七〇年代末期到九〇年代的復甦，九〇年代以後的深化，湖畔詩社的研究經歷了一個曲折而艱難的過程。進入二十一世紀後，相關的研究雖然不能說是學術的熱點，但已漸漸浮出歷史地表，深化與突破的工作正在緩慢的進行中，湖畔詩社成為中國現代文學史上雖不耀眼、卻也不容忽視的一頁，誠如《中國現代文學社團流派史》一書所下的結論：「湖畔詩社這些專心致志地寫情詩的同人，在他們的詩歌中構造了一座多麼絢麗、清新的藝術花園。這座花園在整個中國現代文學的藝術世界裡不僅昨天，而且今天也仍散發著濃郁的芬芳，具有無可爭議的歷史價值與美學價值。這正是這一社團流派的生命力之所在。」[6]

---

5 駱寒超：《論湖畔詩社‧序》（賀聖謨著，杭州大學出版社，1998 年 6 月），頁 3。

6 見陳安湖主編：《中國現代文學社團流派史》（武漢：華中師範大學出版社，1997 年 12 月），頁 161。

　　雖然關於湖畔詩社的研究已有八十多年歷史，但正如上述，許多非學術的干擾使得相關的研究無法充分開展，至今仍有很大的探索空間，許多問題也仍待釐清與深究，包括研究方法與觀念的更新、史料的挖掘與考證、視野的擴大與多面等，都有待研究者有所突破與超越。本文將提出幾個關鍵史料上的疑義，進行思考和解釋，並對既有的史料加以耙梳考訂，希望能讓相關的研究更加完善、深入。

二、「湖畔詩社」的定位

　　「湖畔詩社」的定位，似乎從一開始就不夠明確。主要成員之一的馮雪峰在 1957 年為《應修人潘漠華選集》所寫的序言中說，湖畔詩社「實際上是不能算作一個有組織的文學團體的。只可以說是當時幾個愛好文學的青年的一種友愛結合。」因為應修人編好了四個人的詩集《湖畔》，想找一家書店出版，「但沒有書店肯出版，於是即由應修人出資自印，於四月間出版了，『湖畔詩社』的名義就是為了自印出版而用上去的，當時並沒有要結成一個詩社的意思。」[7]這樣的說法，似乎認為湖畔詩社不是一個有組織、有計畫、有宗旨的文學社團，而只是一個自然形成的文人群體。然而，另一名成員汪靜之在〈沒有被忘卻的欣慰 —— 湖畔詩社 71 周年紀念〉中則明言：「中國第一個新詩社湖畔詩社 1922 年 4 月 4 日成立於西泠印社四照閣，創始人是應修人、潘漠華、馮雪峰、汪靜之。湖畔詩社得到『五四』新文壇最著名的三大名家魯迅、胡適、周作人的精心培養、讚賞愛護。當時請三大名家

---

7 馮雪峰：《應修人潘漠華選集・序》，《湖畔詩社評論資料選》，頁 185。

為湖畔詩社導師，請葉聖陶、朱自清、劉延陵三位老師為湖畔詩社顧問。」[8]看來又似乎頗有計畫，也有一定的組織。這兩種說法的存在，使得至今許多研究文章對此一作家群體或以社團稱之，或以流派視之，產生了一些困惑。

在眾多的社團流派辭典或社團流派史的敘述中，湖畔詩社幾乎都會被提及，但都是在含混的「社團、流派」之下，只有少數明確標舉「社團」者如章紹嗣主編的《中國現代社團辭典1919-1949》，清楚地列入「湖畔詩社」辭條，將其定位為社團，該辭條一開始就寫道：「中國現代文學史上較早的新詩社團之一。1922 年 4 月 4 日在杭州西子湖畔成立。」接著又提到：「以獨具藝術特色的作品，成為有一定影響的『湖畔詩派』。」[9]將社團與流派作清楚的區隔。這樣的定位方式，我認為是比較符合文學史實的。儘管成立之時沒有大張旗鼓，也沒有公開和正式的宣言，但這並不妨礙其為一個「社團」的事實。曉東寫於 1982 年的文章〈「湖畔詩社」始末〉中有一段敘述：

> 「湖畔詩社」在西子湖畔成立的時候，應修人提出：我們四人是好朋友，以後只有詩寫得好而又是好朋友才吸收入社；不是好朋友，即使詩寫得好，不要加入，而詩寫得不好，即使是好朋友，也不要加入。這一提議得到大家的贊同，成了不成文的「以文會友」的入社條件。為此，當時「晨光社」的社友魏金枝、趙平復因沒有加入「湖畔詩社」

---

8 汪靜之：〈沒有被忘卻的欣慰〉，《汪靜之文集・沒有被忘卻的欣慰》，頁 57。
9 見章紹嗣：《中國現代社團辭典 1919-1949》（武漢：湖北人民出版社，1994年 8 月），頁 729。

而不高興……。[10]

　　雖然入社的條件是「不成文」，但有基本的要求：作品與交情，他們排除魏、趙二人的加入，說明了確有執行「入社」的審核機制，其為一文學社團應無疑義。一直要到 1924 年冬天，為了以「湖畔詩社」名義出版詩集，好友魏金枝（1900-1972）、謝旦如（晚年改名澹如，1904-1962）才終於正式入社。1925 年 2 月，應修人還在上海主持創辦了文藝刊物《支那二月》，以「湖畔詩社」名義每月出版一期，但只出了四期就停刊。這些都說明了「湖畔詩社」是一個文藝組織，是一個有正式名義在文壇活動的新詩社團。他們經常聚會，出版的新詩集也以《湖畔詩集》為系列名稱，這些都是構成這個小型文學社團的基礎條件。正因為其為正式社團，汪靜之才會在晚年多方奔走，促成「湖畔詩社」於 1981 年初恢復，因而有「後期湖畔詩社」、「新的湖畔詩社」之說。

　　應修人於 1922 年寫給潘漠華、馮雪峰的信中曾提到一些資料也可做為佐證，他在信中提到要退出「明天社」，汪靜之在為此信註解中對此事做了說明：「1922 年《湖畔》詩集出版之後，《蕙的風》出版之前，在北京的幾個人發起組織一個文學團體『明天社』，寄了宣言和章程給我（按：指汪靜之），要我徵求我們湖畔詩社和晨光社的幾個人加入明天社作為發起人。」[11]但後來明天社沒有什麼活動就很快解散了。顯然，湖畔詩社的成立是為外所知的，而且是將其與正式社團「晨光社」等同看待，二者的社團屬性可說是完全相同的。

---

10 曉東：〈「湖畔詩社」始末〉，原載《西湖》1982 年第 4 期，文章末尾有附註，說明「本文寫作時得到汪靜之先生的指教」。見《湖畔詩社評論資料選》，頁 65。
11 此信收錄於《湖畔詩社評論資料選》，頁 311。

成立社團並不難，「五四」時期的社團林立，據統計，從 1921 年到 1923 年，短短三年時間全國出現的大小文學社團有四十多個，而到 1925 年，更激增到一百多個[12]，然而，要成為一個文學流派並不容易，必須有足夠的作家、作品，而且在審美共性與藝術特質上有接近或一致的表現才行。湖畔詩社雖然人數不多，卻能以其鮮明、大膽、熱烈的愛情詩在新文學史上脫穎而出，站穩一席之地，形成了令當時青年喜愛、後人嚮往的「湖畔詩派」。仔細推敲馮雪峰的說法，他說詩社不是「一個有組織的文學團體」，意在強調詩社成立的自然、寬鬆與偶然，不像文學研究會或創造社的組織嚴密，意圖結合一批人力，透過機關刊物來宣揚共同主張。至於「當時並沒有要結成一個詩社的意思」，恰好說明了「後來卻成了一個詩社」。我們認為，湖畔詩社有社有派，由社而派，這應該是符合文學史實的學術觀點。

三、湖畔詩社的成立時間與成員

關於湖畔詩社成立時間的說法不一，有的說是 3 月[13]；有的說是 3 月底[14]，大部分的學術論文或回憶文章則說是 4 月，汪靜之本人更明確地說是 4 月 4 日，如寫於 1986 年的〈恢復湖畔詩社的經過〉：「湖畔詩社由應修人、潘漠華、馮雪峰和我創立於 1922

---

12 參見錢理群等著：《中國現代文學三十年》（北京大學出版社，1998 年 7 月修訂本），頁 16。
13 如王瑞在〈「湖畔詩社」創作淺論〉一文中說：「『湖畔詩社』成立於 1922 年 3 月。」收於《開封教育學院學報》第 21 卷第 1 期，頁 15。
14 如葉英英在〈試論應修人的詩〉一文中說：「湖畔詩社，成立於 3 月底。」收於《寧波大學學報（人文科學版）》第 8 卷第 4 期，頁 31。楊里昂的《中國新詩史話》（長沙：湖南文藝出版社，1992 年 10 月）也寫道：「湖畔詩社於 1922 年 3 月底在杭州成立」，見頁 65。

年 4 月 4 日」[15]，或是寫於 1993 年的〈汪靜之小傳〉：「1922 年 4
月 4 日我和應修人、潘漠華、馮雪峰成立了『湖畔詩社』，是中國
『五四』新文壇第一個新詩社。」[16]至於成立的經過，曉東的〈「湖
畔詩社」始末〉有清楚的描述：

> 1922 年 3 月，應修人為了會晤詩友，請假一周，前來西湖
> 春遊。……3 月 30 日，應修人來到杭州，住入湖濱清華旅
> 館 11 號房間。……31 日，汪靜之帶了潘、馮兩人去見應
> 修人，他們一見如故，也成了好朋友，一起同遊西湖。……
> 4 月 1 日，詩友們又歡聚在一起，……他們在互相看了詩
> 稿之後，由於汪靜之已有詩集要出版，應修人提議將自己
> 的詩和潘漠華、馮雪峰的詩也合成一集，爭取出版，得到
> 了潘、馮的贊同。晚上，應修人回到旅館後，挑選詩作，
> 準備編集。4 月 3 日，應修人選好了詩稿，編成了一冊三
> 人合集，題名《湖畔》。應修人難得的春假即將屆滿，4 月
> 4 日，詩人們又在一起研究《湖畔》詩集的出版事宜。由
> 於出版詩集要有名義，在應修人的倡議下，成立了一個「湖
> 畔詩社」。……應修人以在杭「總欠多聚幾天」的依依惜別
> 心情，於 4 月 6 日離杭回滬了。杭州的三位詩人此時才想
> 到，和修人歡聚了幾天，卻忘了一起合影留念，很感遺憾。
> 為了補救，他們在「湖畔詩社」成立後的第四天 —— 4 月 8
> 日到湖畔一起攝影，以誌記念。[17]

這段敘述將詩社成立的始末作了詳盡的勾勒，很明確地指出

---

15 汪靜之：〈恢復湖畔詩社的經過〉，《汪靜之文集·沒有被忘卻的欣慰》，頁 51。
16 汪靜之：〈汪靜之小傳〉，前揭書，頁 6。
17 曉東：〈「湖畔詩社」始末〉，《湖畔詩社評論資料選》，頁 62、63。

成立時間是 4 月 4 日。

　　但是，在孫琴安的《雪之歌 ── 馮雪峰傳》中敘述到這一段時，則是明確地寫道，4 月 4 日這一天雖然下雨，但四人仍冒雨去遊玩，回到旅館後，應修人表示，幾人的詩都看了，西湖的主要景點也都玩遍，決定明天不出去，在旅館裡大家商量詩，於是 4 月 5 日這一天，大家聚在清華旅館 11 號房，有了成立詩社的討論和決定。[18]這本傳記在細節的描寫上當然免不了想像的成分，但對成立的時間是明確主張 4 月 5 日的。《馮雪峰傳》出版於 2005 年，估計作者是受到賀聖謨於 1998 年出版的《論湖畔詩社》一書的影響。在這部專論中，賀聖謨根據上海魯迅博物館藏的《應修人日記‧1922》的記載，認為應該是 4 月 5 日，因為當天四個人沒有去遊西湖，應修人編好《湖畔》詩集準備要出版，於是倡議成立湖畔詩社，大家一致同意。但是，對於 4 月 4 日之說，他並未指出汪靜之記錯，只是他採用應修人的說法，而這個說法與「汪靜之晚年的回憶中所說的日期略有出入」。

　　有趣的是，這個推論和同一段文章開頭的敘述：「七十多年後，當滿頭銀髮的汪靜之老人在他的光線昏暗的客廳裡對筆者追述這段遙遠的往事時，他仍清楚地記得這次標誌著青春時代的輝煌的會見，以及其後詩友們交往中的種種細節。」[19]顯得有些矛盾。如果汪靜之連遊玩的細節都記得很清楚，何以會對更為重要的詩社成立日期反而記錯呢？問題應該是出在汪、應兩人對成立時間「認知」的差異上。在由汪靜之的女兒汪晴所整理的〈汪靜

18　參見孫琴安：《雪之歌 ── 馮雪峰傳》（杭州：浙江人民出版社，2005 年 7 月），頁 15、16。

19　賀聖謨：《論湖畔詩社》，頁 1、2。

之年表〉中對此有一段值得參考的推論：「3 月 31 日至 4 月 6 日
修人從上海到杭州，與靜之、漠華、雪峰四人同遊西湖，成立湖
畔詩社並編成《湖畔》詩集。成立湖畔詩社的時間和地點，據靜
之說是 4 月 4 日在孤山的西泠印社四照閣；據修人日記則是 4 月
5 日因天雨未出遊，在湖濱的清華旅館成立的。估計是 4 日先有
成立湖畔詩社之議，5 日正式開始討論和編輯詩集。」也就是說，
4 日的聚會中已有詩社之議，5 日經討論後正式定案。汪靜之認爲
4 日既已提議，自然就是詩社成立的時間，而應修人則認爲 5 日
的討論決定才算是。兩種說法都有其根據，但以 4 月 4 日之說較
爲普遍。筆者主張應氏的 4 月 5 日說，因爲 6 日應修人就要返回
上海，在返回之前將此事正式定下來的推論，應該是合乎常理的，
而且因爲討論《湖畔》詩集的編輯事宜是在 5 日，將詩社命名爲
「湖畔詩社」，並將《湖畔》作爲《湖畔詩集》的第一集，比較可
能是這一天討論的結果。應修人是主要發起人，也是整個社團的
靈魂人物，正如汪靜之所說：「『湖畔詩社』是修人首先建議的，
如沒有修人，絕不會有『湖畔詩社』。」[20]應修人對詩社的工作做
得最多，也最投入，因此他的說法比較值得探信，而且日記的記
載應該比汪氏多年後的回憶要來得可靠。

　　作爲一個文學社團，湖畔詩社的規模極小，發起成立的僅四
人。歷史有時真的是偶然，當時應修人來杭州，汪靜之約了同班
同學潘漠華和低一年級的馮雪峰一起去見應修人，之所以是四個
人的原因竟然是遊湖的小舟只有四個座位，「人多了坐不下，人少
了坐不穩 —— 湖畔詩人的人數就這樣由小遊船的座位數決定了。」

---

20 汪靜之：〈「湖畔詩社」的今昔〉，《湖畔詩社評論資料選》，頁 289。

[21]第二個偶然是，原本只是討論出版詩集，卻由此成立了一個社團。更大的偶然則是，他們發自內心的自由歌唱，對美的嚮往，對愛的激情，竟然與時代同流合拍，獲得超乎意料的迴響，為自己寫進了文學史冊。

湖畔詩社的成員一開始是四人，但在 1924 年底，魏金枝、謝旦如入社，詩社的隊伍增加為六人。謝旦如的詩集《苜蓿花》如願以湖畔詩社名義列為《湖畔詩集》系列第四集於 1925 年 3 月自費出版，成了名副其實的湖畔詩人，這也是賀聖謨的專書《論湖畔詩社》要在最後列一章節專論謝旦如的緣故。

至於魏金枝，賀聖謨在《論湖畔詩社》的〈後記〉中說：「魏金枝曾擬以湖畔詩集名義出版《過客》，但這本詩集終於沒有問世。研究歷史只能以既定的材料為依據，對於不曾出版的詩集當作出版過一樣對待，我以為不妥。」[22]魏金枝和謝旦如一樣，加入詩社的目的是要出版詩集，他的詩集已經編妥，原列為《湖畔詩集》的第三集，最終卻因缺乏經費而沒有問世，但他確實是加入詩社的，既已加入，就是詩社的成員，因此在論湖畔詩人時應該把他列入，才符合史實。和魏金枝交往四十年的歐陽翠，曾提及此事：「他（按：指魏金枝）與湖畔詩社的發起人之一汪靜之交往密切。1924 年，他和謝旦如一起，加入了湖畔詩社，並創作不少詩篇，編成了詩集《過客》，原定作為湖畔詩社的第三個集子出版，後來因為印刷費不足而不再排印，但是詩社的第四個集子 —— 謝旦如的《苜蓿花》，卻在第二年 3 月自費出版了。」並不無感慨地說：「如果魏金枝的《過客》能在當時出版，一定也會在文學界產

---

21 賀聖謨：《論湖畔詩社》，頁 2。
22 前揭書，頁 269。

生反響，而使魏金枝以詩人的姿態走上文壇。」[23]

　　魏金枝的詩歌創作集中於 1920 年至 1925 年，多發表於《詩》月刊、上海《民國日報》副刊《覺悟》、《責任周刊》、《支那二月》等刊物，根據魏德平、楊敏生〈論魏金枝早期的詩歌創作〉的分析，魏金枝的詩有「強烈的時代感和鮮明的革命性」，「在一些寫愛情、寫友情、寫母親的詩裡，也都貫穿著對現實的批判和對理想的追求。」[24]如〈死〉、〈不愛了〉、〈不怕死的人〉、〈母親的悲哀〉等，都有對現實不滿的強烈呼聲。《過客》這部詩集雖然無緣面世，但若能將其散佚在當時報刊的詩作加以蒐羅整理，對湖畔詩社研究的完整性與豐富性將大有助益。

　　湖畔詩社雖有六人，但核心成員還是眾所熟知的四人。有人要將湖畔詩社成立之前的「晨光社」的成員如趙平復（柔石）、周輔仁，或者是應修人後來創辦《支那二月》時在刊物上發表作品的樓適夷（建南）、何植三等，都列入湖畔詩人的隊伍中，如此「虛張聲勢」，實無必要。汪靜之在 1986 年寫的〈恢復湖畔詩社的經過〉中提到：「後來加入詩社的有魏金枝、謝旦如，並追認詩友柔石爲社員。」柔石和汪靜之、潘漠華、馮雪峰、魏金枝是浙江第一師範學校同學，也同爲「晨光社」的成員，友誼深厚，但既然當時未准其入社，多年後再「追認」爲社員，不管動機爲何，都說明了二〇年代柔石並非社員，只是詩友，因此也不宜將柔石列爲當年湖畔詩人之一。

　　湖畔詩社的作品數量並不多，以詩社名義出版的《湖畔詩集》

---

23 歐陽翠：〈回憶魏金枝〉，《新文學史料》1994 年第 2 期，頁 142。
24 魏德平、楊敏生：〈論魏金枝早期的詩歌創作〉，原載《浙江學刊》1982 年第 4 期，引自《湖畔詩社評論資料選》頁 264、265。

系列僅有第一集的《湖畔》，第二集的《春的歌集》，以及第四集
的謝旦如《苜蓿花》。此外還有汪靜之的個人詩集《蕙的風》、《寂
寞的國》（1927 年 9 月）等。《寂寞的國》雖然是在「五卅」之後才
出版，但作品的寫成是在 1922 至 1925 年間，仍可視爲是湖畔時
期作品。整體來說，這是一個「小而美」的新詩社團，成員與作
品數量十分單薄，這和它在當時產生的熱烈迴響有些不成比例。
因爲它的「小」，在短短幾年後就湮沒在時代的洪流裡，但也因爲
它的「美」，多年後終於又再度重見天日。

四、湖畔詩社、晨光社與明天社

　　由於湖畔詩人同時也列名爲晨光社、明天社的社員，使得長
久以來對這三個社團之間的關係有些混淆不清，董校昌的〈晨光
社與「湖畔」詩派〉一文就提到這樣的現象：

> 魏金枝在一篇文章中說：「及至『湖畔』詩社擴大基礎，朱
> 先生（按：指朱自清）便起而成爲盟主」，曹聚仁也講到過，
> 湖畔詩社由朱先生所領導。這裡由於湖畔詩社的影響比晨
> 光社大，印象深刻，所以在幾十年以後回憶時，他們都把
> 晨光社與湖畔詩社混爲一談了。[25]

　　事實上，晨光社與湖畔詩社之間關係確實密切，可謂「本是
同根生」，這「根」就是浙江第一師範學校。晨光社是浙江最早的
新文學團體，而且是以青年學生爲主體的社團，成立於 1921 年的
10 月 10 日，由就讀於浙一師的學生潘漠華首先倡議，得到同學
汪靜之的贊同，約請魏金枝、趙平復作爲發起人，再聯絡蕙蘭中

---

25 董校昌：〈晨光社與「湖畔」詩派〉，收入賈植芳主編：《中國現代文學社團
　　流派》（南京：江蘇教育出版社，1989 年 5 月）下冊，頁 758。

學、安定中學和女師的文學愛好者二十餘人[26]，在西湖畔成立，
並通過潘漠華起草的〈晨光社簡章〉。從這份簡章可以看出這是一
個有組織、有計畫、有理想的社團，共有定名、宗旨、社員、職
員、經費、事業等六條，已經是現代社團的基本架構與特徵，是
名符其實的文學社團。雖然潘漠華在給茅盾的信中提到：「社內實
無特別的繁複的組織，也無將來的預計的步驟，只不過是自由的
集合而已。」[27]但其與稍早成立的文學研究會、創造社一樣，完
全是符合現代定義下的文學社團。

　　雖然晨光社還邀約了浙一師以外的青年學生入社，但其發起
與活動的重心始終是在浙一師，誠如董校昌的研究分析：「晨光社
的基本力量在一師，會員佔全社的 30％，除有學生十六人參加
外，尚有朱自清、葉聖陶、劉延陵三位先生。他們既是會員，又
是文學顧問，特別是朱自清，可以說是晨光社的實際領導者。」[28]
湖畔詩社的汪靜之、潘漠華、馮雪峰、魏金枝也都是浙一師的學
生，所以這兩個同樣成立於西湖畔的文學社團，說是同出一源實
不為過。不過，這裡有個時間先後的問題。冬雪 1979 年的文章〈訪
「湖畔詩人」汪靜之〉寫道：「汪靜之先生告訴我們，『湖畔詩社』
成立後……他們覺得人數太少，就發起成立了『晨光文學社』，邀
請一師及女子師範的一些同學參加。」易新鼎 1981 年撰文〈關於
湖畔詩社、晨光文學社的兩種說法〉支持冬雪之說，甚至做出推
論：「群眾團體由小到大發展，是一般的規律。在較多人數的『晨

---

26 從社員名錄看來，後來入社的成員共有 33 人。參見〈杭州晨光社會員錄〉，
　前揭書，頁 784。
27 見〈潘訓致沈雁冰書簡〉，原刊《小說月報》第 13 卷第 12 號「來件」欄，
　引自前揭書，頁 783。
28 同註 25。

光文學社』裡再分出一個四人組成的『湖畔詩社』，在事實上大抵不可能。更何況潘、馮是『晨光社』的負責人。」[29]多雪之作是訪問稿，汪氏不是口誤就是記憶有誤，因為 1981 年〈對青年作者的談話〉一文中，汪靜之說：「1921 年我和潘漠華、魏金枝、趙平復（柔石）、馮雪峰等組織晨光文學社，是浙江最早的新文學團體。1922 年我和應修人、潘漠華、馮雪峰組織湖畔詩社，是中國最早的新詩社。魏金枝、趙平復等人以學寫小說為主，所以沒有邀請他們參加湖畔詩社。」[30]接著，1982 年汪靜之發表〈「湖畔詩社」的今昔〉，也明確寫道：「1921 年 10 月 10 日成立的『晨光社』可以說是『湖畔詩社』的預備階段。」再加上馮雪峰寫於 1957 年的《應修人潘漠華選集‧序》提到：「晨光社是有章程的，成立於 1921 年下半年。……這社的存在大約有一年的時間，在 1922 年下半年就無形渙散了。」[31]足見晨光社的成立確實在湖畔詩社之前。

　　晨光社的主要發起人為潘漠華，湖畔詩社的主要發起人則是應修人，應修人不是浙一師學生，而是上海的銀行職員，他的身份似不宜加入以學校師生為主體的社團，而且他們四人的聚遊暢談以詩為主，應修人提議編印詩集，遂有結社之議，實屬正常，何況連原是晨光社成員的魏金枝、趙平復都無法加入，可見湖畔詩社在形式上是完全獨立於晨光社之外的文學團體，不可混為一談。當然，在藝術追求與審美風貌上，兩個社團確實存在著相應與相承的關係，對此，朱壽桐的說法就比較客觀而周延，他認為：

29　多雪之作見《西湖》1979 年第 5 期；易新鼎之作則見《新文學史料》1981 年第 1 期。
30　見《汪靜之文集‧沒有被忘卻的欣慰》，頁 39。
31　汪靜之、馮雪峰文章見於《湖畔詩社評論資料選》，頁 289、186。

「湖畔詩社是晨光社的成熟型態,也是向詩歌這一單項上『純化』的結晶。」[32]正因為一個是涵蓋小說、詩歌與散文的「文學社」,一個是專門寫詩的「詩社」,說明了這是兩個定位與追求各有所偏的團體,純粹以群眾團體由小到大的發展規律來解釋,從而判定湖畔詩社成立時間比晨光社早,顯然過於牽強與簡單化。至於潘漠華、馮雪峰身為晨光社的負責人,是否就一定不能另創他社?答案也是顯而易見的。魯迅在二○年代中期,既領導莽原社,又發起組織未名社,即使兩社的成員和活動上不免有所交叉重疊,但不能否認這是兩個社團。

另一個文學團體「明天社」,成立於 1922 年 6 月 10 日,晚於晨光社與湖畔詩社。1922 年 6 月 19 日在《民國日報》副刊《覺悟》上以「文藝界消息」欄刊登了「明天社宣言」,強調「明天社是專門研究文學的團體,他出版的明天是專門研究文學的刊物」,並提出「我們要求文學界的成長的明天,光明的明天,繁榮的明天!」可惜宣言發出之後,卻沒有任何活動就在文壇銷聲匿跡了,直到 1924 年 3 月 25 日,在《晨報》副刊第 64 號的「通信」欄中,才又出現以「明天社」名義發表的一則啓事〈今天的明天社〉,解釋明天社成立兩年來因為種種原因沒有作出任何成果,十分慚愧,但預告在 1924 年將會出版五本書,似有重起爐灶之態,但卻僅出了兩本即無疾而終,此後報刊上再也未見明天社的任何報導,悄無聲息地消失了。[33]在成立宣言的末尾列出了十八位發起

---

32 朱壽桐:《中國現代社團文學史》(北京:人民文學出版社,2004 年 2 月),頁 181。

33 關於明天社的介紹,參見嚴恩圖:〈「五四」時期皖籍作家與新文學團體「明天社」〉,《阜陽師範學院學報》2003 年第 6 期,頁 23、24。雖然文中有些錯誤,但在相關研究甚少的情況下,仍屬難得,其中引用的宣言、發起人名錄

人名單，由汪靜之領銜，湖畔詩社的馮雪峰、潘漠華、應修人也都名列其中，這就引起了一場小小的風波，汪靜之對此有詳細的描述：

> 1922 年《湖畔》詩集出版之後，《蕙的風》出版之前，在北京的幾個人發起組織一個文學團體「明天社」，寄了宣言和章程給我，要我徵求我們湖畔詩社和晨光社的幾個人加入明天社作為發起人。我把宣言和章程轉交給各位，大家同意加入。不料在北京的幾個人沒有徵求我們同意就把宣言在上海《民國日報》副刊《覺悟》上發表了，而且發起人名單上用我的名字領銜。人家見了，恐怕要當作是我組織起來的。什麼事都沒有做就登報發宣言，這種作法我是不喜歡的，我當時曾寫信責怪北京方面的幾個人不該過早地在報上發表宣言。修人也不贊成先發宣言的作法，遲疑了好久，才決定去信退社了。我和漠華雪峰及晨光社的幾個人覺得既已答應加入，退社也不好意思，只好算了。後來明天社什麼事也沒有做就無形消散了，發宣言成了放空炮，我當時覺得很羞愧。明天社完全是在北京的幾個人包辦的，要我為首負放空炮的名，真冤呀！[34]

可見湖畔詩人與明天社之間，除了列名風波外，談不上有任

等史料，值得參考。文中提到原本計畫要出的五本書是：胡思永作《思永遺詩》、韋素園譯《梭羅古勃詩選》、章洪熙作《情書一束》、《牧師的兒子》、程仰之作《悲哀的死》。但明確出版的僅兩本：1924 年 10 月由上海亞東圖書館印行的《思永遺詩》（書名改為《胡思永的遺詩》），扉頁上標明為「明天社叢書之一」；1925 年 6 月由北新書局發行的《情書一束》。其餘則未見出版發行。《情書一束》也並未如預告所言是在 1924 年出版。

34 見應修人致潘漠華、馮雪峰信，由汪靜之加註，引自《湖畔詩社評論資料選》頁 311。這裡說的北京的幾個人，指章洪熙（章衣萍）、章鐵民、台靜農、王忘我（魯彥）、張肇基、陸鼎藩、黨家斌等七人，其中又以章洪熙、台靜農為主。

何互動交集。有關湖畔詩社與明天社的關係，有論者弄錯成立時間先後，竟寫道：「作為明天社發起人中的許多人，在加入他種文學團體後，仍是在新文學戰線上努力著，並做出了一定的貢獻。」[35]接著舉例中首先提到的就是湖畔四詩人。這正是時間順序錯誤下的錯誤推論。至於將明天社說成是「繼文學研究會和創造社之後而成立的第三個新文學社團」[36]，也是不符史實，應該是晨光社。或許是這三個社團成立的時間接近，規模都不大，成立的時間也不長，加上幾位核心成員的重複，遂導致以上模糊不清的錯誤印象產生。

五、湖畔詩社「反封建」形象的思考

1922 年 5 月，《湖畔》詩集出版不久，潘漠華給應修人的信中曾說：「我們且自由作我們的詩，我們相攜手做個純粹的詩人。」[37]汪靜之說：「這『我們』二字指的是『湖畔詩社』四個詩友，這一句話等於『湖畔詩社』的宣言。」[38]在沒有成為革命戰士之前，他們就只是一群愛與美的歌者，流連在湖畔，做著純粹詩人的美夢，吟唱著笑中帶淚、淚中也帶笑的個人聲音。這四位年輕詩人各自有著不同程度與形式的愛情經歷，受到「五四」婚姻自主、戀愛自由的思潮洗禮，他們勇敢地踏出個人覺醒的一小步，以詩歌寫出個人酸甜苦澀的心曲，沒有想到的是，這一小步，卻產生

---

35 嚴恩圖：〈「五四」時期皖籍作家與新文學團體「明天社」〉，《阜陽師範學院學報》2003 年第 6 期，頁 24。

36 前揭文，頁 23。

37 應修人：〈修人書簡〉第 15 封，《新文學史料》1981 年第 2 期，頁 228。

38 汪靜之：〈最早歌頌黨的一首詩 —— 〈天亮之前〉的寫作經過〉，《汪靜之文集‧沒有被忘卻的欣慰》，頁 29。

了極大的震撼效果，理由很簡單，因為這些詩「幾乎首首都是青
年人感於性的苦悶，要想發抒而不敢發抒的呼聲」[39]。換言之，
寫作的動機很單純，是愛的渴念，美的嚮往，是靈魂的騷動不安，
但在那特殊的年代，卻被賦予了「反封建」、「反禮教」的意義，
甚至於，這個意義幾乎成了湖畔詩社的價值，在許多的介紹或討
論裡，反抗傳統禮教成了被突出的焦點，例如王瑤《中國新文學
史稿》對湖畔詩社的評論：「以健康的愛情為詩的題材，在當時就
含有反封建的意義；這些青年為『五四』的浪潮所喚醒了，正過
著甜美的生活和做著浪漫蒂克的夢，用熱情的彩筆把這些生活和
夢塗下來的，就是他們的詩集。」[40]謝冕在〈不會衰老的戀歌
── 序《中國現代愛情詩選》〉一文中對湖畔詩社有一段評論，他
也強調「愛情詩不曾脫離它的時代，它自然地加入了並成為那一
時代爭取進步活動的有力的一個側翼」，他認為「歌唱自由戀愛與
婚姻的詩篇是與對於黑暗社會的抗爭，對於被壓迫者的同情的代
表了民主主義傾向的詩篇一道出現的。它們同屬於進步的思想解
放的營壘。」[41]

　　不能否認，這樣的詮釋不完全是「誤讀」，但實在不是詩人創
作的初衷。汪靜之很誠實地坦承：「我寫詩時根本沒有想到反封建
問題，我只是情動於中而形於言，完全是盲目的，不自覺的。」[42]

---

39 這幾句話是朱自清對《蕙的風》的評論，他說：「他的新詩集《蕙的風》中，
　　發表了幾乎首首都是青年人感於性的苦悶，要想發抒而不敢發抒的呼聲，向
　　舊社會道德投下了一顆猛烈無比的炸彈。」引自《汪靜之文集‧總序》，頁 3。
40 王瑤：《中國新文學史稿》（上海文藝出版社，1982 年 11 月修訂重版）上冊，
　　頁 74。此書最早為 1953 年 7 月由新文藝出版社出版。
41 謝冕：〈不會衰老的戀歌〉，《中國現代愛情詩選‧序》（王家新等人選編，武
　　漢：長江文藝出版社，1981 年 9 月）。
42 汪靜之：〈回憶湖畔詩社〉，《汪靜之文集‧沒有被忘卻的欣慰》，頁 38。

甚至於，他起初還大力反對寫詩帶有「反封建」等目的的功能性：
「當時多數新詩好像政治論文，用詩宣傳反帝反封建的道理，喊
革命口號，有的用詩談哲理，有的用詩做格言，有的是單純寫無
情之景。這類詩沒有詩味，讀一遍就厭了。」[43]所以他才會表示：
「以詩論詩，《蕙的風》不過一顆小石子，決當不起『炸彈』的誇
獎。」[44]事實上，《湖畔》與《蕙的風》出版時，不論是周作人、
朱自清對《湖畔》的評論，還是胡適、朱自清、劉延陵為《蕙的
風》寫的序，著眼的都在詩的新鮮風味、天真氣象，以及在愛情
與自然描寫上的藝術特色與審美個性，以詩論詩，並未觸及「反
封建」的議題。

　　「反封建」的特色被誇大和凸顯，是在胡夢華對《蕙的風》
提出「不道德」的批判之後。胡夢華當時是東南大學學生，他對
《蕙的風》中的詩句如「梅花姊妹們呵，／怎還不開放自由花，
／懦怯怕誰呢？」(〈西湖小詩·7〉)「嬌豔的春色映進靈隱寺，／和
尚們壓死了的愛情／於今壓不住而沸著了：／悔煞不該出家呵！」
(〈西湖小詩·11〉)「一步一回頭地瞟我意中人」(〈過伊家門外〉)等深
不以為然，認為這些句子「做的有多麼輕薄，多麼墮落！是有意
的挑撥人們的肉欲呀？還是自己獸性的衝動之表現呀？」對於《蕙
的風》的言情之作，他指責說：「不可以一定說他是替淫業的廣告，
但卻有故意公布自己獸性衝動和挑撥人們不道德行為之嫌
疑。……這些詩雖不是明顯的淫業廣告，墮落二字，許是的評。」
既然這些詩「不止現醜」，而且「使讀者也醜化了」，所以「這是

---

43 前揭書，頁 36。
44 汪靜之：〈《蕙的風》(1957 年版)自序〉，《湖畔詩社評論資料選》，頁 283。

應當嚴格取締的呵」！[45]這篇文章在《時事新報》的《學燈》副刊上發表後，引來了正反兩極的爭議，贊成胡夢華對《蕙的風》非難與攻擊觀點的守舊派固然有之，但反對胡夢華偽善嘴臉與保守心態者更多，魯迅、周作人等均撰文為汪靜之辯誣，這場「文藝與道德」的論爭，參與的文章有十多篇，大多發表在《時事新報‧學燈》、《民國日報‧覺悟》、《晨報副刊》等具影響力的媒體，一時間成為文化界關注的焦點。

胡文討論的重點分成文學與道德兩方面，平心而論，從文學審美的角度，他的批評不無道理，例如「我以為《蕙的風》之失敗，在未有良好的訓練與模仿；在未能真欣賞，真領略到美麗的自然；在求量多而未計及質精。」[46]確實值得年輕的作者思索。汪靜之本身也清楚：「這本詩當時在青年中讀者很多，因為是一個青年的呼聲，青年人容易引起共鳴，寫得太糟這一點，也就被原諒了。」[47]然而，在道德方面的抨擊，卻顯出自己頑固與守舊的封建心態，於是儘管他在後來又寫了〈讀了《蕙的風》以後〉之辯護（一）（二）（三），但在新舊兩種道德觀念碰撞的時代，思想解放顯然是佔了上風，這些略顯幼稚的愛情詩，成了新道德的象徵，「不道德的嫌疑」恰好道出湖畔詩人純真的愛情詩表現出了「五四」時期爭取個性解放、婚戀自主的時代精神。

在湖畔詩人的作品中，有一些對封建傳統桎梏人心的反抗呼聲，以及在不自由的環境下對美好愛情毫不保留的渴望與追求，這些作品構成了湖畔詩社的「反封建」形象，除了胡夢華所指摘

---

45 以上引用胡夢華的文句，俱出自〈讀了《蕙的風》以後〉一文，《湖畔詩社評論資料選》，頁107、108、110。
46 前揭書，頁112。
47 汪靜之：〈《蕙的風》（1957年版）自序〉，《湖畔詩社評論資料選》，頁283。

汪靜之的〈過伊家門外〉、〈西湖小詩〉外，在汪靜之《蕙的風》中還有幾首也是直指封建禮教的罪惡，例如〈窗外一瞥〉：

> 沈寂的閨房裡，
>
> 小姐無聊地弄著七巧圖。
>
> 伊偶然隨意向窗外瞥了瞥，
>
> 一個失意的青年正踽踽走過，——
>
> 正是幼時和伊相識過的他——
>
> 伊底魂跳出窗外偕他去了。
>
> 伊漸漸低頭尋思，
>
> 想到不自由的自己底身子：
>
> 慘白的面上掛著淒切的淚了。

這首詩描寫女子不自由的處境與心情，「伊底魂」的跳出窗外，是多麼大膽而坦率的告白，但身體的桎梏與禮教的壓抑，使這名愛慕青梅竹馬的女子最終只能在短暫一瞥的震動後暗自垂淚，面對漫長的沈寂。又如〈遊寧波途中雜詩·2〉：「許多石牌坊——／貞女坊，節婦坊，烈德坊——／愁恨樣站著；／含怨樣訴苦著；／像通告人們，／伊們是被禮教欺騙了。」以貞節牌坊為象徵，對中國傳統女性為禮教所束縛的悲慘命運提出了沈痛的質疑與不平。面對愛情與禮教的對立，汪靜之〈在相思裡·5〉寫著：「那怕禮教的圈怎樣套得緊，／不羈的愛情總不會規規矩矩呀。」潘漠華〈若迦夜歌·三月六晚〉也有類似的吶喊：「妹妹，我們當知道，／在他們底面前，／是不許我們年少的結合；／我們當知道，／他們是可破壞的，他們是可破壞的！」表現出企圖衝破封建禮教和傳統束縛的決心與勇氣。

　　不過，這類「反封建」色彩比較鮮明直接的作品，在湖畔詩

人整體詩作中其實並不多,或者說,湖畔詩人當時寫作的動機與用意並不在此,他們真正傾心歌詠抒發的是愛情與自然,這類有真情、愛意、美感的作品才是這些少經世事的年輕詩人所用心追求的,這一點,只要翻看《湖畔》和《春的歌集》即可明白。當然,作為詮釋者,可以說這些愛與美的作品是在不自由、醜惡環境下的反抗姿態,但不管如何解讀,我們應該同意,讓愛自由,讓美作主,才是汪靜之等湖畔詩人內心所欲鉤描的美好願景,也是他們大部分詩篇所要傳達的真正呼求。

朱自清就是從愛情的角度而不從反封建的角度來看待湖畔四詩人的作品,他在《中國新文學大系·詩集導言》中評論道:「中國缺少情詩,有的只是『憶內』、『寄內』,或曲喻隱指之作;坦率的告白戀愛者絕少,為愛情而歌詠愛情的更是沒有」,「真正專心致志做情詩的,是『湖畔』的四個年輕人。」[48] 言下之意,他們是中國現代愛情詩的開創者,是「五四」新詩初期情詩領域的拓荒者,他們以稚樸的文字、浪漫的想像、詩意的氛圍與細膩的感受力,營造出一個充滿美學力量和清新魅力的詩歌世界。

在《春的歌集》的扉頁上印有兩行字:「樹林裡有曉陽／村野裡有姑娘」,真是大膽的剖白,曉陽是自然之美,姑娘是青春之愛,可以看出,愛與美正是湖畔詩人銳意追尋的詩境。汪靜之曾說:「愛情詩、女性讚美詩最能使人得到美的享受,美的享受是詩的最主要的功效。」他甚至認為:「愛情詩是經國之大業」[49]。因為愛,所以覺得美;因為美,所以值得愛。這些詩作讓人著迷的敘述就

---

48 朱自清:《中國新文學大系·詩集導言》(台北:業強出版社,1990 年 2 月重印版),頁 4。
49 汪靜之:《六美緣·自序》,《汪靜之文集·六美緣》,頁 8、12。

在於瀰漫在字裡行間的希望、天真、美好、自由的氣息。愛與美，是湖畔詩人的精神家園，也是湖畔詩歌的靈魂歸宿。至於「反封建」或「反禮教」，應該說是無心插柳的意外，或者說是個人的偶然與時代的必然交會下的結果。

六、結　語

有關湖畔詩社的研究，還存在著一些史料上的錯誤值得一提。汪靜之寫於 1979 年的〈回憶湖畔詩社〉一文中，對新詩出版的歷史有以下的敘述：

> 「五四」第二年才出版了三本新詩集。……新詩壇第四本新詩集 —— 郭沫若的《女神》（1921 年夏天出版），是異軍突起。……新詩壇第五本新詩集是《湖畔》，第六本新詩集是《蕙的風》。[50]

這顯然是違背新詩出版史實的。首先，胡適的《嘗試集》1920年 3 月出版，是現代文學史上新詩的開山之作。第二本是郭沫若的《女神》，1921 年 8 月出版。第三、四本是康白情《草兒》、俞平伯《冬夜》，同為 1922 年 3 月出版。換言之，「五四」第二年出版的新詩集僅有一部《嘗試集》，哪來的三本之說？至於將《女神》說成是第四本詩集，更是明顯有誤。至於第五本新詩集是不是《湖畔》？以個人詩集來說，1922 年 8 月出版的《蕙的風》才是第五本，但如果加上新詩合集的話，1922 年 4 月的《湖畔》是第五本，1922 年 6 月的《雪朝》是第六本，《蕙的風》要算是第七本了。汪靜之的文章寫於 1979 年，按理不該出現這樣的錯誤，可能是憑

---

50 汪靜之：〈回憶湖畔詩社〉，《汪靜之文集・沒有被忘卻的欣慰》，頁 36。

印象記憶為文，而有此誤。同樣是對新詩集出版時間的敘述，沈從文發表於 1930 年的〈論汪靜之的《蕙的風》〉也有個小錯誤，他說：「《蕙的風》出版於 11 年 8 月，較俞平伯《西還》遲至五月，較康白情《草兒》約遲一年，較《嘗試集》同《女神》則更遲了。」[51]俞平伯的《西還》是 1924 年 4 月出版，《冬夜》才是 1922 年 3 月出版，所以《西還》應是《冬夜》之誤。康白情的《草兒》也是 1922 年 3 月出版，沈從文說「約遲一年」也不正確。

有關湖畔詩社的研究，在大陸或台灣均未受到太多的關注，經查「中國期刊網」自 1999 年至今的「中國優秀碩士學位論文全文數據庫」、「中國博士學位論文全文數據庫」，均無有關湖畔詩社的資料；台灣「國家圖書館」的「全國博碩士論文資訊網」也是空白。看來，這群詩人當年在湖畔跋涉過的青春身影，確實被人們冷落或淡忘了。然而，細細品味湖畔詩人們在新詩草創期的年輕詩作，可以發現，處處有著愛與美的動人情懷，至今依然閃耀著動人的神采。那是四顆年輕的心靈在湖光山色裡對人世真實的素描，對內在情感心理的深刻挖掘，在腐朽封建的窒息氛圍裡，他們的詩之所以受到歡迎和喜愛的原因，除了源自於純愛、純美意識下的題材選擇與主題呈現外，他們具有個性化的寫作，契合了「五四」時期個性解放、追求自我的時代潮流，加上他們不失童心、帶著天真稚氣的口吻與詩風，從某個意義上說，又是新生、年輕、希望的表徵。這個性化與青春化的特質，正是湖畔詩社出現在現代文學史上因緣際會的深層背景。

郁達夫說：「五四運動的最大的成功，第一個要算『個人』的

---

51 沈從文：〈論汪靜之的《蕙的風》〉，原載南京《文藝月報》第 1 卷第 4 號，1930 年 12 月。引自《湖畔詩社評論資料選》，頁 163。

發現。」[52]這「個人」的發現，在二〇年代的詩壇，湖畔詩社的作品可以說是最具代表性與說服力的詮釋之一。這些融入在詩歌中的「自我」，可以說是當時無數青年的縮影，他們所放情歌唱的也是當時無數青年共同的心聲，個人抒情的聲音，迴盪在時代的舞台上，看似微弱，實則具有穿透人心的力量。

52 郁達夫：《中國新文學大系・散文二集導言》（台北：業強出版社，1990 年 2 月重印版），頁 5。

春暉白馬湖，立達開明路
──「白馬湖作家群」命題形成與發展的歷史考察

一、前　言

　　自 1981 年楊牧在《中國近代散文選》的〈前言〉中首次提出「白馬湖風格」之說以來，近三十年的時間，從模糊風格概念的「白馬湖風格」，發展到明確文學群體概念的「白馬湖作家群」，此一議題的研究在許多學者作家的心力投注下，不僅已見初步成果，而且其內涵的豐富性與延展性也仍在持續的拓殖與深化中，相關的著作不斷問世，文學史書籍也不能不予以重視，可以說，「白馬湖作家群」已經成為中國現代文學史學科不應忽視的一個學術點，甚至是一個愈來愈受到關注的學術命題。回顧此一逐漸清晰具體的發展歷程，筆者有幸參與其中，為此一文學群體的「浮出歷史地表」略盡綿薄，心中自是多有感慨。在相關論述與探討日漸增多之際，對此一學術命題由起源到成熟的嬗變軌跡加以考察

述介，提供一個輪廓性的歷史參照與檢索，並對既有的成果進行評述，應該有其一定的文學史意義與學術價值。

　　所謂「白馬湖作家群」指的是二〇年代初期，在浙江省上虞縣白馬湖畔春暉中學任教、生活過的一群作家文人，核心成員有夏丏尊、朱自清、豐子愷、朱光潛、劉叔琴、劉薰宇、匡互生以及校長經亨頤，不論時間的先後長短，他們彼此都曾經朝夕相處，在春暉園中談文論藝，把酒品茗，共同為教育理想和文學藝術做一些實際的工作。另外還有一些曾到白馬湖短暫訪友或小住，與這群作家在當時往來密切的，如葉聖陶、俞平伯、劉大白等，可視為次要作家群，他們也都留下了一些與白馬湖或這些朋友們有關的作品。至於弘一大師，他的人格力量與宗教信仰對這群作家有極深的潛移默化作用，尤其是對夏丏尊、豐子愷更是影響深鉅，也曾多次到白馬湖小住，因此在討論這群作家時不能不提到他。夏丏尊、匡互生、豐子愷、朱光潛、劉薰宇等於 1924 年底離開春暉中學，1925 年初到上海創辦立達學園，成立立達學會，並又在1926 年成立的開明書店中扮演重要角色，一般研究者遂將立達時期與開明時期視為白馬湖時期的延續、尾聲。

　　本文擬從學術命名的角度，論述「白馬湖作家群」名稱與概念從模糊到清晰、從分歧到共識（尚未完全統一）的發展歷程，以及不同階段的概況、特色與研究實績。既然是文學史角度的觀察與梳理，為史覽之便，筆者依其發展的先後與成果的呈現，歸納為四個時期：起源期、開端期、發展期與深化期，以下分述之。

二、起源期（1981-1985）：概念的形成與提出

　　「白馬湖作家群」概念的起源，必須歸因於台灣知名詩人、

同時又是出色散文家的楊牧，他在 1981 年就能獨具慧眼，將五四
以來的散文分成七類，其中特別拈出以夏丏尊為前驅的「記述」
一類，並作了簡要的描述：「夏丏尊作品不多，但一篇〈白馬湖之
冬〉樹立了白話記述文的模範，清澈通明，樸實無華，不做作矯
揉，也不諱言傷感，是為其特徵；朱自清承其餘緒，稱一代散文
大家，其源出於上虞。郁達夫，俞平伯，方令孺，朱湘，徐訏，
琦君，林海音，張拓蕪都可歸入這一派；除外，如林文月，叢甦，
許達然，王孝廉等人的作品也多多少少流露出白馬湖風格。」[1]這
段話的前半段不斷被後來相關研究者所引用，特別是對其文風的
四句註解，堪稱是白馬湖風格的經典詮釋，但其後半段系譜式的
說法，論者則大多抱持著審慎的態度，其中只有林文月被視為較
明顯的「流露出白馬湖風格」。楊牧之說，是目前所見最早將白馬
湖文學風格獨立審視的記載，他並未有文學流派意義上的群體概
念，只是文學風格的印象式概括，卻能為此一作家群體日後的學
術命名提供了不失準確的觀察點。

　　楊牧之後，雖然陸續有些關於白馬湖的文章，但多集中於白
馬湖自然風光的描繪，春暉教育的報導以及經亨頤、豐子愷、夏
丏尊等個別文人的介紹，如張科〈白馬湖之春〉（杭州《西湖》雜誌
1983 年第 2 期）、顧志坤〈白馬湖畔一枝柳〉（《浙江日報》1984 年 2 月
12 日《錢塘江》副刊）等。但值得注意的是，韋葦發表於 1983 年第
2 期《紹興師專學報》上的一篇文章〈夏丏尊、豐子愷、朱自清
在白馬湖畔的文學活動〉，文中雖以分述三人的文學活動為主，但

---

1 楊牧：《中國近代散文選‧前言》（台北：洪範書店，1981 年 8 月），頁 6。此
　文後來以〈中國近代散文〉篇名收錄於楊牧：《文學的源流》（台北：洪範書
　店，1984 年 1 月），頁 51-58。

全文論述均能以白馬湖為核心，作品舉例具代表性，可說具體而微地鉤勒出此一作家群體的主要特徵與風貌，特別是文中提到：「夏丏尊、朱自清和豐子愷三位先生，就是在這種詩意沛然的大好自然和民主科學環境中，進行著他們早期的文學活動，形成了以清雋為特色的散文流派。」[2]顯然地，他已經注意到了白馬湖作家在文學風格上的集體性與相似性，且以「流派」的角度概括這批作家群體，雖然這個說法在文中並未再深入闡釋，但實已為往後此一作家群體的命名提供了一個初步的概念。

1985 年，在《香港文學》第 3 期「盧瑋鑾特輯」中，香港中文大學中文系教授黃繼持寫了〈試談小思 —— 以《承教小記》為主〉評論盧瑋鑾（筆名小思）的散文，提到小思的《豐子愷漫畫選繹》和《路上談》二書，認為「即使單以此兩輯文章，小思似已可躋身於當年白馬湖畔散文作家之列」，而且還有一段具體的分析：「二〇年代初，夏丏尊、朱自清、朱光潛、豐子愷等在浙江上虞白馬湖辦春暉中學，其後又在上海辦立達學園、開明書店。他們未必如別一些新文學者捲入社會運動時代漩渦的正中，卻以誠摯務實的態度，從事青少年教育與文字工作。散文多以人生小品及說理文章見長。小思在六、七〇年代之交的香港寫這兩輯文章，她具體的生活經驗，所面對的學生的心態與問題，當然跟四、五十年前頗有不同，但文中所表現出的理想目標、價值取向、人生

---

2 韋葦：〈夏丏尊、豐子愷、朱自清在白馬湖畔的文學活動〉，《紹興師專學報》1983 年第 2 期，頁 60。在該文的結尾，韋葦還提到：「夏丏尊、豐子愷、朱自清是三位中國散文史上各有自己獨立地位的作家。他們留下的作品裡都紀錄了白馬湖的詩情，和他們在白馬湖畔結下的美好友誼。尤其是朱自清的散文，曾多次飽和情感地提到白馬湖。」，見頁 64。這篇論文後來也收錄於中國人民大學編《中國現代、當代文學研究》，1983 年 10 月。《紹興師專學報》現已更名為《紹興文理學院學報》。

感興，還有教育信念，連帶而來的大概文風，幾乎可以說得上一脈相承。」[3]他注意到了白馬湖作家的特殊文學風格，對其審美共性也有恰當的掌握，只可惜文章是以評論小思作品為主，未能對白馬湖風格做更進一步的申論，也未能予以學術命名。

包括筆者在內，過去均忽略了韋葦一文的重要性，因此多只引楊牧、黃繼持之說，而認為大陸學者對白馬湖作家群的關注與研究，是「受到台港作家、研究者的啟發」[4]，是「隔海蔓延的文學現象，由海外作家傳承的文學（散文）風格的尋根性的回溯，引起了學界對『白馬湖文學現象』的注意。」[5]事實上，應該說是台、港、大陸都注意到了此一作家群體的審美共性以及在文學史上的特殊性，因而有了近似的見解。這三篇文章或可視為此一學術命題的起源與萌芽。然而，這個階段的概念意識還是模糊、表面的，即使後來有諸如高志林〈經亨頤與春暉中學〉（杭州《學習與思考》1987 年第 8 期）等文章的發表，也僅著眼於個別作家與春暉中學或白馬湖的因緣，真正對此一群體的內涵與命名有較為明確的討論要等到九〇年代以後。

三、開端期（1991-1996）：文本的蒐集與編纂

「白馬湖作家群」的形成與發展歷經三個階段：「春暉」開其端，「立達」承其緒，「開明」收其成。從春暉到開明，這是一條

3 見《香港文學》1985 年第 3 期，頁 28。
4 見傅紅英、王嘉良：〈試論「白馬湖文學」的獨特存在意義與價值〉，《中國現代文學研究叢刊》，2008 年第 6 期，頁 32-33。文中寫道：「受到台港作家、研究者的啟發，大陸學者也開始了對白馬湖作家群的關注與研究。」
5 見王建華、王曉初主編：《「白馬湖文學」研究》（上海：三聯書店，2007 年 1 月）的〈前言〉，頁 1。此外，在這本書中收錄有姜建的〈「白馬湖」流派辨正〉一文，文中也直指：「大陸學者對白馬湖的關注稍後於台港。」，見頁 50。

風姿綽約、脈絡相連的文學之路。或許由於立達學園（立達學會）
以及開明書店的成立創辦有其明確宗旨，聲勢也較大，故有些研
究者將這群文人稱為「立達派」或「開明派」[6]，但無論是從「立
達」或「開明」的角度立論，都必須溯源自「白馬湖」，它如一條
蜿蜒清澈的河流，有其源頭、匯流和迴瀾，也如一首優美典雅的
樂章，有其序曲、主旋律和尾聲，任何狹隘、斷裂式的描述都是
不符合文學史實的。何況，這群文人在文學和教育上的集體風貌
與理念，在白馬湖時期即已成型、體現，因此，「白馬湖作家群」
一詞應該涵蓋了以上三個階段的文學活動與表現。當然，筆者也
不排除「立達派」和「開明派」成為學術研究獨立個案的可能性，
事實上，筆者就曾經以「開明派文人」、「立達文人群」為題，申
請學術研究經費，也分別撰寫了各約萬餘字的研究報告，並有相
關論文發表[7]。

　　從研究的角度來看，「白馬湖作家群」的界定可以採取廣狹二
義，狹義的定義指的是 1921 年至 1924 年白馬湖畔春暉中學階段，

---

6 錢理群、溫儒敏、吳福輝所著的《中國現代文學三十年》（北京大學出版社），
　在 1987 年 8 月的初版本將這群作家稱為「立達派」，在 1998 年 7 月的修訂版
　中則改稱為「開明派」；另一研究者姜建則在〈一個獨特的文學、文化流派
　──「開明派」論略〉中持「開明派」的主張，此文收於《江蘇行政學院學
　報》，2002 年第 2 期。劉增人在《山高水長──葉聖陶傳》（台北：業強出版
　社，1994 年 5 月）中則以「立達學派」稱之，見頁 111。

7 筆者分別於 2003 年以〈「開明人」與「開明風」──開明派文人的文化理念
　及其出版實踐〉為題，2005 年以〈從《一般》月刊看「立達文人群」的精神
　品格與文學風格〉為題，申請通過台灣「國科會」專題研究計畫。並發表相
　關論文：〈開明夙有風──開明派文人的文化理念及其出版實踐〉，台北：《中
　國現代文學》季刊第 5 期，2005 年 3 月；〈從《立達》、《一般》看「立達文
　人群」的精神品格與寫作風格〉，台北：《中國現代文學》半年刊第 11 期，2007
　年 6 月；〈羸疾者的哀歌──「立達文人群」中的薄命詩人白采〉，《勵耘學刊》
　（北京師範大學文學院）第 4 期，2007 年 6 月。

廣義的定義則向後延伸至立達時期與開明時期。筆者傾向於廣義
的認定，強調「白馬湖」不應該局限為一個地理名詞，而應該是
一種人格與文風的綜合體。當然，它的主要活動與高潮是在白馬
湖，對此一命題的探討也應以春暉時期為中心，即使是在立達學
園、開明書店階段，這群作家的認定仍以在春暉中學共事者為核
心，是這群核心作家的人格與文風構成「白馬湖作家群」的獨特
魅力，從而建立起此一學術命題豐饒的內在與藝術存在，過於寬
鬆的定義將會有失焦之虞。

　　九○年代初期，開始有學者意識到此一作家群體的文學共性
與文化魅力，進而為鉤沉這批文人的作品與行跡而投注心力，也
為「白馬湖作家群」的命題建構奠定基礎。這個階段主要的成果
在於廣泛蒐羅相關文本及編纂文集，這本也是學術發展的自然規
律，在名詞的確定與研究的展開之前，文本與史料的積累是最重
要的基礎工作。具代表性的有：《白馬湖文集》（夏弘寧主編，浙江省
上虞市政協文史資料委員會，1993 年 10 月），《白馬湖散文十三家》（朱惠
民選編，上海文藝出版社，1994 年 5 月），《寸草春暉》（嚴祿標主編，春暉
中學出版，1996 年 8 月）。他們三人藉著文本的集中呈現，強而有力
地說明這一作家群體是值得注意的文學／文化現象，對此一議題
的推動與深化，可謂有篳路藍縷之功。

　　在相關文本的編選方面，夏弘寧應該說是居功厥偉。作為白
馬湖中心人物夏丏尊之孫，他不僅主編《夏丏尊紀念文集》（上虞
市文學藝術界聯合會，2001 年 10 月），還撰寫《夏丏尊傳》（北京：中國
青年出版社，2002 年 1 月），對夏丏尊的人格與文風做了生動而準確
的詮釋與呈現，而且對白馬湖作家群研究的推動也長期不懈地投
入，在 2001 年由何家煒主編的六冊《白馬湖作家群文叢》（中國文

聯出版社，2001 年 10 月）中，他就負責主編了《白馬湖散文隨筆精
選》、《夏丏尊散文譯文精選》二書。《白馬湖文集》分成「湖山擷
采」、「湖畔文譚」、「春風化雨」、「故舊情深」、「詩詞述懷」五輯，
分別從白馬湖自然山水的刻劃、寫於白馬湖畔春暉中學期間的散
文作品、教育理念的陳述、彼此交遊與情誼、舊體詩詞的創作等
不同角度編纂，可以說已經充分掌握了這個群體的特色，重要的
作品也幾乎盡在於斯，日後主編的《白馬湖散文隨筆精選》，因為
以散文創作為主體，所以刪去「春風化雨」、「詩詞述懷」兩輯，
但補入了許多校友回憶與後來者對白馬湖的描寫文章。在《白馬
湖文集》的〈編後記〉中，夏弘寧使用「白馬湖流派」一詞，並
歸納其風格與文采有三：「它樸實無華，自然天成」、「它清新恬淡，
不尚浮華」、「它崇尚自然，源於自然，又高於自然」[8]。可見他其
實已經從流派的視角來看待此一群體，只可惜一語帶過，未能針
對名詞的釐清與界定多加著墨。

　　《白馬湖文集》的發行有限，一般讀者比較容易見到的是朱
惠民的《白馬湖散文十三家》，尤其是書末所附逾萬字的編選後記
〈紅樹青山白馬湖〉一文，對此一群體的形成、互動、創作風貌、
流派特徵等做了較為詳細的爬梳與析論，對此一群體在學界的「能
見度」有一定的貢獻。在文中，朱氏試圖從作品風格和社團刊物
的角度來論證白馬湖作家群應該是一正式的文學流派，特別是他
將「文學研究會寧波分會」此一正式文學組織與白馬湖作家群掛
鉤，提出他的看法：

　　　　也許寧波分會作家群當年寫散文的時候，不曾有過要創一

---

8 夏弘寧：〈編後記〉，《白馬湖文集》，頁 301-302。

個什麼文學流派的想頭，然而從散文的藝術特質、作家的創作思想和審美情趣、生活經歷以及時代、地域、社團、刊物諸多因素綜合考察，二〇年代中後期，寧波分會作家群的散文創作，確確實實已構成獨具一格的以清淡為藝術風格的散文流派。由於那些散文文格潔淨，文味清淡得如白馬湖的湖水，加之作家此時都生活在上虞白馬湖畔，我們姑且稱它為「白馬湖派」。這是客觀存在的文學流派，是「人生派」的散文支脈。[9]

朱氏之所以將這群作家命名為「白馬湖派」，據其自稱：「提出散文白馬湖派的緣起，乃是因為偌大一部文學流派紛呈和消長的歷史畫卷中，竟然沒有該派的一席之地，故爾要為它爭個『席位』。」[10]朱氏的用心固然可嘉，但有些觀點卻值得商榷。例如將寧波分會視為「白馬湖派」成立的社團基礎，過於牽強附會，白馬湖作家與寧波分會的互動聯繫並無具體事證，缺乏事實的論述顯然不具說服力；又如將春暉中學的校刊《春暉》半月刊、上海立達學會刊物《一般》、以「我們社」叢書名義出版的《我們的七月》、《我們的六月》等刊物，都列入「寧波分會」所辦的同人刊物，完全不符史實；至於書名標榜的「十三家」也頗可議，因為作者將這些人視為一個文學流派，但王世穎、劉延陵、鄭振鐸、張孟聞、徐蔚南等人與「白馬湖文學」的形成並無多少關聯，這樣生拉硬扯的「招兵買馬」並不能為這群作家壯大聲勢，反而徒惹爭議。問題產生的癥結在於朱氏刻意要營造正式「社團」、「流派」的印象，他的說法引來了賀聖謨為文〈現代散文「白馬湖派」

9　朱惠民：〈紅樹青山白馬湖〉，《白馬湖散文十三家》，頁250。
10　同上註。

說駁議〉、〈關於文學研究會寧波分會的再審查〉加以駁斥，幾乎推翻了朱氏的主要論點[11]。即使如此，對於朱氏在此一學術議題研究的發展上所產生的推進作用，還是不宜一筆抹煞。他的選編後記〈紅樹青山白馬湖〉一文前身是 1991 年發表於《寧波大學學報》(人文科學版)第 4 卷第 1 期的〈現代散文「白馬湖派」研究〉，也就是說，在楊牧提出此一文學集體現象的概念之後，朱氏是首先將這一概念具體發揮擴充，建立起基本論述架構者，即使觀點與論述均有偏頗謬誤之處，但其長期致力於此一命題的開發，又蒐集文本編選倡揚，甚至於還出版《白馬湖文派散論》(香港國際學術文化資訊出版公司，2006 年 8 月)一書，這份執著的熱情還是應該予以肯定。

　　1991 年編就、1996 年增補後正式出版的《寸草春暉》，是為了發揮校史的教育功能，作為春暉學生課外讀物之用。任教於春暉中學的嚴祿標將全書分成「春暉篇」與「寸草篇」，前者「收錄了老一輩教育工作者關於白馬湖、春暉的部分詩文和他們的一些

---

11 賀聖謨在〈現代散文「白馬湖派」說駁議〉(《寧波師院學報》社會科學版，第 19 卷第 1 期，1997 年 2 月，頁 6-12)一文中，分別從時空條件、作家名單、創作風格以及與寧波分會的關係立論，提出他的質疑，認為根本不存在具有社團性質與刊物基礎的「白馬湖派」，也認為「清淡」不足以概括這群作家的風格特色。尤其是朱氏在文章中寫道：「值得一提的是，〈槳聲燈影裡的秦淮河〉兩篇同題佳作，均揭載於 1924 年 7 月出版的《我們的七月》中，該刊為文學研究會寧波分會所辦。」明顯有誤，《我們的七月》中根本無此二文，應該是同時發表於 1924 年 1 月 25 日的《東方雜誌》第 21 卷第 2 號上，而且《我們》是否為寧波分會所辦也缺乏證據，與事實不符。至於〈關於文學研究會寧波分會的再審查〉(《浙江大學學報》人文社會科學版，第 29 卷第 5 期，1999 年 10 月，頁 143-147)一文，則是針對朱惠民發表於 1992 年第 5 期《浙江學刊》上的文章〈關於文學研究會寧波分會〉提出駁議，認為「該文對寧波分會的研究並未做出實質性的推進，反而製造了一些混亂，產生了以訛傳訛的作用。」賀文再度論證《我們》不是寧波分會的核心刊物，「我們社」也不是寧波分會的核心組織。

生活鏡頭，由此可以窺見昔日名師碩彥的思想品格、音容笑貌，給今天的人們以可貴的啓示。」篇中有經亨頤、劉大白、何香凝等人的詩作，以及夏丏尊、朱自清、豐子愷、俞平伯等人的散文；後者「則選用了一些近年來學生描寫春暉的習作和在各級各類競賽中獲獎的作文，在一定程度上代表了當今春暉學生的寫作、思想水平。」[12]篇中收了近 50 篇作品，僅 7 篇直接描寫春暉中學或白馬湖，其餘是一般學生習作。書末有附錄〈成立紀念大事〉、〈記春暉校慶〉、〈七秩校慶記勝〉等 5 篇文章。此書的校史史料功能要大於文學史研究的學術意義。

　　白馬湖的文學風貌，透過文本的系統呈現後，顯然逐漸受到學界的注意。在 1993 年由范泉主編的《中國現代文學社團流派辭典》中，出現了唯一一則與白馬湖作家群直接相關的辭條「白馬湖散文作家群」，文約五百餘字，提到核心作家夏丏尊、豐子愷、朱自清三人，指出他們「在教學之餘，從事散文創作，大多取材於身邊瑣事，語言樸素，格調清新。離開學校以後，他們繼續從事散文創作，清新嚴謹、淡雅淳樸的風格更趨成熟，形成了別具一格的散文流派。」[13]在此，「散文流派」與「作家群」被模糊化地拼湊在一起，這種處理方式有其便利性，但也顯示出不得不然的尷尬與猶疑；1995 年，商金林在其《朱光潛與中國現代文學》一書中，則呼應朱惠民的觀點，以「白馬湖派」稱呼朱光潛和「白馬湖的朋友們」[14]，他對流派命名沒有作任何解釋，首章即以〈朱光潛與「白馬湖派」〉爲題，所論雖以朱光潛爲主，但也用不少篇

---

12 嚴祿標主編：《寸草春暉》（春暉中學出版，1996 年 8 月），頁 291。
13 范泉主編：《中國現代文學社團流派辭典》（上海書店，1993 年 6 月），頁 188。
14 商金林：《朱光潛與中國現代文學》（安徽教育出版社，1995 年 12 月），頁 27。

幅介紹此一群體在白馬湖的活動與文學特色，大致不離朱惠民的說法。

　　大體而言，這個階段的成果以文本整理為主，「白馬湖派」、「白馬湖流派」、「白馬湖散文作家群」等名詞的出現，以及對此一流派是否成立的討論與爭議，都說明了這個作家群體的學術命名工作尚在起步，還未獲得較為清晰穩定的學術評價、界定與確認。

四、發展期（1996-1999）：整體研究與學術探討

　　九○年代中期，任職於杭州師範學院（今已改制為杭州師範大學）的陳星正式提出「白馬湖作家群」一詞，這個命名既跳脫「派」的爭議，又比較符合文學史實，提出之後，受到許多研究者的認同與採用，逐漸取代原先使用過的諸多名詞。據陳星自言：「1986年夏，我曾赴浙江省上虞縣（今上虞市）白馬湖參加紀念夏丏尊逝世四十週年暨誕辰一百周年活動，大概從那時起，我就計畫寫一本有關白馬湖作家群的專著。」[15]可見他很早即有介紹此一作家群體的構想。1994年春，他應台灣幼獅出版公司的約稿，撰寫《白馬湖作家群》專書，也是在這段時期，他應筆者之邀，自 1994年起，在筆者主編的《中央日報‧長河版》上發表了幾篇與白馬湖作家群相關的短文，其中刊登於 1994 年 4 月 2 日的〈令人難忘的「白馬湖作家群」〉，應該是最早在台灣媒體上介紹這批文人的文章，雖然在文章中他說：「是誰首先提出『白馬湖作家群』這個概念的，這個問題很難詳考。」但明確提出這個名詞者，依筆者

---

15 陳星：《教改先鋒 ── 白馬湖作家群》（台北：幼獅出版公司，1996 年 12 月），頁 226。

所見，應該就是陳星。這篇文章是他正在撰寫《白馬湖作家群》專書的部分內容，其後他還在《長河版》上陸續寫了〈經亨頤與寒之友社〉等多篇以這群作家爲主的文章。1996 年，他終於完成並出版了約十萬字的《教改先鋒 —— 白馬湖作家群》，這是兩岸有關這群作家的第一本專著，此書的問世，標誌著此一學術命名工作進入新的階段，開始整體性與系統性的研究。此書出版之際，正值台灣大力推動「教育改革」，出版社趕搭熱潮，以「教改先鋒」爲名，導致文學的本質形象無法得到凸顯，有些可惜。或許因爲這個緣故，此書於 1998 年 1 月由浙江文藝出版社出版時書名就改爲簡單明確的《白馬湖作家群》。陳星對此一文學群體進行了較爲全面而有條理的介紹，全書分九章，從地理環境、作家交遊、散文創作、教育實踐到立達風格、開明風度，都有要言不繁的勾勒和描繪，爲適應一般讀者，陳星以流暢具可讀性的文筆娓娓道來，對其文學、歷史、教育諸多面向都做了精彩的敘述。受到楊牧對白馬湖風格系譜的啓發，他特立一章談「白馬湖的餘韻」，著重在林文月、小思兩位作家。

　　陳星從廣義、宏觀的角度談論這群作家，全書焦點擺放在春暉時期，但也不忘敘述「立達」與「開明」的活動事跡，他認爲：「人員的各奔東西並不意味著他們之間的友情、他們共同或相近的文學主張、教育理念有何變化，相反地，從『立達』到『開明』，他的隊伍似乎更加壯大，影響更爲深遠。」對於這群作家的研究，他認爲「應該辨析其形成、發展、高潮和餘韻的全過程。他們形成於白馬湖初期，發展和高潮是在白馬湖後期，『立達』和『開明』

時期是該群體的延續。」[16]不可否認,陳星的這本專書已經將此一研究的框架作了初步的建構,後來的許多研究大致上並未偏離這樣的思路。

筆者正是在陳星的啓發與協助下,於 1995 年 5 月 16、17、18 日在《中央日報‧長河版》發表一篇七千字的文章〈清靜的熱鬧 ── 「白馬湖作家群」的散文世界〉,後來則收入拙著《從黃遵憲到白馬湖 ── 近現代文學散論》。許多大陸相關研究者都看到了這篇文章,以致多方引用,並收入編選的相關文集中[17]。接著,筆者開始以「白馬湖作家群研究」爲題撰寫了 20 餘萬字的博士論文,其後於 1999 年 11 月由台灣東大圖書公司出版《清靜的熱鬧 ── 白馬湖作家群論》一書。此書共分九章,分別探討白馬湖作家群的形成、文人型態、民間性格、崗位意識、教育理念、文學作品,並附有這群作家的文學活動年表、小傳,以及春暉中學校內四種刊物《春暉》半月刊、《春暉的學生》、《白馬嘶》、《春暉學生》的知見篇目等。也許是兩岸交流的不便,大陸學者多未能見到此書,以致未能看到筆者對此一議題更爲深入的研究成果與系統的見解。

筆者也以「白馬湖作家群」一詞來指涉這群作家,認爲既強調地域特性,又釐定群體屬性,既闡論教育文化的理念及表現,又重視文學(特別是散文)的審美藝術追求與成果,不以流派定義,而視爲文藝沙龍性質的群體現象,因爲筆者認爲,他們「雖然有著相近的思想與藝術追求,也有相近的文學創作風格,然而他們

---

16 前揭書,頁 196、197。

17 如朱惠民編著的《白馬湖文派散論》、夏弘寧主編的《白馬湖散文隨筆精選》,均收入了這篇文章。至於研究文章提到此文則有多篇,茲不贅舉。

並無『旗號』，也沒有正式立社結派、發行機關刊物、訂定章程等，因此，稱之為『派』易生誤解。不過，這些作家既然在文學風格的個性與共性的統一上、在藝術風格的多樣性的統一上，具有自己鮮明的特色，且在特定的時空下，有過緊密的文化互動，因此，稱之為『作家群』應無疑義。」[18]作為一個獨立的學術研究個案，筆者認為「他們在創作時雖然未曾有過要創文學流派的想法，但若從作品的藝術特質、作家的審美情趣、生活經歷以及時代、地域、刊物、社團等諸多因素綜合考量，我們雖不必以一嚴格的文學組織視之，但其所透顯出的群體風格卻不能不予以完整、獨立地加以陳述。」[19]因此本書所探討的作家與作品都盡可能與白馬湖相關，時間斷限則始於 1919 年春暉中學籌備建校之校董事會成立開始，止於 1929 年，因為 1929 年是這群作家在白馬湖畔的最後一次公開活動。經亨頤、夏丏尊、豐子愷為弘一發起興建晚晴山房於白馬湖畔，1929 年竣工，10 月時，豐、夏、弘一等人有一次白馬湖放生的活動，弘一為此還寫了〈白馬湖放生記〉一文，雖然弘一於 1930、1931 年均曾在晚晴山房小住，直到 1932 年赴閩弘法之後才真正離開白馬湖，但筆者著眼的是這群文人的共同活動。

「白馬湖作家群」命名的確立，相對完整深入的學術專書出版，應該說已經為現代散文發展史填補了部分空白，為現代散文文類的探研提供了一個集體性的實驗樣本，也為地域與文風關係的研究提供一個典型實例，更為文學流派研究提供了一個非／外

---

18 張堂錡：《清靜的熱鬧 ── 白馬湖作家群論》（台北：東大圖書公司，1999
　　年 11 月），頁 6。
19 前揭書，頁 9。

主流的參照系。現代文學研究者唐翼明即曾對拙著撰文評論說：
「本書不但是白馬湖『作家』群論，也是白馬湖『知識分子』群
論，它畫出了在中國社會轉型期中一部分知識分子的群像，而且
作了相當深度的分析，作者在分析中旁徵博引，顯示了廣闊的視
野。」[20]陳星與筆者的專書當然有其不完備的缺漏，也有許多看
法值得繼續探討，但從此以後，在台灣和大陸學界，「白馬湖作家
群」已然成了普遍且較具共識的稱呼，使用者日漸增多，例如在
2000 年由朱棟霖、丁帆、朱曉進主編的《二十世紀中國文學史》
中，就以「白馬湖作家群」稱呼這群作家，指出「這批作家的散
文同白馬湖的青山秀水相呼應，樸素清新、淡雅雋永、滿貯溫馨
與韻味」，「由於人生追求與藝術旨趣相近，在散文創作中已形成
了一個『白馬湖作家群』的散文風格。」[21]可以說，此一學術議
題命名化的使命在這一階段應該已經基本完成。

五、深化期（2000-2009）：理論拓展與多元呈現

　　進入二十一世紀後，對這群作家的精神面貌與文學表現持續
深掘廣織的工作並未停止，而且有了更為多元、豐富的發展，不
論是在史實的考訂、理論的拓展、資料的蒐羅或觀點的討論等方
面，都有可喜的進步與成果。尤其是 2003 年以後，相關的學術論
文逐漸增多，或談創作風格、文化個性，或論其形成、發展軌跡，

---

20 唐翼明：〈讀張堂錡《清靜的熱鬧──白馬湖作家群論》〉，台北：《文訊》雜
　誌 2000 年 8 月號。
21 朱棟霖、丁帆、朱曉進主編：《二十世紀中國文學史》（台北：文史哲出版社，
　2000 年 9 月），頁 676。書中也提到這群作家包括夏丏尊、豐子愷、朱自清、
　朱光潛、劉大白、葉聖陶、俞平伯與李叔同，而夏丏尊是「白馬湖作家群」
　的代表。

或研究其兒童本位觀、出版理念、編輯實踐、國語教學等，在理論格局與知識體系的形成上更爲深入，在議題的開拓上更爲多元，跳脫了過去群體現狀的概括描述，進入系統學理的梳理與探研，粲然可觀的成果，意味著相關研究已經得到更多的關注，在學術命名完成之後，深化耕耘豐收的階段已經開始。

筆者透過「中國期刊網」以篇名及關鍵詞「白馬湖」對「中國期刊全文數據庫」(1999-2009)、「中國博士學位論文全文數據庫」(1999-2009)、「中國優秀碩士學位論文全文數據庫」(1999-2009)三個資料庫進行檢索，發現有幾個現象值得注意。首先，在學位論文方面，至今仍無一篇以白馬湖作家群爲研究對象的論文，只有一篇研究春暉中學教育的碩士論文[22]，以及有幾篇研究豐子愷散文的碩士論文中提及白馬湖作家群，足見學院中的相關學術研究仍有發展的空間；其次，單篇期刊文章雖有 80 多筆，但有的重複發表，有的屬於活動報導、文學創作、作品賞析或舊作重刊，真正合乎學術規範的論文有 21 篇[23]，1999 年至 2003 年 0 篇，2004

---

22 劉佳：《春暉中學：現代教育的烏托邦》，湖南師範大學 2008 年碩士論文。
23 這 80 多筆資料中，有的是農業研究，如董建波〈白馬湖農場關注民生促發展〉；有的是活動報導，如〈2009 中國印象白馬湖藝術節首屆白馬湖創意作品大賽〉；有的是散文創作，如鮑世遠〈白馬湖漫憶〉、郭豔紅〈尋夢白馬湖〉；有的是新詩創作，如童索〈白馬湖〉；有的是旅遊報導，如章瑞華等〈白馬湖的春天〉；有的是作品賞析，如朱文彬〈生活的藝術化 —— 評夏丏尊的《白馬湖之冬》〉；有的是舊作重刊，如朱自清〈白馬湖〉、夏丏尊〈白馬湖之冬〉等。真正合乎學術論文規範的有 21 篇，分別是 2004 年 3 篇：朱曉江〈溫柔敦厚的仁者情懷：白馬湖作家群文化個性描述〉，《思想戰線》2004 年第 1 期；唐惠華〈文心至性清淡雋永 —— 論「白馬湖散文作家群」的創作風格〉，《杭州師範學院學報》(自然科學版) 2004 年第 6 期；嚴曉蔚〈試論「白馬湖散文」的吳越腔〉，《四川教育學院學報》2004 年第 9 期。2005 年 4 篇：姜建〈「白馬湖」流派辨正〉，《南京審計學院學報》2005 年第 1 期；王曉初〈「白馬湖文學現象」的淵源與流衍〉，《紹興文理學院學報》(社科版) 2005 年第 1 期；傅紅英〈論「白馬湖作家群」的形成和發展軌跡〉，《紹興文理學

年以後開始「大量」（相對而言）出現，其中 2004 年 3 篇，2005 年
4 篇，2006 年 2 篇，2007 年 6 篇，2008 年 3 篇，2009 年 2 篇。
如果加上他處所見論文，以及 1999 年以前的論文，合計約 30 篇
左右[24]。30 篇論文中，發表於本階段的就有 26 篇，因此將本階段

院學報》（社科版）2005 年第 1 期；王曉初〈論「白馬湖文學現象」〉，《西
南師範大學學報》（人文社會科學版）2005 年第 5 期。2006 年 2 篇：呂曉英
〈白馬湖作家群論〉，《上海師範大學學報》（哲學社會科學版）2006 年第 2
期；孟念珩〈「白馬湖散文」風格淺析〉，《山東行政學院‧山東省經濟管理
幹部學院學報》2006 年第 4 期。2007 年 6 篇：陳星〈白馬湖作家群溯源〉，
《湖州師範學院學報》2007 年第 3 期；朱曉江〈文學史視野下的「國語」
教學 —— 以「白馬湖作家群」的教育實踐與文學批評為例〉，《社會科學戰線》
2007 年第 3 期；陳星〈從「湖畔」到「江灣」—— 立達學園、開明書店與
白馬湖作家群的關係〉，《浙江海洋學院學報》（人文科學版）2007 年第 2 期；
李紅霞〈白馬湖作家群簡論〉，《中山大學學報論叢》2007 年第 8 期；呂曉
英〈論白馬湖作家群的出版活動〉，《編輯之友》2007 年第 5 期；傅紅英〈白
馬湖作家群的命名及研究範疇論說〉，《浙江學刊》2007 年第 5 期。2008 年
4 篇：李紅霞〈白馬湖作家群面對的三種張力〉，《汕頭大學學報》人文社會
科學版 2008 年第 1 期；傅紅英〈論白馬湖作家群形成的文化淵源〉，《江西
社會科學》2008 年第 2 期；唐惠華〈一個值得重視的新文學群體 —— 論白
馬湖散文作家群的研究現狀和思考〉，《井岡山學院學報》2008 年第 7 期（此
文曾以〈白馬湖散文作家群的研究現狀和思考〉為題，發表於《蘭州教育學
院學報》2008 年第 2 期，因內容重複，不予列計）；傅紅英、王嘉良〈試論
「白馬湖文學」的獨特存在意義與價值〉，《中國現代文學研究叢刊》2008
年第 6 期。2009 年 2 篇：朱曉江〈白馬湖作家群的出版理念及其編輯實踐
考辨〉，《浙江社會科學》2009 年第 1 期；董曉婭〈「白馬湖」「兒童本位」
觀研究〉，《吉首大學學報》第 30 卷第 2 期，2009 年 3 月。
24 如朱惠民至少有 3 篇發表的論文：〈現代散文「白馬湖派」研究〉，《寧波大
學學報》（人文科學版）1991 年第 1 期；〈論現代散文「白馬湖派」〉，香港
《九州學刊》1993 年秋季號；〈現代散文「白馬湖派」再研究〉，《紀念夏丏
尊先生誕辰 120 週年逝世 60 週年學術研討會論文匯編》，上海市新聞出版局
出版博物館、上海市編輯學會編印，2006 年 6 月。另外，他未發表但收錄
於專著《白馬湖文派研究》（香港國際學術文化資訊公司，2006 年 8 月）中
的〈白馬湖作家與「五四」新詩的創新〉（寫於 2006 年 7 月）、〈白馬湖講演
詞考論〉（寫於 2006 年 7 月）2 篇文章，也是具有學術性質的文論。王建華、
王曉初主編的《「白馬湖文學」研究》（上海三聯書店，2007 年 1 月）中也
收錄有吳蓓〈白馬湖文化符號精神解讀〉、馬亞娟〈一方淨土守護下的純真
童心 —— 談白馬湖作家群對「兒童本位論」的倡導和推動作用〉2 篇學術論

視為研究的深化期是符合實際情況的。

　　在總體現象與史料整理具有一定的成果後，進入微觀、特徵、理論的揭示與比較是必然的趨勢。觀察這 26 篇學術論文，有對白馬湖作家群的本質探討，如流派論、形成論、起源論、範疇論、作家論等，也有談其與立達學園、開明書店關係的歷史論，以及文學藝術風格論、兒童本位論、編輯出版研究等，涵蓋的範圍既深且廣，涉及的面向大幅增加，兼顧了文獻分析與理論闡述，也結合了個案研究與宏觀探討，對此一學術命題的開展可說繳出了可觀的成績。例如馬亞娟、董曉婭兩人不約而同探討了這群作家的「兒童本位」觀，認為在非兒童時代的二〇年代中國社會，這群作家對「兒童本位」的倡導與推動顯得彌足珍貴，以夏丏尊、豐子愷、葉聖陶為代表，他們以理論探索、教育實踐和文學創作，強調對兒童的熱愛與尊重，形成鮮明的「兒童本位」傾向，「憑藉他們當時在文壇的巨大的影響力和號召力，通過他們在理論和創作上的不斷努力，『兒童本位論』得到了充分的肯定和宣揚。」[25]馬亞娟甚至認為，在二〇年代的許多作家中，「白馬湖作家群對『兒童本位論』的倡導最為全面、系統：既有理論上的深刻闡述，又有創作上的躬身實踐。」[26]朱曉江從「文化個性」角度對這群作家的描述，也令人耳目一新，他以「溫柔敦厚的仁者情懷」概括

文，在《中國期刊網》中沒有資料。更早些的還有陳星〈白馬湖作家群的教育、教學理念〉，《浙江社會科學》1997 年第 1 期；舒米〈白馬湖作家群的編輯實踐〉，《杭州師範學院學報》1997 年第 2 期。但舒米之作全文僅 1500 字，學術性質較弱。必須說明的是，30 篇只是估計的數字，是在學術論文、以「白馬湖」為題的兩個條件下檢索而成，遺漏自不可免，但可供參考。

25 馬亞娟：〈一方淨土守護下的純真童心 ── 談白馬湖作家群對「兒童本位論」的倡導和推動作用〉，《「白馬湖文學」研究》（王建華、王曉初主編，上海三聯書店，2007 年 1 月），頁 107。

26 同上註，頁 101。

這群作家的文化個性,指出:「白馬湖作家群的文化個性從整體上來看是建設性的。和時代『以破爲立』的主流思維方式不同,白馬湖作家群的努力方向,並不在於反思、批判文化傳統（或西方文化）的好壞得失,而主要通過他們紮實的文化工作,從正面向青年學生灌輸一種新的文化理念與知識。這種建設性的文化個性與他們以人爲中心的文化理念緊密相關,並使其在中西方文化的處理問題上,顯示出了兼容並包的風度意氣。」[27]對此一群體的共同特徵可說作了準確的揭示;又如嚴曉蔚探討白馬湖散文風格的成因及其與吳越文化的聯繫,是過去少見的切入點,她提出三個特點:陰柔婉約的格局氛圍、詩性浪漫的自我傳達、輕雋淡遠的神韻風骨,推論出「白馬湖作家群的淡泊心緒的釋放是吳越文化藝術精神在新的歷史條件下的一次精神復歸。」[28]傅紅英對白馬湖作家群形成的文化淵源進行了思考,認爲「白馬湖作家群對傳統思想的認知、吸納及其在創作實踐中的表現,明顯可以看出其接受的正是我國傳統文化中的主流和精粹部分。」[29]她提出三個文化思想的接受淵源:積極入世 —— 對儒家思想的身體力行,皈依佛心 —— 對佛家文化的認同,崇尚自然、沉默避世 —— 對道家文化的認同,言之有據,分析深刻,使我們對這群作家的精神個性有了更深入的掌握。這些論文的發表,代表了新的研究人力與觀點的強化,擴大了對「白馬湖作家群」的學術研究格局,也豐

---

27 朱曉江:〈溫柔敦厚的仁者情懷:白馬湖作家群文化個性描述〉,《思想戰線》2004 年第 1 期,頁 65。

28 嚴曉蔚:〈試論「白馬湖散文」的吳越腔〉,《四川教育學院學報》2004 年第 9 期,頁 63。

29 傅紅英:〈論白馬湖作家群形成的文化淵源〉,《江西社會科學》2008 年第 2 期,頁 121。

富了它的文學審美內涵。

　　深化期另一個明顯的標誌是相關專書的出版。由何家煒主編的 6 冊《白馬湖作家群文叢》，分別由作家們的後人加以編選[30]，極具特色與權威性，但因以文本為主，對學術研究並無直接成果的展現，但這套書的出版，透露出此一學術命題逐步走向經典化的訊息。學術性較突出的專著有三本：陳星的《人文白馬湖》(北京：方志出版社，2004 年 8 月)、朱惠民的《白馬湖文派散論》及王建華、王曉初主編的《「白馬湖文學」研究》(上海三聯書店，2007 年)。陳星之作為其科研項目的成果，內容記述白馬湖作家群及其他文化名人在白馬湖畔的蹤跡，從新文化運動及現代教育事業兩個側面來揭示這群作家在文學、藝術、教育進程中的表現與成就，大體上不脫以前相關研究的立場與看法。朱惠民之作則為個人多年來所寫關於此一群體的文章結集，計有 15 篇，大類有二：一是研究寧波的文化活動，以朱自清為主；二是研究白馬湖作家群體。書末另附有商金林〈朱光潛與「白馬湖派」〉等 5 篇文章。正如朱氏在〈後記〉所言：「這本集子由新作與舊論合編而成。……由於原是單篇論文，勒於一冊，前後重複處可以說所在多有，也都未予處理。」[31]因此書中論白馬湖作家的 3 篇主要論文：〈現代散文「白馬湖派」研究〉、〈論現代散文「白馬湖派」〉、〈紅樹青山白馬湖 ──《白馬湖散文十三家》選編後記〉，內容大同小異，許多段落文字完全一樣，讓人有些失望。不過他能針對幾位作家在白馬

---

30 《經亨頤詩文書畫精選》由經緯鷹選編；《夏丏尊散文譯文精選》由夏弘寧選編；《朱自清散文精選》由朱喬森選編；《豐子愷散文漫畫精選》由豐一吟選編；《李叔同詩文遺墨精選》由李莉娟選編；《白馬湖散文隨筆精選》由夏弘寧選編。

31 朱惠民：《白馬湖文派散論》，頁 307。

湖的講演詞進行研究，又注意到白馬湖作家在新詩創作上的表
現，且對文學研究會寧波分會的組織、活動、刊物與特性進行一
家之見的研究，有其學術上的參考價值。王建華編著則是許多學
者單篇論文的匯集，分 6 個單元，共 22 篇文章，有對白馬湖文學
現象、文化貢獻、歷史述評的宏觀探索，也有具體文本及豐子愷、
夏丏尊、李叔同、朱光潛等作家個體的微觀研究，書末則附有回
憶或追溯這群作家生前事跡的 5 篇文章，堪稱是到目前為止對此
一群體研究成果最集中的一次展示，有其學術上的重要意義。

　　台灣有關此一群體的研究相對較少，筆者透過「國家圖書館」
同樣以「白馬湖」為關鍵詞對「全國博碩士論文資訊網」、「全國
圖書書目資訊網」、「中文期刊編目索引」三個資料庫進行檢索，
也觀察到幾個現象。第一，在學位論文方面僅有筆者的博士論文
《白馬湖作家群研究》（東吳大學 1999 年），其他則在研究豐子愷、
林文月散文的碩士論文中簡單提及；第二，出版與白馬湖相關的
專書有三部，除了筆者的《清靜的熱鬧 —— 白馬湖作家群論》外，
有陳星《白馬湖畔話弘一》（台北：東大圖書公司，2002 年 5 月），以及
石曉楓《白馬湖畔的輝光 —— 豐子愷散文研究》（台北：秀威資訊科
技公司，2007 年 1 月），這兩本書都是以個別作家專論為主，陳星之
作涉及到白馬湖處較多，而石氏之作係 1995 年 6 月完成的碩士論
文《豐子愷散文研究》修訂而成，其對白馬湖作家群的敘述限於
九〇年代相關研究的缺乏，大抵採取的是陳星、朱惠民的看法；
第三，學術論文有 6 篇，分別是陳星 2 篇，孫中峰 2 篇，筆者 2
篇[32]。值得一提的是，孫中峰原本於 1999 年以《豐子愷研究 ——

---

32 這 6 篇論文按發表時間先後次序分別是：張堂錡〈湖水依舊在 ——「白馬湖
　　作家群」的遺風餘韻〉，台北：《國文天地》1995 年 12 月號；張堂錡〈劉大

以文藝思想及散文創作爲中心》獲得碩士學位,但 2005 年的博士論文卻轉爲《莊學之美學義蘊新詮》,未在現代文學的領域上持續耕耘下去。他撰寫的兩篇長文,可以看出用功甚勤,資料掌握與觀點運用都很到位,如〈在藝術與群眾之間 —— 重論「白馬湖作家群」〉就頗有己見,對這群作家的群體屬性,他採取的也是廣義的界定,認爲既不是「地域性」的文學群體,也不是一個具有社團組織的文學流派,而是「基於作家文藝性格與文化理想之共同性而形成的作家群體」。他以朱光潛的「靜穆」論述作爲這群作家生命與文藝情調的概括,提出自己的觀察:

> 在「靜穆」的精神基調中,白馬湖作家對社會現實的關注,乃是一種深廣的人道情懷,而非激切的階級抗爭意識;同時,在藝術關照距離的調和下,他們對社會民生的同情關懷,亦未呈現爲熱情沸揚的吶喊。「靜穆」的生命精神體現在文藝上,形成了「含蓄」、「深沈」的美感追求,亦鮮明締構出這個作家群體創作風格的主調。

對於這群作家的文化定位,他強調介於鼓吹無產階級大眾文藝的左派,以及追求高雅、超逸品味的論語派、新月派等自由主義色彩較濃厚的作家群體之間,「正是在純粹藝術與人民群眾兩者間的調和折衷,融鑄成白馬湖作家特殊的群體性格與文藝風貌,

---

白與白馬湖〉,台北:《中國現代文學理論季刊》第 5 期,1996 年 3 月;蘇遲(即陳星)〈白馬湖作家在春暉中學的「新村運動」〉,台北:《浙江月刊》1996 年 12 月;孫中峰〈在藝術與群眾之間 —— 重論「白馬湖作家群」〉,花蓮:《東華中國文學研究》第 2 期,2003 年 6 月;陳星〈弘一大師在白馬湖〉,台北:《普門學報》第 26 期,2005 年 3 月;孫中峰〈白馬湖作家的群體性格與藝術取向〉,台北:《中國語文》第 617、618、619 期,2008 年 11 月、12 月、2009 年 1 月。

也構劃出他們在中國現代文學中的歷史定位和存在意義。」[33]雖然筆者同樣主張「白馬湖作家群」應該延伸至立達時期與開明時期，但它畢竟應以春暉爲中心，本文將此一群體從二〇年代延伸至 1949 年，過度的詮釋給人此一「準流派」在 1949 年以前都存在，而且「獨立」於當時文壇的印象，有待商榷。不過，在有關群體定位論述明顯不足的情況下，孫中峰的努力還是值得肯定的。

在本階段追求深刻性的同時，上虞作家顧志坤洋洋 40 萬言、集小說創作、歷史傳記、人物報導與學術研究於一身的《春暉》（吉林文史出版社，2008 年 9 月），則體現出多元性意義。全書共分 9 章，以人物描寫爲核心，輔以大量經過細心考證的歷史材料，加上文學創作的想像與情感融入，從捐款興建春暉學校的陳春瀾寫起，一直寫到 1949 年 8 月，胡玉堂返回母校擔任新時期的校長爲止，主要刻畫的人物有經亨頤、夏丏尊、豐子愷、何香凝、范壽康等，以校史的發展爲主軸，串連起許多動人的細節、歷史的情境與人物的精神，甚具可讀性。正如胡國樞爲此書作序所言：「作者以樸實而有靈氣之筆追溯與探索曾經活躍在春暉校園中那些燦若群星的歷史文化人物、教育大師，並與之作心靈對話與情感交流，使他們一個個重新『復活』，把這所二十世紀中國名校的自然景觀、人文環境、歷史原貌與她的特色、優勢、價值，再現在讀者面前。」[34]饒富意義的是，這本書的問世，啓示了未來此一課題呈現的多元可能性，小說體、報導文學體，甚至是影視作品，

---

33 以上對孫中峰文章的引用見其〈在藝術與群眾之間 —— 重論「白馬湖作家群」〉，《東華中國文學研究》第 2 期，2003 年 6 月，頁 14、51、52。這些同樣的文字也出現在他的〈白馬湖作家的群體性格與藝術取向〉（下），《中國語文》第 619 期，頁 50-51。

34 胡國樞：《春暉・序》，頁 1。

都有可能為這個方興未艾的學術議題增添更多迷人的色彩。

六、結　語

　　長期以來，研究者多把視角集中於白馬湖作家群中的幾位核心人物夏丏尊、朱自清、豐子愷、朱光潛，而且也都做出了耀眼的成績，然而以群體的角度綜論鉤沉，並使這個作家群體的命名得到相對學術上的穩定評價，卻還只是近十幾年的事。即使到目前為止，對於這個群體屬性、定位、範疇、成員、風格的討論也不曾消歇。對其思想個性、審美品格、文化精神的探掘，更還有許多亟待克服的難題，正如王曉初所言：「這一文學流派、或作家群體、或文學風格的內在文化精神、思想與藝術特徵，特別是與同時期的以周作人為代表的『言志派』散文的比較，還有他們的歷史淵源、文化傳統、發展演變、傳承變遷（隔海蔓延）、作家譜系、當代流變，以及教育探索，文化與藝術創造等等諸多迷人的問題都還缺乏深入細緻的研究與探討。」[35]

　　即使如此，筆者對此一議題的開展與深化是充滿信心的。理由很簡單，從以上列舉的專書、論文來看，一個相對穩定的研究隊伍已經成形，從早期的朱惠民、陳星、夏弘寧，到後來的王曉初、朱曉江、傅紅英、李紅霞、唐惠華、呂曉英，都是有多篇相關研究成果的學者。他們對這群文人的興趣始終不減，研究的能量也不斷釋放。夏弘寧從寫到編，積極支持白馬湖文學的研究，成績有目共睹。朱惠民近年來在新浪網經營「白馬湖文化研究」博客，除了將舊作刊發外，也發表了幾篇短文新作如〈白馬湖：

---

35 王曉初：《「白馬湖文學」研究・前言》，頁 2。

浙東新文學沙龍〉、〈寧波吃‧白馬湖‧開明酒會〉、〈俞平伯‧寧波味‧白馬湖〉等，其中一篇〈白馬湖文派研究綜述〉仍持續主張其一貫「白馬湖派」的觀點。另一骨幹人物陳星，自 1997 年10 月起在杭州師範學院的支持下成立「弘一大師‧豐子愷研究中心」，透過縝密的擘劃邀約，至少擁有十個國家和地區的顧問、特約研究員 50 餘人，堪稱一支嚴整的研究隊伍，雖然該中心以弘一和豐子愷為主要研究對象，但因與白馬湖的密切關連，許多研究也不能不涉及到白馬湖和朱自清、葉聖陶等其他幾位作家，這對白馬湖作家群研究的發展產生很大的推進作用。

此外，陳星以《白馬湖作家群的文化實踐與當代中國的文化建設》獲得 2002 年度浙江省哲學社會科學規劃課題，完成成果即《人文白馬湖》一書，又以《從白馬湖派到開明派演變研究》獲得 2006 年度國家社會科學基金項目，完成成果為《從「湖畔」到「海上」── 白馬湖作家群的形成及流變》，於 2009 年出版。傅紅英則以《白馬湖作家群與中國新文學》獲得 2005 年度浙江省哲學社會科學規劃課題。透過一項項計畫性課題的深層次開發，新的研究人力投入，相關成果的多元豐富已是可以期待的事實。

從學術命名的角度來看，包括唐惠華、傅紅英、李紅霞、呂曉英、馬亞娟、朱曉江、孟念珩、石曉楓、孫中峰等大部分的年輕研究者已經接受並使用「白馬湖作家群」一詞。它非社團、非計畫組織的定位，以及和「立達」、「開明」一脈相承的歷史淵源與關係演變，也已成學界共識。對這群作家在文學、藝術、教育、語言、文化等方面的特色與存在價值，隨著時間的流逝，不僅沒有被遺忘，反而吸引更多讀者與研究者的目光。筆者相信，在上述既有的豐碩成果與堅實基礎上，一個符合客觀學理的「白馬湖

學」於焉產生是遲早的事。

　　回顧近三十年來此一學術命題形成、發展到深化的嬗變軌跡，相關概念的從模糊到清晰，彷如一條湮沒的河水重見天日，從「補寫文學史」的意義而言，它提供了一個生動的典型示範，成為審視新文學發展不可迴避的存在。正視與探索這群作家從春暉白馬湖到立達開明路的人生選擇、文化態度與審美取向，對現代文學的反思與重構，都將是饒富深意的。

從《立達》、《一般》看「立達文人群」的精神品格與寫作風格

一、前言：命題的提出

　　從 1925 年到 1929 年，在上海文化界出現了一批以「立達學會」、「立達學園」為中心的文人群體，他們一方面致力於教育理想的實踐，一方面藉創辦刊物來宣揚理念、交流心聲，陸續辦過《立達》半月刊、季刊，特別是 1926 年 9 月，他們創辦了立達學會的代表性刊物《一般》月刊之後，因為有了共同發聲的園地，自然而然地形成了一個關係密切的同人團體。學會成立之初，會員僅 20 餘人，到 1926 年《一般》創刊時增加為 51 人，以後陸續增為 57 人[1]。不論是曾在立達學園任教的匡互生、豐子愷、朱光

---

[1] 見章乃煥：〈中國教育史的光輝篇章 —— 試論立達學園教育改革實驗的思想與精神實質〉，《匡互生和立達學園教育思想教學實踐研究》（本書編輯組，北京師範大學出版社，1993），頁 48。

潛、夏丐尊、劉薰宇、劉叔琴、夏衍、白采，還是應邀加入立達
學會的文化名人如茅盾、劉大白、朱自清、胡愈之、陳望道、葉
聖陶、鄭振鐸、章克標等，都是 1920 年代活躍於文壇或教育界的
知名人物，這個學術、文化、教育色彩濃厚的文人群體，筆者以
「立達文人群」稱之。

　　「立達文人群」雖然擁有正式成立的「立達學會」，且提出「修
養人格，研究學術，發展教育，改造社會」的宗旨，但不以文學
為標榜，而以學術推廣、教育宣揚為核心理念，因此，它不是文
學史上習見的文學社團，也不是有共同綱領的文學流派，更沒有
旗幟鮮明地提出文學宣言或口號，比較正確的描述應該是：一群
社會地位、創作傾向、人生態度和文化理想、教育理念大致相同
的文人，因為興辦教育的理想而因緣際會地聚合在一起，所形成
的一個有特色的文人群體，就如其中的靈魂人物匡互生所說的：
「它是一個純粹的自由組織的團體，它是一個願貫徹獨立的精神
而不受任何束縛的團體。」[2] 雖然有些學者逕以「立達派」稱之[3]，
但實際上，當時並無這個稱呼，因此，筆者主張使用較中性且符
合史實的「文人群」一詞。這應該是兩岸學界首次以此名稱來概

---

2 匡互生：〈立達、立達學會、立達季刊、立達中學、立達學園〉，《匡互生與立
　達學園》（北京師範大學校史資料室編，北京師範大學出版社，1985），頁 19。
3 如景秀明的論文〈試論「立達」派散文〉（《浙江師大學報》1994 年第 3 期），
　從散文的角度稱之為「立達派」，但他也強調，「立達」散文流派「不是我們
　通常見到的有以文學社團、報刊、出版物為主要陣地，有共同的綱領和組織
　的流派，不過是所處的社會地位、政治立場、創作心態、愛好、情趣大致相
　同的作家群。」此外，陳星則從教育的角度在《平凡‧文心 —— 夏丐尊》（文
　史哲出版社，2003）第 86 頁提到：「從此，上海的文化教育界就出現了這樣
　一批開明的立達派。」較特別的是，錢理群等編著的《中國現代文學三十年》
　（北京大學出版社），在 1987 年的初版本將這群文人稱為「立達派」，但在
　1998 年的修訂本中則改稱為「開明派」。

括這個文人群體。

　　目前學界對立達文人群中的個別作家如夏丏尊、豐子愷、朱自清、匡互生、朱光潛等都已有不少研究成果，但從文人群體的共性角度來探討的文章則少見，僅有一篇景秀明的論文〈試論「立達」派散文〉，對其散文的創作傾向、文體特色加以分析討論，但其所論並未集中於立達時期，更未針對這批作家在《一般》發表的作品加以討論，失之過泛。除了這一篇，未見其他相關的學術論文發表；《一般》月刊的研究也是如此，經搜索，目前對《一般》月刊的單篇研究論文未見，遑論專書研究。不過，由於立達學園主要是匡互生奔走籌備而成，因此有關匡互生的研究中多半會提到立達學園和立達學會，以及這批文人活動的情形，如《匡互生與立達學園》（北京師範大學校史室編，北京師範大學出版社，1985）、《匡互生傳》（趙海洲、趙文健著，上海書店出版社，2001），但著墨不多，主要集中於其辦校的理念與艱辛。由於夏丏尊曾主編《一般》，因此在夏丏尊的研究中也略有涉及，如《平凡‧文心 —— 夏丏尊》（陳星著，文史哲出版社，2003）中的第 11 章「立達學園」等；此外零星有朱光潛〈回憶上海立達學園和開明書店〉、豐子愷〈立達五週年紀念感想〉等幾篇回憶性文章。史料與研究成果的雙重缺乏，這個課題研究的挑戰性與困難度是可想而知的。

二、立達學園‧《立達》半月刊：立達
文人群的教育實踐及其精神品格

　　立達文人群的形成與成就主要在教育，故也可以稱之為「教育家群」。1925 年 2 月，在軍閥交戰、時局混亂的不利條件下，為了落實民間辦學的教育理想，匡互生、豐子愷、朱光潛等人毅

然在上海虹口辦起了一所私立的「立達中學」。3 月間，接著發起成立「立達學會」，邀請校內外知名的教育、文化界多人加入。學會的成立，起初是為了支持立達中學的創辦、發展，它有點類似一般私立學校的董事會，但又不完全相同，這些人不是掛名，而是真正為追求一個共同的教育理想而結合，學會成員不僅成為學校的師資來源，而且負責籌措經費，因此有人說它是「立達的母親與褓姆」[4]。由於辦學認真，校譽蒸蒸日上，學生日增，那年夏天，匡互生提議在江灣自建校舍，並改名為「立達學園」。在匡互生的奔走籌備下，立達學園很快掛牌運作，由於有立達學會的支援，其師資陣容和一般中學相比，顯得格外堅強。但學會成立之後，它所扮演的角色並不侷限於教育事業，而是一個充滿人文色彩的文人群體，特別是 1926 年 9 月創辦了學會的代表性刊物《一般》，內容涵蓋面廣，有書報評論、文學創作、翻譯，也有學術研究、文化批判和時事介紹等，如此一來，它就成了一個不折不扣的文人群體。透過學會 ── 學園 ──《立達》半月刊 ──《一般》月刊的運作，他們對學校教育、社會教育、文化教育的理念得以張揚，理想也得到初步的實踐，並在實踐中形塑出他們可貴的精神品格與文化人格。

「立達學園」之所以取名「立達」，源自《論語》中的「己欲立而立人，己欲達而達人」之意。「立」指立穩腳跟，堅定立場；「達」指通情達理。其所以叫「學園」，而不稱學校，是要與一般學校區別，視教師為園丁，把學生當成幼苗來愛護培育，使他們能正常健康地成長。「立達」二字所傳達出的思想與人格獨立、做

---

4 同註 1。

事溫和通達合理的涵義，可以視為立達文人群的精神品格特質。此外，朱光潛在匡互生授意下所執筆的〈立達學園旨趣〉，以立達學會的名義公開宣布，可以看出立達文人群共同的教育主張，在該文中提到，他們要「另闢新境，自由自在地去實現教育理想」，而且「堅信學校要有特殊的精神，才可以造就真正的人材」，「對於現時社會有補偏救弊的效用」。至於立達學園的「特殊精神」為何，朱光潛進一步申述，提出五點，分別是互助親愛、誠實誠懇、犧牲、儉樸、獨立思索和科學頭腦，這五點就是學校的「旨趣大綱」[5]。從這些敘述看來，立達學園在「人格感化」教育理念下，希望培養出符合以上五點精神品格的學生，而身為教師，自然是身體力行，以此自勉，事實上，他們的精神品格，透過教育實踐已經充分體現出來。

　　舉例來說，在立達學園，主要的成員是導師、教師和職員，沒有校長；所有的教員不僅沒有薪資報酬，而且要自付車費和飯錢，然而這一點也沒有減低他們對教育事業的熱忱；對學生操行，注重人格感化，一切形式的獎懲都不採用，幾個月下來，學生居然也沒有發生什麼不道德的違規行為；學生可以自行登記借閱圖書館書籍，一段時間後，圖書館竟然也沒有遺失什麼書籍；在校舍附近空地設置農場工廠，要學生從事勞動，實施農工生產教育；辦平民夜校，教附近農民識字、學習文化等等，都是他們教育理念的具體實踐。為了徹底落實教育的獨立自主，抵制軍閥政府不合理的束縛規範，立達文人們堅持私立辦學，自籌經費，堅守民間立場，不與軍閥政府合流，但同時又從勞動教育、平民教育中

5　以上對立達學園教育主張的敘述，見朱光潛：〈立達學園旨趣〉，原發表於《立達半月刊》，轉引自《匡互生和立達學園教育思想教學實踐研究》，頁107-109。

培養學生對社會的責任感與奉獻精神，顯現了知識分子堅持學術高於政治、但又力求學術責任與社會責任並行不悖的精神品格。朱光潛在半個世紀後回憶當年立達的情景時寫道：「立達學園的教育自由的思想和作風，在當時北洋軍閥淫威專制令人窒息的情況下，傳播了一股新鮮空氣，所以對進步青年有很大的吸引力，他們都爭先恐後地來就學。」[6]這股「新鮮空氣」，正是立達文人群精神品格與人文思想最真實而自然的體現。

　　作為學園的負責人，匡互生的教育理念堪稱這批文人的代表，他說：「教育的真義是『引發』而不是『模造』。教育者的責任，是要使被教育者在能夠自由發展的環境中，為之去害蟲，灌肥料，滋雨露，使他們能夠就他的個性自然發榮滋長。教育者決不能製好一個模型，叫被教育者都鑄入那個模型中的。教育者對於被教育者，又須注意他的全部的教育，決不能偏於一枝一葉，這種工作，正和園藝家的培養花木一樣。他們很想把園藝家的方法，應用到教育上來，所以就把學校叫作學園。」[7]劉薰宇也指出：「在我們自己的園地和相信我們的青年自由研究，探索真理，互相以人格砥礪，建樹一個優美的學風，這卻是我們的宏願。」[8]朱自清則曾對「教育的信仰」大聲疾呼道：「教育者須對於教育有信仰心，如宗教徒對於他的上帝一樣；教育者須有健全的人格，尤須有深廣的愛；教育者須能犧牲自己，任勞任怨。我斥責那班以

6　朱光潛：〈回憶上海立達學園和開明書店〉，原載上海 1980 年 12 月 2 日《解放日報》，轉引自《匡互生與立達學園》，頁 120-121。

7　同註 2，頁 29。

8　劉薰宇：〈立達中學校 —— 它的創設現狀和未來的計畫〉，原發表於 1925 年《教育雜誌》第 17 卷第 6 號，轉引自《匡互生和立達學園教育思想教學實踐研究》，頁 153。

教育爲手段的人！我勸勉那班以教育爲功利的人！我願我們都努力，努力做到那以教育爲信仰的人！」[9]凡此，均可看出立達學園的特色，以及立達文人們辛苦辦學背後所堅持的教育理想，而從這些理念中，我們也可以看到這群文人的精神品格特質。

　　立達學園的代表性刊物有《立達》半月刊和《立達》季刊[10]，主要以校內師生爲對象，而不像《一般》月刊以社會讀者爲對象，因此不論是內容、編排或裝幀都相對顯得簡陋、單薄。《立達》半月刊創辦在先，幾期之後另行創辦季刊，但只在 1925 年 6 月出了一期就停刊，筆者未見，目前能見到的僅匡互生在其中寫的類似發刊詞的〈立達、立達學會、立達季刊、立達中學、立達學園〉一文。這是關於這群文人教育想法與思想態度的重要文獻，文中清楚地闡述了此一文人群體的立場追求：

> 本刊的編印，是給與各會員以表現自己的機會；是表現會員的個性的一種機關。因此，本刊所搜的材料並不拘於一格，只要是可以表現自己的，不論他是文字，是圖畫，是照相製版；不論他是關於科學，是關於藝術；不論他是介紹學理，是批評時事；不論他是整理舊學，是啟迪新知；不論他是引伸他人的見解，是鼓吹自己的主張，無不兼搜並蓄。如果有人要問本刊的宗旨和態度是怎樣的呢，這就是一個答案了。我們相信文化的發達，一定在思想學術都

---

9 朱自清：〈教育的信仰〉，原發表於 1924 年 10 月 16 日《春暉》第 34 期，引自《朱自清全集》（朱喬森編，江蘇教育出版社，1996）第 4 卷，頁 144。

10 根據《一般》創刊號的附錄〈立達學會及其事業〉中的說明，提到「本會曾於去年六月發刊《立達》季刊第一期，後因各種關係未能繼續，自本年九月起即編輯本月刊，由開明書店印行。」可知《立達》除了半月刊，還有季刊，可惜未見。

在自由獨立的空氣中。思想學術上的皇帝和臣僕，簡直是
文化的敵人。我們為尊重這自由擁護這自由起見，所以本
刊，不敢夢想做一思想學術之皇，束縛在一種主張之中；
凡是在不違反立達學會的很寬大的宗旨的範圍以內的作品
都願意登載；一方面對於上文所謂文化的敵人，也不願受
其束縛；我們自己以為該說的話，即使反叛了政治的社會
的歷史的學術的種種權威者，我們也有所不顧，大膽的自
由的說。這是本刊所願自勉的。[11]

由此也可以看出立達文人群堅持思想獨立、主張學術自由、不迷
信權威，也不屈從政治勢力的精神品格。這樣的態度和立場，在
後來創辦的《一般》月刊中有同樣的堅持與表現。

　　至於《立達》半月刊究竟出版了幾期，也不易查考。筆者手
中擁有 1925 年 4 月號一期，看來應該在 3 月立達學會成立時即已

《立達》半月刊封面

出刊，《立達》季刊創辦時也仍存在，估
計至少出刊七、八期以上。雖然手中擁
有的《立達》半月刊有限，但參考許多
零星材料，仍可以大致掌握這份刊物的
性質與風貌。刊物的封面是立達學園校
徽，這個由豐子愷設計的校徽，形象地
傳達出這群文人對教育的理想，圖案是
由一個個裸體幼兒擁抱著一顆紅心，紅
心正中作綬帶狀「人」字，「人」字的左
右分別為「立」字和「達」字，意味著

11 引自匡互生：〈立達、立達學會、立達季刊、立達中學、立達學園〉，《匡互
生與立達學園》，頁 21。

這些新生兒在此接受以「立達」爲宗旨的教育。

　　封面註明是「上海江灣立達學園編輯」，每份定價三元。沒有花俏的設計，顯得素樸簡約。封面之後是整頁的「立達學園校歌」，接著才是內頁正文。共 12 頁的內容分成三部分：「園訊」、「農場要聞」和一般文章。前兩項專欄主要介紹校內的動態、學校附設農場經營概況，約佔兩頁，其餘大多爲教師投稿的文章，或評論時事，或介紹新知，或文藝創作，或探討教育問題，因爲刊物的對象是學生，所以特別強調思想啓迪與生活修養等問題。

　　在《立達》半月刊創刊號中，有一篇關於「立達」辦學旨趣的文章，和〈立達學園旨趣〉一樣，是理解這群文人教育理想與實踐目標的重要線索。在文章中，將立達創辦的動機與目的概括爲四句話：「修養健全人格，實行互助生活，以改造社會，促進文化。」並闡釋如下：

> 所謂改造社會，促進文化，這是我們的同學將來應當擔負的一個重大的擔子……要擔負這般重大的擔子，不是容易的，先要問自己力量勝任不勝任，所以第一步工夫在修養健全人格，同時從互助的生活中認識社會生活的重要，並且從裡面發揮個人對於群眾的同情心和責任心。……四句宗旨，如果把各句一比較，修養健全人格，是偏於個人方面，也可說是立己的事；實行互助生活，是偏於社會方面，又可說是立人達人的事；……修養健全人格，實行互助生活，是立達的根基；改造社會，促進文化，是立達的結果。總之這四句宗旨，都是互有關連而且互相聯貫，我們不能把他割裂開來的。總合這幾句話，於是成為一個人；成為

一立達的人。[12]

先立己達己，再立人達人；既強調個人的獨立自由，又不忘社會
責任；能站穩腳步，堅持立場，又能通情達理，與時俱進。這是
他們理想中的「立達的人」，也是他們戮力以赴的人文理想。這份
理想，在經營學園、成立學會、創辦雜誌上，都能一以貫之的付
諸實行。

三、立達學會·《一般》月刊：立達文人 群的寫作理念及其藝術傾向

假如立達學園和《立達》半月刊的功能和角色主要以教育校
園學生爲對象，那麼，「以修養人格，研究學術，發展教育，改造
社會爲宗旨而成立」的立達學會，則在落實教育理念的基礎上，

《一般》月刊誕生號扉頁圖

將視野進一步投向廣大的社會，強調對社會文化、青年思想的發展與改造。立達學會的成立，除了有效推動立達學園的校務運作外，它在文學／文化史上的意義之一是創辦了《一般》月刊。不同於《立達》半月刊的編印簡約與篇幅單薄，《一般》月刊不論在編輯、美編、印刷、篇幅及內容的充實、議題的豐富上，都更能代表立達文人群的文化理念與文

---

12 引自匡互生：〈立達、立達學會、立達季刊、立達中學、立達學園〉，《匡互
生與立達學園》，頁25。

學特色。

　　《一般》月刊不是純粹的文學刊物，從實際刊載的文章來看，是一份以學術爲主、文學爲輔的綜合性月刊，32 開本，由立達學會負責編輯，開明書店發行。從 1926 年 9 月 5 日創刊，到 1929 年 12 月 5 日終刊，共出版 9 卷 36 期，第 1、2 卷由夏丏尊主編，第 3、4 卷由方光燾主編，第 5 卷起又交由夏丏尊主編。在 1926 年 10 月出刊的第 2 期中刊有一則〈一般雜誌編輯部同人啓事〉，聲明這份雜誌「雖由立達學會同人負責撰稿，但同時卻爲公開的，超然的，民眾化的出版物。」雖然園地公開，但實際撰稿主力還是立達學會同人，有夏丏尊、葉聖陶、朱自清、豐子愷、章克標、鄭振鐸、胡愈之、朱光潛、沈端先、鍾敬文、周建人、劉薰宇、劉叔琴、趙景深、黎烈文等，他們多爲著名的學者、作家，對文化、文學、教育、時局等問題提出的看法，扣緊現實，言之有物，頗受到當時讀者的歡迎[13]。

　　刊物叫《一般》，實際上許多作法卻是不隨流俗，自創一格。例如重視版面的美化，豐子愷爲每一期雜誌繪製了大量的扉頁畫、題頭畫、補白漫畫等，讀來輕鬆而活潑；又如一般雜誌創辦總會有發刊詞，但它卻以通篇對話的方式呈現《一般》的誕生，顯得別致而新穎[14]。從發刊詞〈《一般》的誕生〉看來，是「想以

---

13 在 1950 年 2 月〈開明書店請求與國家合營呈文〉中，針對開明書店經營出版的情形作了詳細的回顧，其中特別提到開明書店出版的定期發行刊物，先後達二十種，尤以《中學生》、《新少年》、《一般》、《國文月刊》、《英文月刊》等「爲讀者所稱頌」。特別提到《一般》，可見這雜誌是受到讀者歡迎的。參見王知伊：《開明書店紀事》（山西：書海出版社，1991），頁 178。

14 〈《一般》的誕生〉實際上即是發刊詞，全篇都以對話方式進行：「好久不見了，你好！」「你好！」「聽說你們要出雜誌了。真的嗎？」「真的。正在進行中。」……「很好，很好，那麼將來這雜誌叫做什麼名稱呢？」「名稱真

一般人的真實生活爲出發點，介紹學術，努力於學術的生活化。」
「預備給一般人看的，所說的也只是一般的話罷咧。」「我們將來
想注重趣味，文學作品不必說，一切都用清新的文體。力避平板
的陳套，替雜誌開個新生面。」追求生活化、普及化、大眾化、
趣味化，也就成了立達文人們共同追求的文化／學術理想。

《一般》自創刊起，末尾都附有〈編輯後記〉，自 1928 年 2
月第 4 卷第 2 號起，增列〈一般的話〉專欄，取代了〈編輯後記〉，
透過簡短的篇幅，提出一些對時局、文藝、學術或編輯刊物心得、
甘苦的看法，起初由劉薰宇、章克標（筆名豈凡）兩人輪流負責
撰寫，但不久劉薰宇出國，就由章克標撰寫，直到 1929 年 12 月
停刊爲止。在停刊號的〈一般的話〉中，章克標寫了題爲〈再會
再會〉的短文，雖然是針對〈一般的話〉這個專欄而發，但可視
爲這份刊物所抱理想與成就總結性的回顧。他提到，〈一般的話〉
之所以獲得許多讀者喜愛，是「因爲一般的話的態度，是和日常
友朋閒談一般，並不像在論文中的擺出學者批評家思想家的架
子，也不用什麼高深難解的理論論理，更沒有什麼特別的術語名
詞，是很平民的大眾的，有一般的親密性之故。」正因爲「只是
很淺薄的自己的感想，直落落不加修飾地寫述出來，所以讀者是
很易理會，因而是比高貴的論文，多愛者了。」[15]這段話和發刊

取不出好的，什麼『青年』、『解放』、『改造』、『進步』等類的名目，都已被
人家用過了，連『新』、『晨』等類的單字，也被如數搜盡了。沒法，就叫做
『一般』罷。好在我們無甚特別，只是一般的人，這雜誌又是預備給一般人
看的。所說的也只是一般的話罷咧。」「哦，『一般』，新鮮得很！」……文
章旁邊由豐子愷繪製了兩位中年人站著閒談的插圖，意味著這些內容是由兩
人對話而成；同時，在文章上頭空白處，繪有兩名小孩拉拉開布幔的插圖，表
示從此揭開序幕。這些構想在當時確實有其新意，「新鮮得很」。

15 豈凡（章克標）：〈再會再會〉，《一般》月刊第 9 卷第 4 號，頁 614-615。原

詞前後呼應，說明了這群文人本著「一般」的立場與態度，以平民、青年、大眾為對象的編輯方針。從整份刊物看來，他們的理想與實踐是結合一體的，不論是從專欄編排、作品內容、文字表述，都呈現出《一般》堅持的獨特品味與突出的特色。這些品味與特色，大致而言約有以下數端：

（一）文風平實自然，真誠表現自我

這是立達文人群在創作上的共同宗旨與審美追求。他們創作的作品，不論是取材自身邊瑣事，還是重大社會問題，都是他們自我性格、情感、思想的真實呈現。他們真誠踏實的人品，與自然平實的文風，為散文「文如其人」的文體特徵做了生動的詮釋。

以朱自清來說，他的散文主張是「真誠」，他強調：「說一句話，不是徒然說話，要掏出真心來說」[16]，要「意在表現自己」[17]。由於朱自清認真對待人生、切實感受當下生活的態度，使他對文學創作一貫堅持「我們所要求的文藝，是作者真實的話」，認為作家要有「求誠之心」，不可「模擬」和「撒謊」，只有說自己的話才「親切有味」[18]。在《一般》第 1 卷第 2 號《悼白采》專輯中，他寫了〈白采〉一文，娓娓道來他和白采曾有的一個誤會，以及兩人曾有的一次短暫晤面，字裡行間充滿著對逝去老友的追憶，以及未能深交的遺憾，完全流露真實自我的內心感受；為《一般》

文「多愛者了」，是指多愛讀者，可能漏了「讀」字，也可能是作者的書寫習慣。

16　葉聖陶：〈記佩弦來滬〉，《葉聖陶集》（葉至善等編，江蘇教育出版社，1988）第 5 卷，頁 201。

17　朱自清：〈《背影》序〉，《朱自清全集》第 1 卷，頁 34。

18　朱自清：〈文藝的真實性〉，原載 1924 年 1 月 10 日《小說月報》第 15 卷 1 號，引自《朱自清全集》第 4 卷，頁 92-93。

撰文並繪製插畫、設計封面的豐子愷，不論散文、漫畫或他的人品，都堪稱是立達文人群的代表，朱光潛在評價其漫畫成就時，就曾經指出「他的畫就像他的人」，具有「平實中寓深永之致」的特色，「他的作品有一點與時下一般畫家不同的，就在他有至性深情的流露。」[19]對豐子愷知之甚深的葉聖陶也說：「讀他的散文真像跟他談心一個樣，其中有些話簡直分不清是他在說還是我在說。像這樣讀者和作者融合為一體的境界，我想不光是我一個人，凡是細心的讀者都能體會到的。」[20]這當然和豐子愷推崇自然純正的文學風格有關，在〈湖畔夜飲〉中，他提到對詩的看法是：「直直落落，明明白白，天真自然，純正樸茂，可愛得很。」[21]豐子愷幾乎每期都有作品發表，1926 年 10 月發表於《一般》上的兩篇散文，一是記與弘一法師法緣的〈法味〉，一是記與白采短暫友誼的〈白采〉，都寫得清淡如水，真誠自然。〈法味〉寫他與夏丏尊一起到杭州探望弘一的情形，過程中不斷穿插昔日的種種，情感起伏的波動不小，但寫來冷靜而節制。他與弘一六年不見，見面的場景自可鋪陳發揮，但他只著力描寫弘一掛在臉上的歡顏，筆法老練，情意真樸；〈白采〉一文只有八百字，對同是立達同事的白采的英年早逝，他集中描寫一次白采向他辭行的情景，沒有華麗的辭句，但質樸中見真誠，自然散發出感人的力量。

擔任《一般》主編的夏丏尊，也在刊物中發表了許多作品，有小說〈長閑〉，散文隨筆〈白采〉、〈文藝隨筆〉、〈知識階級的運

---

19 朱光潛：〈豐子愷先生的人品與畫品〉，原載 1943 年 8 月《中學生》雜誌第 66 期，引自《朱光潛全集》（安徽教育出版社，1993），頁 154-155。

20 葉聖陶：《豐子愷文集‧序》，收於《豐子愷文集》（豐陳寶等編，浙江文藝出版社，1990）藝術卷 1，頁 2。

21 豐子愷：〈湖畔夜飲〉，《豐子愷文集》文學卷 2，頁 382。

命〉、〈藝術與現實〉,以及翻譯日本作家國木田獨步的〈疲勞〉、〈第三者〉,芥川龍之介〈南京的基督〉等。他的散文隨筆並不多,但給人親切一如知己談心的感染力,葉聖陶曾評論夏丏尊的作品說:「他是個非常真誠的人,心裡怎麼想筆下就怎麼寫,剖析自己尤其深刻,從不隱晦自己的弱點,所以讀他的作品就像聽一位密友傾吐他的肺腑之言。」[22]這種平實自然風格的形成,和夏丏尊的文學理念有關,他認為:「文學並非全沒教訓,但是文學所含的教訓乃係訴之於情感。……文學之收教訓的結果,所賴的不是強制力,而是感染力。……文學作品對於讀者發生力量,要以共鳴作用為條件。」[23]從真實的情感出發,真誠地表現自己,即使說的是一般的話,也會引起讀者的共鳴。立達文人群之一的葉聖陶也主張:「我們作文,要寫出誠實的自己的話。」[24]對於寫作者的態度,他明確指出:「一個人過生活,本該認真和踏實,對於自己和他人,都要對得起,都要無愧於心。一般的修養,目標就是如此;要想試作文藝的青年,當然也該向這方面努力。」[25]不論是朱自清的「真誠」、豐子愷的「天真自然」,還是夏丏尊的「情感」,葉聖陶的「誠實」,我們可以看出,這群文人的文學觀是接近的,都主張真誠表現自我,沒有虛偽和掩飾,再加上平實而富有理趣的優美文筆,難怪他們的作品在當時或以後,都能一直深受讀者的歡迎。

---

22 葉聖陶:《夏丏尊文集·序》,收於《夏丏尊文集·平屋之輯》(浙江人民出版社,1983),頁2。

23 夏丏尊:〈文學的力量〉,收於《夏丏尊文集·平屋之輯》,頁148。

24 葉聖陶:〈誠實的自己的話〉,原載1924年1月10日《小說月報》第15卷第1期,引自《葉聖陶論創作》(上海文藝出版社,1982),頁91。

25 葉聖陶:〈愛好與修養〉,《葉聖陶集》第9卷,頁128。

（二）關懷現實、積極為人生的創作傾向

　　立達文人群多為熱心教育的工作者，同時又是對社會現狀、生活現實有見解、有理想的知識分子，因此集體表現出一種關懷現實的入世精神。雖然如豐子愷、夏丏尊對佛家「空跡遁世」的思想有所嚮往，朱自清也曾徬徨煩悶而不知何去何從，但他們面對苦難深重的社會現實，如火如荼的革命浪潮，最終還是選擇了積極的入世態度，關心並參與有益於國家、民族的活動。在教育方面，他們特別重視青年的思想啟迪與生活導引；在社會關懷方面，他們對混亂時局、國事蜩螗，也不忘盡知識分子的言責。如此一來，積極為人生的態度，遂成為這群文人在文學創作上的共同傾向。

　　由於重視青年學子在生活、學習、思想上的成長與啟發，《一般》刊載了大量這方面的文章，充分顯現出這群文人對青年教育、文化啟蒙上的用心與使命感。他們的啟蒙態度不是上對下的「教導」或「訓誡」，而是如老友般娓娓談心，自然而親切，「良師益友」遂成為《一般》留給青年讀者最鮮明的形象。例如發表在第 1 卷第 1 號上劉薰宇的〈青年底生活問題〉，指出當時青年的一種普遍心理：「受過中等教育的青年，因怕社會的冷潮不願屈就，發生生活的煩悶，幾於自殺，而正想努力增進職業的能力和機會，苦於無路可走。」（頁 21）針對這個現象，劉薰宇特別提出能力的培養、責任的承擔，以及正確的人生態度，體認「你必汗流滿面才得糊口，直到你歸了土」（頁 26）的真義。他舉了許多生活的現象並互相比較，讓青年們在淺顯易懂的說理中，知道人生的方向；又如朱光潛膾炙人口的《給青年的十二封信》，就是在《一般》上

發表的，夏丏尊稱許「最好的收穫第一要算這十二封信」[26]，信
中對青年的殷切叮嚀與發自真心的關懷，只要讀過的人莫不因此
感動的，他談的都是以青年們所正在關心或應該關心的事項為話
題，包括讀書、升學、作文、愛戀、人生、社會運動、動與靜等，
從日常生活取材，不說空話，更不說假話，真實而誠懇的態度，
受到廣大青年的歡迎。此外，《一般》中相關的文章還有心如（即
劉薰宇）〈教育哲學〉、周為群〈再論青年生活問題〉、〈青年底一種
煩悶〉、天行〈中國現代教育雜論〉、章克標〈世界各國數學教育
的改造運動〉、傅彬然〈教育的性質與中國目前的教育問題〉等，
從不同的角度，分析教育的問題，提出教育的新理念。值得一提
的，從第 5 卷第 4 號起，一連三期刊出了魏肇基翻譯蘇格蘭小說
家、詩人 Robert Louis Stevenon（1850-1894。魏肇基譯為羅般脫‧路易
司‧司梯文遜，今多譯為羅伯特‧路易斯‧史蒂文生）的文章〈少男少女
須知〉，文中對青少年關心的戀愛與婚姻問題提出了許多精闢的見
解，類此文章的刊載，足以看出這份刊物以青年為對象的創辦旨
趣。

　　除了關心青年教育，這群文人對社會現實的關懷也是發自肺
腑，見解獨到，整份刊物鮮明的特色之一就是對時事、政治的反
映與反省，顯現出 1920 年代知識分子思想、心態的一個切面。如
朱自清〈哪裡走〉、胡愈之〈英俄衝突與二次世界大戰〉、〈我們的
時代〉、夏丏尊〈關於濟南事件日本論客的言論二則〉、劉薰宇〈中
國的國家秩序與社會秩序〉、豐子愷〈對於全國美術展覽會的希
望〉、亦樂〈中國現在有沒有政黨〉、章克標〈評蔣宋結婚的儀式〉

---

26 夏丏尊 1929 年元旦為《給青年的十二封信》所寫的序，收於《朱光潛全集》
　（安徽教育出版社，1987）第 1 卷，頁 77。

等，都充滿強烈的現實色彩，充分表現出知識分子秉持良知、憂心國事的赤忱。《一般》中設有一特殊的專欄〈時事摘要〉，按日列出一個月來的國內外大事，除了提供讀者國內外時事的資訊，同時也藉此彰顯出立達文人關懷現實的精神。

　　立達文人群中的代表作家如朱自清、夏丏尊、葉聖陶、豐子愷等，早在 1920 年代初期就加入以「為人生」為創作宗旨的「文學研究會」[27]，因此他們的創作傾向多為關懷現實，反映各種社會問題。然而，他們和當時文壇主流的匕首、投槍式的戰鬥散文風格並不相同，基於他們的人生態度和思想傾向，作品中呈現的較多是對時局的不滿、焦慮與不知「哪裡走」的苦悶與痛苦。他們的「革命色彩」不濃，和政治往往保持一定的距離，多從身邊瑣事出發，抒發對人生諸多問題的看法。朱自清發表於 1928 年 3 月《一般》第 4 卷第 3 號的長文〈哪裡走〉，堪稱是 1920 年代知識分子徬徨、焦慮、不知何去何從的生動縮影，也是立達文人群政治立場的典型宣示。在文中，朱自清直言：「我是要找一條自己好走的路」，「我所徬徨的便是這個。」在「革命」呼聲四起之際，他坦陳道：「我解剖自己，看清我是一個不配革命的人！這小半由於我的性格，大半由於我的素養。」然而，即使是「惶惶然」、「煩悶」，他也並沒有因此墮落、麻痺，而是努力的想找出一條路來走，他最終說：「國學是我的職業，文學是我的娛樂。這便是現在我走著的路。」[28]在政治混亂的氛圍中，朱自清就以腳踏實地投入教

---

27 這幾位加入文學研究會的時間都很早。當文學研究會於 1921 年 1 月在北京成立時，葉聖陶就是 12 位發起人之一；夏丏尊、朱自清都於該年入會，夏丏尊入會號為 55 號，朱自清的入會號為 59 號；豐子愷則於 1923 年入會，入會號為 125 號。

28 朱自清：〈哪裡走〉，收於《朱自清全集》第 4 卷，頁 226-244。

育與出版的選擇，為自己鋪陳出一條足以安身立命的道路。

夏丏尊在評論葉聖陶的小說《倪煥之》時曾表示：「文藝徹頭徹尾是表現的事，最要緊的是時代與空氣的表現。」他反對「千篇一律的戀愛談」，也不贊成「宣傳式的純概念的革命論」，而是認為「誰也無法避免這命定地時代空氣的口味。照理在文藝作品上隨處都能嚐得出這情味來，文藝作品至少也要如此才覺得親切有味。」[29]對夏丏尊而言，以文藝作品來反映時代，正是他決心要走的人生道路；葉聖陶也持相同的見解，他說：「文藝的目的在表現人生」，「作者持真誠的態度的，他必深信文藝的效用在喚起人們的同情，增進人們的了解、安慰和喜悅；又必對於他的時代、他的境地有種種很濃厚的感情。」[30]其實，豐子愷、朱光潛、匡互生、劉薰宇等立達諸人，對時局都有著徬徨、煩悶的類似感觸，但他們都沒有懷憂喪志，或在出版，或在教育，或在創作，或在翻譯，他們盡力走著一條平實、踏實的自己的路，以自己的方式關懷社會、貢獻一己之力。他們雖以「一般」自居，但實際上卻是難能可貴，走出一條新的人生追求與創作道路。

（三）致力學術的大眾化、生活化

《一般》致力於學術的生活化、普及化，在這方面的作品數量最多，成就也最顯著。《一般》的作者群多為學者、文人、教師，他們努力試圖將許多較專業的知識，以平實的筆調、誠懇的態度，

---

29 夏丏尊：〈關於《倪煥之》〉，寫於 1939 年 8 月，見《夏丏尊文集·平屋之輯》，頁 115。
30 葉聖陶：〈文藝談〉第 4、5 則。這一系列文章共 40 則，自 1921 年 3 月 5 日起在《晨報》副刊連載，到 6 月 25 日刊完。見《葉聖陶論創作》（上海文藝出版社，1982），頁 7-9。

介紹給廣大讀者，這就使得這份刊物有了自己較突出的文化品
格。例如喜愛天文的匡互生寫〈趣味豐富的秋的天象〉，專研繪畫
音樂的豐子愷寫〈西洋畫的看法〉、〈現代西洋畫諸流派〉、〈音樂
的神童莫札爾德及其名曲〉等，劉叔琴的〈談談現代的進化論〉、
章克標的〈芥川龍之介的死〉，方光燾的〈文學之社會的研究〉、
夏丏尊的〈藝術與現實〉等，都是深入淺出的學術性文章，透過
這些知識的介紹，希望能將嚴肅枯燥的知識普及到一般大眾，特
別是青年學生。這種對學術生活化的鼓吹與實踐，早在立達學會
成立之初的宗旨上就已言明：「修養人格，研究學術，發展教育，
改造社會」，這些作品使《一般》在知識性、文化性上的定位清晰
而突出。

在專欄設計安排上，也可以看出《一般》試圖加強一般民眾
知識教育、致力學術推廣的用心。由夏丏尊主編的第 1、2 卷，每
期大多設有〈書報評林〉、〈介紹與批評〉兩個專欄。前者「以糾
正出版界的混沌現象，養成一般人的讀書趣味為目的，專載讀書
錄及新出版物的介紹及批評，以冀作一般讀書社會的指導。」[31]有
較強的文藝批評色彩，如王伯祥〈讀《經今古文學》和《古史辨》〉、
周建人〈關於《性史》的幾句話〉、沈本權〈評商務印書館的《學
生雜誌》〉、夏丏尊〈讀《中國歷史的上帝觀》〉、鍾敬文〈李金髮
底詩〉等；後者「所評述者，以最近國內出版物為限。」純粹是
新書出版的推介廣告，具宣傳性質，如第 1 卷第 1 號就介紹了《中
國倫理學史》等八本新書，以後每期則介紹三至九本不等。這兩
個專欄在方光燾接手主編第 3 卷後就被取消，而夏丏尊再度主編

---

31 這是《一般》月刊〈書報評林〉專欄的說明，刊載在書評文章之前。這兩個
專欄通常都置於整本刊物的末尾。

時也並未恢復，不過，在介紹新知、刊載知識性文章的宗旨方面並沒有改變，仍以學術論文或隨筆的刊登為主，文藝創作多為點綴而已。

（四）明白曉暢、情理兼具的文體風格

前面提到，《一般》月刊不是純文學刊物，不以純文學作品的刊載為重心，雖然陸續也發表過夏丏尊的小說〈長閑〉、〈貓〉，葉聖陶的小說〈遺腹子〉，孫福熙的小說〈不死〉，豐子愷的散文〈子愷隨筆〉、〈漸〉，劉薰宇的遊記〈南遊〉等文學創作，以及翻譯的各國小說，但佔全部的比重不到五分之一，甚至一些小詩還被當作「補白」來處理。換言之，《一般》的文化色彩要濃於文學，學術的推廣要重於文學的創作，知識小品或學術性論文才是這份刊物自覺經營的核心。但正如前所述，他們致力的是將嚴肅的學術作品普及化、大眾化，甚至希望盡量做到趣味化、生活化，試圖以深入淺出的文字表達深刻的學理，並在表達理趣的同時又能兼具情趣。劉叔琴在創刊號所寫的〈一般與特殊〉一文，對此有精到的闡釋：「現代的學問，現代的文化，是千萬年來無量數的人們在地上所建設的伊甸園，所創立的象牙塔，萬萬不應該只由少數人獨佔獨享，須得開放起來給大多數人共住共享。這樣，才見得地是個地上的天國。這個開放的手續便是使特殊的一般化。」他所謂「特殊」指的是學術、文化，而使之易讀、易懂，則是「一般化」，他認為只有這樣，才能「使大多數人生活或文化的提高」，「這是一般的人們所應該努力的目標，當然也是我們《一般》同

人此後想要努力的目標，打算猛進的大路。」[32]

要達到「深入淺出」、「情理兼具」的境界，靠的是縝密的構思、爐火純青的文字功夫、生動成熟的表現技巧、別具慧眼的選材目光與審美意識，這些對這群文人來說並非難事，因為他們長期從事國文教學工作，又多有語文刊物編輯的經驗，這使他們在寫作文章時，能自覺地在結構、佈局上用心講究，論點明確而有條理，使文章的可讀性得到提升。例如第 1 卷第 1、2 號上匡互生的〈趣味豐富的秋的天象〉，雖然介紹的是銀河、隕石、潮汐等天文科學知識，但他運用《詩經》、古詩中描寫天象的詩詞典故，以及牛郎織女等神話傳說，使原本枯燥的材料變得趣味盎然；又如第 1 卷第 3 號上西諦（鄭振鐸筆名）的〈中世紀的波斯詩人〉，本是西洋文學史介紹的文章，但作者刻意在文前強調：「中世紀的波斯，在文學上，真是一個黃金時代。雖然她曾被阿剌伯人入侵了一次，接著又被蒙古人所統治，然而她的詩的天才，在這個時代卻發展得登峰造極，無以復加，正有類於同時的我們的中國，那時我們也恰是詩人的黃金時代。」將西洋與中國加以巧妙聯結，拉近讀者的心理距離，提高讀者的閱讀興趣，可謂深諳寫作的技巧；其他如豐子愷發表於第 5 卷第 2 號的〈漸〉，談造物主微妙的工夫、人生的法則，雖是說裡，卻如老友促膝談心，字裡行間透露出他發自肺腑的思想情感；鍾敬文發表於第 3 卷第 2 號的〈廣州風物雜憶〉，回憶廣州的木棉樹、菱角、蕹菜，引經據典，詳加考證，以充滿情感的文字娓娓道來，既有知識又有情趣。這類作品沒有一點說教味，更不是吊書袋，而是一篇篇讀來平易近人、

---

32 劉叔琴：〈一般與特殊〉，《一般》月刊第 1 卷第 1 號，頁 8。

趣味橫生的知識散文、哲理小品。

　　特別值得一提的是，孟實（朱光潛筆名）應夏丏尊之邀而寫的《給青年的十二封信》，可謂篇篇說理，結構謹嚴，又處處打動人心，堪稱情理兼具的佳構，被夏丏尊視為《一般》最大的收穫。夏丏尊在出版時寫的序言中說：「作者曾在國內擔任中等教師有年，他那篤熱的情感，溫文的態度，豐富的學識，無一不使和他接近的青年感服。……信中首稱『朋友』，末署『你的朋友』，在深知作者的性行的我看來，這稱呼是籠有真實的情感的，決不只是通常的習用套語。」[33]以「真實的情感」道出自己的人生觀，和青年討論人生的問題，提供青年自我教育的藍圖，朱光潛如「良師益友」般的解說道理，同時又以清新、懇切的文筆使「真實的情感」自然流露，難怪這本小書在當時或以後，都能歷久彌新地受到廣大青年喜愛。

　　發刊詞〈一般的誕生〉中所揭櫫的理想：「一切都用清新的文體，力避平板的陳套，替雜誌界開個新生面。」停刊號的〈再會再會〉中自我省視的結語：「我們決不敢有那麼樣的大膽來自誇〈一般的話〉的文章是明白曉暢，……不過我們的企圖，我們的努力，總是向著那個目標的，……我們已經獲得了許多愛讀者，可以知道我們的方向總不會錯。」這個理想和目標，在主編夏丏尊的努力經營，與立達文人們的共襄盛舉下，大抵得到落實，《一般》在1920年代的文化界，確實已樹立了自己別開生面的清新風格，在雜誌界佔有一席之地，也發揮了一定的影響力。

33　夏丏尊：〈《給青年的十二封信》〉，《夏丏尊文集‧平屋之輯》（浙江人民出版社，1983），頁112。

四、結語：不「一般」的文人典型

　　立達文人群是一個貫徹獨立精神、自由組織的知識分子群體，以立達學會為核心，主要事業成就有二：一是協助籌辦在江灣新建校舍，成立立達學園；二是創辦《一般》月刊。一在教育，一在文化，二者都有不容忽視的表現與成就，而寄寓其中的理念與實踐，則構成了這個文人群體的精神品格與人文風格。在教育上，他們不以教育為功利，而以教育為信仰，全心投入，犧牲奉獻，重視人格感化、自由獨立精神，強調互助勞動、儉樸勤實的作風，主張平民教育，關懷現實，可以說是一群具教育理想與教育愛的文人；在文化上，他們致力於落實自由的精神、獨立的思想，藉著對文化、時局的看法，表達出知識分子的良知與見識，試圖為改造社會盡一份心力；同時，以一篇篇生動介紹學術的文章，啟蒙大眾，普及知識，以文化的促進提升為己任。不管是教育還是文化，其共同的理想是培養出既能「立己立人」又能「達己達人」的具健全人格的人，也就是「立達」的人。

　　1920年代的政局混亂，軍閥混戰，知識分子普遍有不知何去何從的失落感與苦悶，在這樣的氛圍下，這群文人選擇自力辦學，獻身教育，試圖從最根本的事業做起，沒有炫人耳目的形式口號，只有腳踏實地的耕耘付出。表面上看，只是一群沒有太多資源與力量的「一般」文人，但做的實在是不「一般」的事業。朱自清對1920年代的教育情況知之甚詳，他就曾經指出其中充斥的應酬、植黨、諂媚官紳勢力、不學無術、蠅營狗苟等種種弊端，甚

至激動地說出:「總之,教育是到『獸之國』裡去了!」[34]面對種種亂象、時弊,立達文人群立足於民間教育,致力於文化傳播,關懷青年與平民,發出知識分子的呼聲,這種態度與精神,在創辦《立達》季刊時,匡互生就說得很透徹:「我們相信文化的發達,一定在思想學術都在自由獨立的空氣中。思想學術上的皇帝和臣僕,簡直是文化的敵人……我們自己以為應該說的話,即使反叛了政治的社會的歷史的學術的種種權威者,我們也有所不顧,大膽的自由的說。」[35]只有知道當時的嚴峻背景,才會明白這群以「一般」自居、自勉的文人群,其心中的不滿、激憤,以及真誠付出、全力以赴的難能可貴。從立達學會到立達學園,從《立達》半月刊到《一般》月刊,我們可以充分感受到這群文人平實中有堅持、踏實中有理念、絕不「一般」的精神品格與文化理想。

---

34 朱自清:〈教育的信仰〉,《朱自清全集》第 4 卷,頁 139。
35 匡互生:〈立達、立達學會、立達季刊、立達中學、立達學園〉,《匡互生與立達學園》,頁 21。

贏疾者的哀歌

—「立達文人群」中的薄命詩人白采

一、前　言

　　白采（1894-1926）是一位被文學史長期遺忘的詩人，也是一位
才氣縱橫、正待起飛卻橫遭折翼的薄命詩人。在新文學萌芽的二
〇年代，他以膾炙人口的長詩〈贏疾者的愛〉受到詩壇的矚目，
被朱自清評為「這一路詩的押陣大將」[1]，並以小說、詩話等作品
表現出自己鮮明的個性，同時又以隱密低調的行事作風疏離於人
群，憑添幾分神秘色彩，可惜英年早逝，為文學史的發展留下一
絲遺憾。本文將試圖鉤沉出這位特殊文人的生平事蹟、文學表現，
以及隱藏在作品背後複雜的情感符碼、生命圖像。

　　在未踏入白采的精神歷程之前，有必要先針對和他關係密切

1　見朱自清：《中國新文學大系‧詩集‧導言》（台北：業強出版社，1990 年重
　　印版），頁 4。

的「立達文人群」做一解說。1925 年 2 月，爲了落實民間辦學的教育理想，匡互生、豐子愷、朱光潛等人在上海虹口辦起了一所私立的「立達中學」。所謂「中學」，其實只有兩三張板桌和幾張長凳，但由於校風自由，辦學認真，學生漸多，那年夏天，匡互生提議在江灣自建校舍，並改名爲「立達學園」。在匡互生的奔走籌備下，當時立達學園的師資陣容和一般中學相比，顯得格外堅強，有豐子愷、朱光潛、夏丏尊、陳望道、劉薰宇、劉叔琴、夏衍等。爲了讓立達學園能正常運作，並有更好的發展，匡互生、夏丏尊、豐子愷等人於 3 月間發起成立「立達學會」，校內外知名的教育、文化界多人加入，如茅盾、劉大白、朱自清、胡愈之、陳望道、葉聖陶、鄭振鐸、章克標、章錫琛、周予同等[2]。學會的成立起初是爲了支持學園的創辦、發展，它有點類似一般私立學校的董事會，但又不完全相同，這些人不是掛名，而是真正爲追求一個共同的教育理想而結合，因此有人說它是「立達的母親與褓姆」[3]。但學會成立之後，它所扮演的角色並不侷限於教育事業，而是一個充滿人文色彩的文人群體，特別是 1926 年 9 月創辦了學會的代表性刊物《一般》，內容涵蓋面廣，有書報評論、文學創作、翻譯，也有學術研究、文化批判和時事介紹等，如此一來，它就成了一個不折不扣的文人群體，因此筆者以「立達文人群」稱之[4]。

---

2 學會成立之初，會員僅 20 餘人，到 1926 年立達學會會刊《一般》發表增加爲 51 人，以後陸續增爲 57 人。

3 章乃煥：〈中國教育史的光輝篇章 —— 試論立達學園教育改革實驗的思想與精神實質〉，收入北京師範大學出版社編輯組：《匡互生和立達學園教育思想教學實踐研究》（北京師範大學出版社，1993 年），頁 48。

4 筆者於 2005 年至 2006 年的國科會研究計劃即是「從《一般》月刊看「立達文人群」的精神品格與文學風格」，這應該是學界首次以此名稱來概括這個文人群體。

　　立達文人群的構成除了立達學會會員之外，曾在立達學園任教過的文人也應納入此一範疇，本文所要討論的白采即是一例。白采雖非立達學會的正式會員，但曾在1925年下半年在立達學園任教，翌年3月才離開，期間與夏丏尊、劉薰宇、豐子愷、葉聖陶等人都有所往來；《一般》創刊前夕，白采突然病逝，因此在1926年9月創刊號上臨時發表了他的詩詞和筆記三則，當作補白，編者並在〈編輯後記〉中特別說明：「很可替本誌幫忙的白采先生，竟於本誌將付印的時候，在由廣東至上海的船上病歿了。後事由同仁經紀，篋中遺稿很多，擬由同仁為之整理。」由此可見他和立達學會諸人關係之密切。接著，10月號的第2期《一般》特別製作紀念白采的專輯，由朱自清、夏丏尊、葉聖陶、劉薰宇、豐子愷、匡互生、章克標、周為群、方光燾等九人執筆，同時又將白采的《絕俗樓我輩語》分五期刊出，凡此均可證明白采在此一文人群中的地位。雖然他在立達學園只任教半年多，但在他33年的短暫歲月中，交往最多的即是這批文人。在立達文人群中，他的成就難與其他大家相比，但卻極具個人特色，不容忽視。

　　到目前為止，文學史書籍對白采不是隻字不提，就是幾語帶過，而且多半只提及新詩的成就，小說、隨筆等則完全不論，殊為可惜[5]。他的人與作品，知之者不多，透過網路搜尋，也不見一

---

5 在眾多文學史書籍中，有代表性的如錢理群等著的《中國現代文學三十年》（北京大學出版社，1998年修訂本），在128頁中僅提到：「『五四』以來敘事詩僅有朱湘的〈王嬌〉、沈玄廬的〈十五娘〉、白采〈羸疾者的愛〉等可數的幾部。」未做任何說明；又如朱棟霖等主編的《中國現代文學史1917-1997》（北京：高等教育出版社，1999年），在79頁對〈羸疾者的愛〉有兩行的分析：「通篇用對話體，分別寫出羸疾者與老者、母親、友人、少女的心靈交流，幻想代替敘寫，抒情強於敘事，體式特別。」此外，對白采的人與其他作品都未做交代。必須說，這樣的三言兩語和許多完全不提白采的文學史著作相比，已屬難能可貴。

篇研究專論,正如他流星般消逝的生命,他的生平事蹟與文學表現一直掩埋在歷史的煙塵中。雖然 1982 年在台灣有胡文彬先生自費編印了一冊《絕俗樓遺集》[6],內容涵蓋了《絕俗樓詩詞》、《絕俗樓我輩語》、長詩〈羸疾者的愛〉、小說〈被擯棄者〉等 6 篇,以及白采致好友胡畏三的部分書信,關於白采的紀念文章、作品評論等,除了一些小說外,可說已將其代表性的作品搜羅齊備,但印數有限,流傳不廣,似乎沒有獲得太多迴響。筆者有幸獲見此書,並設法蒐羅書中未收的一些小說作品,幾番研讀之後,深覺有讓白采及其作品「浮出歷史地表」的必要。本文的研究將以白采及其作品爲兩條主線,試圖讓這位「薄命詩人」的形象與成就不再模糊、隱沒,也讓文學史研究存在的許多縫隙與空白得到些許的填補。

二、白采:遺世絕俗的漂泊詩人

白采的一生幾乎都是在漂泊中度過,就連最後的死亡也是在旅程的輪船上。他的父母在他成年前後相繼過世,家族糾紛不斷,婚姻又以離婚收場,幾次隻身漫遊,過著「漂泊詩人」般的生活,這些不幸的遭遇,凝塑出他孤癖、寡言、離群索居、鬱鬱寡歡的

---

6 此書由胡文彬編校、自費印行,1982 年 12 月出版。本文引用資料出自本書者,不再加註說明,而僅標明頁數。胡文彬的事蹟不詳,從書中的〈後記〉可知,其父親胡畏三與白采爲知交好友,曾抄存白采遺稿,這也促成了他下決心蒐集白采其他遺稿合編成書。〈後記〉末寫道:「謹記於復興崗待歸樓」,推測胡文彬可能是政治作戰學校(學校坐落於復興崗)的教師,而且筆者所見的此書,書的扉頁有其贈給任卓宣先生的題字,以學生自稱,任先生長期在政治作戰學校任教,故胡文彬有可能也任職於該校,但有待查證。筆者得見此書,要感謝政治大學中文系退休教授尉天驄先生,他是任卓宣先生的姪兒,家中藏書甚豐,他知筆者研究白馬湖作家群,故以此書影本相贈,謹此誌謝。

性格，這樣的性格投射在作品中，使他的文學作品自然染上了浪漫、悲愁、殊異的色彩。由於他刻意隱埋姓名、獨來獨往的行事作風，使他的一生顯得神秘而少為人知，在他過世後，朋友們的追憶文章中，最常說起的就是類似「不可捉摸」、「不容易猜透」、「遺世絕俗」、「性情孤僻，不樂與人相接」[7]之類的形容語。在詳細閱讀並考證相關資料後，筆者將白采一生的初步輪廓整理成表如下：

清光緒 20 年（1894）	出生於江西高安。原名童漢章，一名童昭海，字國華，又字愛智、瘦吟。兄弟五人，他排行第五。
清宣統 3 年（1911）	筠北小學畢業。
民國元年（1912）	母親去世（一說 1911 年）。曾受教於廖少軒，尤得益於廖師母褚素筠的照顧和啟發。閉戶自修，專力為詩。
民國 3 年（1914）	和王百蘊女士結婚（一說 1913 年）。
民國 4 年（1915）	開始寫詩，並習繪畫。1915 至 1918 年間，曾三次離開家鄉漫遊名山大川，過著「漂泊詩人」的生活。
民國 6 年（1917）	11 月間曾生一女，但產下即殤逝。
民國 10 年（1921）	充滿糾紛的家庭生活與不幸的婚姻使他深感痛苦。9 月，父親病逝，享年七十餘歲。從此他對家庭不再留戀。創作第一篇白話

---

7 在《一般》第 2 期「紀念白采」專輯中，朱自清說白采是「一個不可捉摸的人」，「賦性既這樣的遺世絕俗，自然是落落寡合了」；劉薰宇說：「白采在我認識的人中，要算第一個不容易猜透的人！」；方光燾則說：「據說他性情孤僻，不樂與人交接」。

	小說〈乞食〉。
民國 11 年（1922）	2 月離家再度過著「漂泊詩人」的生活。考進上海美術專門學校。客滬後，為隱其行蹤，變姓名為白采，號吐鳳、受之，自稱瞿塘人，不欲人知其身世。
民國 12 年（1923）	6 月和王女士宣告離婚。從此益加漂泊不定、心境苦悶。年底，畢業於上海美術專門學校，在上海當過教員、編輯。
民國 13 年（1924）	作長詩〈羸疾者的愛〉（6 千字），受到俞平伯、朱自清的推崇。 由中華書局出版《白采的小說》，收短篇小說七篇。
民國 14 年（1925）	由中華書局出版詩集《白采的詩 ── 羸疾者的愛》。下半年到立達學園擔任國文教師，翌年 3 月離開。
民國 15 年（1926）	3 月轉到廈門集美學校農林部任教。 7 月暑假期間到兩粵漫遊。 8 月從香港搭「公平輪」返回上海，27 日船將抵吳淞口前病死於船上，得年 33 歲。 立達學園匡互生收其遺骸葬於江灣。
民國 16 年（1927）	由開明書店出版其遺著《絕俗樓我輩語》。
民國 24 年（1935）	陳南士[8]刊其《絕俗樓遺詩》於江西南昌，

---

8 陳南士（1899-1988），本名陳穎昆，江西高安人，為白采生前好友，在與胡畏三通信中多次提及。白采詩詞遺稿就是由他於 1935 年輯印。在朱自清編選的《中國新文學大系‧詩集》中曾收錄其新詩〈夢歌〉、〈寂寞〉2 首，可惜

錄詩兩卷，共 525 首；詞一卷，共 46 首。

均為白采生前手定。

民國 71 年（1982）　　　胡文彬編校之《絕俗樓遺集》出版。

　　白采簡要的生平大致如此。短暫的一生，留下許多精彩的作品，也留下了一些難解的謎團。生前出版的新詩集和小說集，使他成為新文學初期展露頭角的文壇新銳，死後出版的詩詞遺著，則讓人看到他兼擅舊文學的另一面才華。他失意苦悶的心理，透過特立獨行的生活方式和文學創作真實地表現出來，作品中強烈的靈魂拷問，個人氣質上的感傷色調，使得浪漫抒情的「白采風格」隱隱成形。

　　充滿矛盾與衝突，是白采生命型態與精神世界最動人也最鮮明的標誌，這使他的一生始終籠罩著掙不脫的愁苦情緒與揮不去的悲觀色彩。這種矛盾與衝突主要表現在現實生活與精神世界兩個層面。現實層面的矛盾，表現在對應人事的反覆態度上，他時而放言高論、激動熱情，時而孤僻寡言、行蹤隱密，在熱鬧與孤獨之間徘徊猶豫，這使他難於與人交際，並予人冷漠高傲之感，但知悉他真實內心世界的朋友，卻對他非應酬式、發自真心的情義印象深刻，也對他絕烈的潛隱生活有著同情的理解。周為群在紀念文章中就說：「我和他初見面時，雖不能說『一見如舊』，但不久就覺得他是一個富於情感的人，是一個好人。」（頁 315）方光

生平未予介紹。據尉天驄先生告知，陳南士曾在政治大學中文系任教，講授詩選、杜詩等科目；又據政大中文系退休教授熊琬先生提供資料指出：陳南士於 1922 年畢業於武昌高等師範（今武漢大學前身）英國文學系，曾任江西省立二中教員、心遠中學校長、江西省政府秘書、安徽省教育廳秘書、湖北省教育廳秘書、國民黨中央宣傳部秘書、教育部主任秘書、國民大會代表等職。

燾也指出:「初和他會晤的人也許要說他冷刻;其實他的情熱,真有使身受者的我,永不能忘懷的。」(頁 318)朱自清也同意:「他是一個好朋友,他是一個有真心的人。」(頁 296)在立達教書都是義務職,白采教了一學期後離開,又從廈門寄了 50 元給學園,這讓夏丏尊在人品上對他有了新的認識。(頁 305)方光燾因為窮困而兼任四校教課,往來淞滬間忙碌不堪,白采就主動替他在立達代授一班義務課程。(頁 318)凡此均可看出他待友之真摯,以及內心對友誼的渴望與珍視。

　　但不可否認的,白采性格中異於常情的一面,使他遭致許多不解和誤解。在致胡畏三的 23 通手札中,他一再囑咐「所屆請勿告人」,「與弟通問,亦必屢易名者,非避弟也,避弟以外凡與弟有相連之耳目也。」(頁 211),「兄行蹤決請嚴秘勿宣,即南士處亦萬勿令知,為要。」(頁 213)僅 23 通手札就用了國華、白受之、白渚虹、瘦吟、白瘦山等不同署名,其刻意隱姓埋名、不欲人知的用意明顯可知。推測其因,主要與家族分產後糾紛不斷,甚至同族有人具狀控告有關[9],因此才會對胡畏三說:「兄厭故鄉深矣!」(頁 211)家族糾紛,婚姻離異,導致他的心理異常痛苦而矛盾,在手札中他曾如此自剖道:「吾本狂人,文日益佳,行日益僻,將來結局茫茫,必使吾弟聞而咋舌大痛。」(頁 199)「我諸事安之若素,且性喜放達,故無一事足以累心。乃至師長可叛之,父兄

---

9 在劉薰宇的紀念文章中,引用了白采朋友和弟兄的信,信中已透露端倪,如朋友信中寫道:「令三兄說,令姪將要拿你的店房出押,族中有一黨壞人扶助刁唆。……令大兄也被兒子趕得離居。」;弟兄的信則說:「將我所收之租穀五石九斗二升概行搶去,並邀同族具狀控告。現以刑事起訴法庭,告家產尚未分均。……弟(按:指白采)即予歸來,若再延不歸,將來我之性命,都難保了。尚望俯念同胞,不辭勞苦……。」(頁 302)

可疏之，擇期倜儻不群，可以想見。然悲哀之懷，終不消泯，乃知古人曠達，皆有至哀在心，如阮籍嵇康之倫，能狂笑者必能痛哭！而其笑時之可哀，則尤甚於其哭時也。十數年來，父兄師長舉不足以累吾心，既如上述；獨所耿耿於心者，吾蘊妹而已。」（頁196）蘊妹者，即白采之妻王百蘊。對愛情絕望、親情失望，使他對友情格外盼望，然因個性使然，一生知交甚少。

　　現實層面的拙於（或不屑於）應對，掩蓋了他心中的熱情，劇烈的衝突與掙扎，使他在精神層面上也透顯出對立的不安與痛苦，哀與樂，理智與情感，特別是在生與死的思索上，常常同時並存，激烈鬥爭。白采之死，非出於自殺，但劉薰宇對此有精到的觀察：「他的生活卻有是類於慢性自殺。書桌上陳著紅漆小棺材，床旁邊放著灰白人頭骨，都是他歡迎死神的表徵。他所以帶了病還從香港乘輪船搭統艙到上海終於死在船上，也未嘗不是不想避死的表現。」（頁304）基本上，白采是個悲觀的人，葉聖陶就說過：「他的詩與小說早使我認定他是骨子裡悲觀的人。」（頁311）因此，死亡意識經常縈繞於心，揮之不去，在立達教書時，方克標曾到過他的房間，印象最深的也是「擺在他書桌上的髑髏和小棺模型，這二件好像是他心愛的東西。」（頁307）在他的小說〈白瓷大士像〉中曾借「我」說出：「人生就是這樣的永不聯貫，一個個都要在這黑夜裡撒手了。」（頁277）在〈墮塔的溫雅〉中則借「他」做了一番更直接的表白：「他便想著只有脫棄了軀殼，方能免除罪惡。他這樣並不是頌揚死，他只是想跳出物質生活的重重苦惱，獲得人類最高精神的愉快。」（頁287）由此可推知，他在精神上的死亡威脅陰影多半來自於物質生活的窘困。

　　然而，對於生死，悲觀的白采有時卻又表現出重生惜命的積

極態度，在致胡畏三手札中就寫道：「處在今日無聊之世界，只能以生命爲第一，知識名譽，及其次耳。」（頁202）「吾儕愈宜自愛，而愈覺生命之可寶可喜也。」（頁209）「但望弟於世界，社會，人生種種，忘其可哀，咸覺其可愛而已！」（頁211）「人生最要緊處，即當此困辱中，謀己愈不灰心。」（頁212）在小說〈友隙〉中，他也不斷強調「人生方面的事實縱然是有限，希望卻仍可無限；而且說不定會有最後的希望成爲事實。」（頁290）類此言論，很難讓人與漂泊、悲觀、喜愛小棺、人頭骨的白采聯想在一起，但這種矛盾心理的存在卻是白采精神世界最真實的寫照。

欲超脫紅塵俗世而不能，使他墮入現實生活的痛苦深淵中；對生命悲觀失望卻又未到絕望的地步，使他的精神世界分裂矛盾而糾葛難解。他試圖以漂泊來逃避，以狂行來掩飾，以絕世遺俗來對抗，甚至用文學創作來宣洩、排遣，但最終只有死亡，讓這個年輕的、騷動不安的生命得到永遠的安息。

三、羸疾者的哀歌：白采新詩中的自敘傳色彩

一如同時代的作家郁達夫（1896-1945）以許多小說生動刻劃出「零餘者」、「孤獨者」的人物形象，白采也以他的詩與小說塑造了「羸疾者」、「癲狂者」、「被摒棄者」的人物典型。郁達夫以《沉淪》在二〇年代帶動「自敘傳」浪漫抒情小說創作浪潮的興起，這股浪潮顯然影響了白采，他的小說〈被摒棄者〉即被論者視爲此一小說流派的代表作之一[10]。郁達夫筆下的「零餘者」，其共通

---

10 孔慶東在《1921：誰主沉浮》（山東教育出版社，1998年）第72頁中提到，那一時期和郁達夫浪漫抒情小說風格近似的有〈孤雁〉的作者王以仁、〈被摒棄者〉的作者白采、〈壁畫〉的作者滕固等。

點是：不甘沉淪卻又無力自拔，憤世嫉俗，憂鬱感傷，內向敏感，有理想但幻滅，有時孤傲不群，有時自卑自憐，他們往往身受經濟和精神的多重壓迫，窮愁潦倒，因而總是被社會正統意識所輕蔑或排斥，成為被主流社會所拋棄的邊緣人，正如論者所指出，這一系列「零餘者」人物，「同現實社會往往勢不兩立，寧願窮困自戕，也不願與黑暗勢力同流合污，他們痛罵世道澆離，或以種種變態行為來表示反抗。」[11]白采筆下的「贏疾者」或「被摒棄者」，和「零餘者」所特有的感傷、病態、苦悶的形象、氣質相比，可說是完全相同。

　　白采與郁達夫年齡相仿，相同的時代背景與文學環境，相近的身世背景與人格特質，使他們的作品風格也相去不遠。他們早年都曾在家閉門自修，性喜遊覽山水，離家後長期為經濟貧困所折磨，與元配的婚姻也都不幸；在文學上，同具古典詩詞創作的深厚根柢，慣以自身遭遇、內心體驗為題材，小說常運用第一人稱，充滿鮮明的自敘傳色彩。我們知道，自敘傳體的小說並不等於自傳，郁達夫寫小說的目的並非想為自己立傳，而只是想「赤裸裸地把我的心境寫出來」，「只求世人不說我對自家的思想取虛偽的態度就對了，我只求世人能夠了解我內心的苦悶就對了。」雖說如此，但郁達夫在看自己書稿時，「眼淚竟同秋雨似的濕了我的衣襟」，並忍不住說：「即使這書的一言一句，都是正確的紀錄，你我有什麼法子，可以救出這主人公於窮境？」[12]這其實已經是

---

11 錢理群等著：《中國現代文學三十年》（北京大學出版社，1998 年修訂本），頁 74。

12 以上郁達夫的說法均出自〈寫完了《蔦蘿集》的最後一篇〉一文，寫於 1923 年 7 月，原載《蔦蘿集》，1923 年 10 月上海泰東圖書局初版，引自《郁達夫文集》（廣州：花城出版社，1983 年）第 7 卷，頁 155-156。

取材自身遭遇的暗示。研究者早已指出，郁達夫的大部分作品「都
直接取材於他本人的經歷、遭遇、心情。把郁達夫的小說連起來
讀，基本上同他的生活軌跡相合。」[13]郁達夫如此，白采也是如
此，「零餘者」與「羸疾者」，從某個角度來說，其實是他們面對
自己精神困境的一種自述，也是他們對二〇年代知識分子精神世
界的一種探索。郁達夫代表性的散文〈零餘者〉和白采的長詩〈羸
疾者的愛〉都完成並發表於 1924 年，這個巧合說明了他們同時面
對的是黑暗的病態社會，因此才有作品中同樣病態苦悶的人物出
現。

　　先看〈零餘者〉。郁達夫描寫黃昏時茫然在街上漫走的「我」，
喃喃念著詩句：「袋裡無錢，心頭多恨。／這樣無聊的日子，教我
捱到何時始盡。／啊啊，貧苦是最大的災星，／富裕是最上的幸
運。」心中產生了許多矛盾的意念，最後恍然明白：「我是一個真
正的零餘者！」對世界、中國乃至於家庭，「我完全是一個無用之
人，我依舊是一個無用之人！」他捏捏口袋裡僅剩的幾塊錢，覺
得「我這樣生在這裡，世界和世界上的人類，也不能受一點益處；
反之，我死了，世界社會，也沒有一點兒損害，這是千真萬真的。」
胸前頓時「覺得有一塊鐵板壓著似的難過得很」，但意識模糊中跳
上了一輛人力車後，又不自覺地發出「前進！前進！像這樣的前
進罷！不要休止，不要停下來！」[14]被現實生活擠出軌道的哀怨，
夾雜著自身的孤淒悲涼，在窮困潦倒中卻又保有一絲追求理想生
活的熱情，渴望突破生活重圍，這是郁達夫筆下自艾自憐、憤世

---

13 見錢理群等著：《中國現代文學三十年》，頁 73。
14 此文寫於 1924 年 1 月 15 日，原刊於 1924 年 6 月 5 日《太平洋》第 4 卷 7
　　號，發表時題爲〈零餘者的自覺〉。引自《郁達夫文集》第 3 卷，頁 84-90。

嫉俗的「零餘者」，同時也是郁達夫真實生命的自傳剪影。這種強烈自我審視的幻滅感與危機感，不論在〈南遷〉、〈沉淪〉、〈銀灰色的死〉、〈血淚〉中的「他」、「伊人」，或是〈風鈴〉、〈秋柳〉、〈茫茫夜〉中的「于質夫」等人身上，都可以清楚看到。

再看〈羸疾者的愛〉。羸疾者，指孱弱、疲憊、彷彿得病的人，在白采筆下，主人公「羸疾者」不僅是生理上的瘦弱，而且是心理上的懦弱、膽怯，靈魂上的受創、不健全，正如詩的結尾所說的：「我所有的不幸，無可救藥；／我是 ── ／心靈的受創者；／體力的受病者；／放蕩不事生產者；／時間的浪費者；／ ── 所有弱者一切的悲哀，／都灌滿了我的全生命！」（頁 244）但這「羸疾」，其實是表面假象，白采想塑造的是一個過於憧憬美好理想而不容於污穢世界，渴望純潔、無私、對世界的大愛而寧願割捨個人情愛的「漂泊者」、「癲狂者」，當然，也就是另一個「零餘者」。這首 6 千字、近千行的長詩，全篇採用對話方式進行，分別描寫羸疾者與老人、母親、友人、少女四人的對談，藉著對話，構築了一個以愛的追求與失落為主軸的故事，抒情、敘事、說理兼具，體式上別樹一幟。故事大意是寫主人公「羸疾者」本來深愛這個世界，但因用情過度，反遭訕笑，因此感到失望厭倦，他的心枯冷了，毀滅的念頭纏繞著他，他說：「已不是純真的心，／我便不再持贈人。／現在的我，／既失去了本有；／除了自己毀滅，／需要憐憫，便算不了完善。」（頁 221）但在漂泊的途中，偶然經過一個快樂的村莊，「遇見那慈祥的老人，／同他的一個美麗的孤女；／他們是住在那深秀的山裡。」他們都把愛給他，但他因自己是個羸疾者，認為「不配有享受的資格」（頁 219），「只願是村裡的一個生客」（頁 220），而一一回絕了老人和少女的愛。

詩的開場，是老人向主人公表明他真摯的付託，以及少女的傾慕。老人百般勸解，但主人公仍固執己見，堅持離去，因爲他認爲「人們除了相賊，／便是相需著玩偶罷了。」（頁 219）主人公回去見了他的母親和伙伴，告訴他們在孤獨漂泊的旅途中「不能忘記」的奇遇，以及他內心的憂慮和躊躇，他對母親直言：「母親：你該知道，／你的兒子本是一個羸者！」（頁 226）悲觀地認爲「不可挽回的便不可挽回，／人枉與命運爭！／無力的空想，『憤激』也是可恥！／各人只憑著自己的微力，彌縫彌縫著，／都不過這樣度過了一輩子。」（頁 229）接著，他對伙伴說：「我想避免人間的愛，／常怕受人的恩惠；／ — 我是心靈的虛弱者。」（頁 230）最後，當愛他的少女，撇下垂老的父親，不辭辛勞跋涉前來尋他，表達愛意，且體貼地指出：「我心愛的人：／你的話太悲酸了！／你該自己平靜些吧。你是太受了世俗的夾拶，／把你逼向這更偏激的路上。」（頁 241）「自示羸弱的人，／反常想勝過了一切強者。」（頁 239）但顯然未能改變主人公的心意，最後還是予以婉拒：「我將再向我渺茫的前途；／我所做的，我絕不反顧。／請決絕了我吧！／我將求得『毀滅』的完成，／償足我羸疾者的缺憾。」（頁 244）正如朱自清所說：「他這樣了結他的故事，給我們留下了永不解決的一幕悲劇，也便是他所謂『永久的悲哀』！」[15]羸疾者的悲哀來自於對現代世界的不滿、憤懣與詛咒，以及對未來世界的嚮往、憧憬與追求，也就是朱自清所分析的：

> 主人公「羸疾者」是生於現在世界而做著將來世界的人的；他獻身於生之尊嚴而不妥協的沒落下去。說是狂人也好，

15 以下所引朱自清評論白采此詩的看法均出自〈白采的詩 — 羸疾者的愛〉一文，發表於《一般》月刊 1925 年 10 月號，頁 268-279。

匪徒也好，妖怪也好，他實在是個最誠實的情人！他的愛，別看輕了是「羸疾者的」，實在是脫離了現世間一切愛的方式而獨立的；這是最純潔，最深切的，無我的愛，而且不只是對於個人的愛──將來世界的憧憬也便在這裡了。主人公雖是「羸疾者」，但你看他的理想是怎樣健全，他的言語又怎樣明白，清楚。……他一面厭倦現在這世界，一面卻又捨不得牠，希望牠有好日子；他自己雖將求得「毀滅」的完成，但他相信好日子終於會到來的，只要那些未衰的少年明白自己的責任。這似乎是一個思想的矛盾；但作者既自承為「羸疾者」，「癲狂者」，卻也沒有什麼了。

　　換言之，「羸疾者」絕非混沌頹廢、庸俗度日的平凡者，更不是心理異常的病態者，相反的，他是眾人皆醉我獨醒，屈原筆下「漁父」式的人物，忍受著被世俗誤解的痛苦，踽踽獨行於人間的邊緣處，清醒地注視著世間的黑暗與苦難，甚至想用一己的毀滅、犧牲來喚醒世人，保持自身的潔淨。詩中的羸疾者，處在現實與理想的矛盾中，想愛而不能，想毀滅又不甘，對生命價值有著高乎常人、超出時代的憧憬與堅持，他的價值在此，痛苦也在此。對照白采的一生，以及作品中流露出的思想，必須承認，這首長詩確實是其自身經驗的寫照及心境的投射。俞平伯對此詩的評價和朱自清一樣都很高，認為「這詩是近來詩壇中傑作之一」，而其特色之一正是「詩中主人個性明活，顯然自述其襟懷。」[16]

　　在詩中，白采還曾這樣自述其襟懷：「我不能談那離開人間的天國，／但也不能使人人更見有人間的／地獄！／我的工作，／

16　俞平伯：〈與白采書〉，收入《雜拌兒》，原由上海開明書店於1928年8月出版，此處引自北京開明出版社1992年重印版，頁140-141。

只能爲你們芟剔蕪穢，／讓你們更見喬皇璀璨。」（頁234）這是何等可佩的氣度！在情感的路上，白采結婚又離婚，並曾暗戀一位邂逅的女子長達15年，終致孑然一身，浪跡江海，四處漂泊，爲情所苦，抑鬱難解，最後可能得了肺病，經常吐血，這不就是詩中的「羸疾者」嗎？只不過，因爲有愛，羸疾者不再是弱者，而是有著高遠懷抱的不得志者，現實中的白采也是如此，有論者就這樣概括他的一生：「白采是一個至性的人，所以他的思想很高超，抱負也很遠大；他不但要求人性的解放，掃蕩了舊社會的積毒，並且進一步要建立一個新的，美善的未來。故他一方面嚴厲的攻擊，破壞舊社會；一方面卻熱烈地頌讚建設新世界。」[17]

當郁達夫筆下的「我」，在心中喊著「前進！前進！不要休止，不要停下來！」時，「我」就不再是一個「零餘者」；當白采筆下的「我」，高喊「爲你們芟剔蕪穢，讓你們更見喬皇璀璨！」時，「我」也不再是一個「羸疾者」。在他們充滿自敘傳色彩的作品裡，我們看到了同樣的年輕人，置身於那個混亂的時代，所共有的徬徨、失落、哀愁，以及真情、至性和勇氣。

四、絕俗樓的獨語：白采古典詩詞中的情感密碼

想要進一步了解白采生活的片斷，特別是撥開其情感世界的迷霧，《絕俗樓遺詩》是關鍵的材料，相互參看，雖不能完全還原事實真相，甚至有可能更添幾分神秘色彩，但無論如何，透過這些舊詩詞的檢視，我們將可以更深入地走進白采的內心世界。這些白采生前手定的古典詩詞，由其好友陳南士於 1935 年輯印問

---

17 易笑儂：〈薄命詩人白采〉，原載《暢流》第 40 卷 10 期，1970 年 1 月，此引自《絕俗樓遺集》，頁 356。

世，自敘傳的寫作手法，使後人得以從中尋覓出其生前的行蹤、思想、生活與感情等方面的線索。

白采遺詩共二卷，分別為《自課草》、《跋珠草》，收 1910 至 1926 年間作品共 525 首；詞一卷，合《高臥集》（23 首）、《旅懷草》（21 首）及輯外 2 首，共 46 首，為 1912 至 1924 年間所作。1925 年作於漫遊途中的五言古詩〈古意〉30 首，充滿妙句奇想，對古代文人和文學有自己的追想和評價，格調清新，文氣跌宕多姿，被康有為譽為「如見嗣宗之淵放，太白之奇曠！」陳南士在〈題記〉中也稱許其詩說：「觀其所作，固未能脫去古人畦畛，而天才逸發，意境獨絕，中情鬱勃，故多真聲，其隸事遣辭，尤能自出新意。」（頁 3）對於自己的詩作，白采顯然頗為自負，曾對作於 1926 年的〈高邱行〉一詩有如下的自評：「自唐李白以來九百年無此詩，迨後二百年亦當無知者。余詩不欲淺人讀，不欲妄人評。當世若無知者則已耳，古人不可見，留待後人耳！」（頁 4）狂放之語背後實有知音難覓的慨歎。

至於詞作，白采則不甚滿意，甚至有「盡焚」的念頭，填詞之難，他說：「填詞尤妙在顧及音節，分割方善，往往按律殊失謹嚴。」因此，這些詞編定之後，「益戒不敢妄作」（頁 90）。可以說，舊學根柢甚深的他，不論作詩填詞都有自己獨到的見解。對於詞的內容，他在跋中有所說明：「前卷《高臥集》大抵跌蕩鄉里時所作；後卷《旅懷草》則羈遊湘、漢、吳、越間所作。」（頁 90）他的詞與詩多以念友、寄懷、行旅見聞和抒情為主，其情感與生平行旅在這些作品中有婉轉細膩的紀錄與表現。

前面提到〈嬴疾者的愛〉是白采一次邂逅經驗的表白，他的絕情其實是重情，如果細讀其詩作，對其多情、癡情的性格就能

有所體認。在白采死後的遺物中，有四包女人的頭髮，和一些女人的通信（可惜已不存）（頁296），同樣令人好奇。在《絕俗樓遺詩》中，直接或間接透露感情生活的作品不少，特別是年輕時曾有過的一次不尋常的艷遇，似乎讓他終生不忘，寤寐思之，因而有多首詩作與此有關，尤其是15年間陸續所作的〈憶花詩〉8首，更是他一往情深的明證[18]。〈憶花詩〉第一首寫於1913年，20歲的白采記下了兩人邂逅的情景：「奇氣天教屬女流，飄零欲說漫含羞。逢春獨灑花前淚，蝶粉蜂黃恨不休！遠提重問舊遊園，指點珠塵宛尚在。門外如銀滿池水，匆匆曾照兩眉痕！」（頁7）但細加推敲，白采與〈憶花詩〉中女子相遇應是1911年，這一年他只留下一首詩〈惆悵詩〉：「一霎娜嬛夢可疑，人間無地著相思。風鬟雨鬢如曾認，月地雲階竟許窺。芍藥多情聊可贈，彤胡有意為親炊。好憑珍重千金貌，兩槳來迎自有時。滄桑漂泊兩悲酸，邂逅情深合更難。芳澤暫親偏語澀，艷容相見早心寒。欣逢洞口桃千樹，乞與仙人藥一丸。未遣梁清同邂去，天風吹下太無端。」（頁6）描述的正是與那名多情女子偶然邂逅又珍重分別的感傷。這段18歲的暗戀，竟讓他痴纏於心15年之久，陸續寫下〈後憶花詩〉（1914）、〈續憶花詩〉（1915）、〈三續憶花詩〉（1917）、〈四續憶花詩〉（1918）、〈五續憶花詩〉（1923）、〈六續憶花詩〉（1923）、〈七續憶花詩〉（1924）、〈八續憶花詩〉（1926），足見從18歲到33歲過世前，他始終念念不忘於這段舊情。在〈八續憶花詩〉中他寫道：

---

18 根據《絕俗樓我輩語》第3卷所述，白采實際上寫的〈憶花詩〉共有16首，棄去自覺不佳者，存者有12首，但收在《絕俗樓遺詩》中的僅8首。他說：「余辛庚後，每歲有憶花詩，率二絕句以為常，弱冠前後，藉抒騷怨之作也。其詩瑕瑜互見，惟不忍盡棄，今俱存集中。……截至甲子，得詩十六首，存集者十二首。」見《絕俗樓遺集》頁152。

「琪花瑤草散如煙，一去簫聲十五年。莫向春波照雙鬢，海山愁思正茫然。處處春山聞鷓鴣，更無歸處苦相呼。料催玉貌中年近，慚愧扁舟說五湖。」（頁78）道出思念之苦的同時，也對自己已近中年卻仍浪跡江湖感到慚愧與悲哀。

　　這些詩寫得有些隱晦矇矓，一如李商隱的〈錦瑟〉詩，只知其中有著離奇傷感的艷情故事，但真相究竟為何卻只能任由後人憑空猜測。除了〈憶花詩〉，白采還有一些作品提及這段情感，如1915年的〈自題寫照〉：「飄搖蹤跡幾年中，憶昔清狂自不同。曾有紅妝解憐惜，鈔君詩句繡屏風。」（頁13）又如〈訴衷情〉一詞：「櫻花時節記芳名，眾裡暗呼卿。猶憶香車初卸，妖艷動全城！人已遠，亂難平；記前情，倉皇一別，無限哀憐，紅袖飄零！」（頁83）呼之欲出的一場艷遇，直到白采在〈七續憶花詩〉前寫了一段不算短的題記，才為這一系列的作品提供了較明確的線索：

> 昔卓氏得尚相如，後世稱其放誕。夫父兄不能撓，困辱不能屈，則其情豈易動者可比？抑放誕非不專一，明矣！往歲偶有邂逅，其人甫卸香車，城中已遍傳其艷。僕因緣晤對，歷盡艱辛；彼姝常自引為愧恨，每見輒涕零不已！余為譬解之再三，終莫能戢其幽怨也。某先生者，方正老儒也，始一望見，亟以莊麗許之，其不佻亦可知矣！孟子嘗喻少艾，某先生一顧之言，固不累盛德，益徵漢皋解佩之事，迥非猥瑣儇薄者流所能喻耳！雖然余亦枯槁甚矣！今方孑然湖海，了無異處，若說當時曾為瀟灑少年，且得名姝垂睞如此，其誰信之！讀者第視為靖節閒情之辭可已！
>
> （頁66）

　　這段題記恰好為長詩〈羸疾者的愛〉和〈憶花詩〉系列中的

神祕情感事件做了部分的解密。我們從中可以確定〈憶花詩〉的
艷遇之情並非作者無中生有的浪漫幻想,〈訴衷情〉所記的情景也
是寫實,顯然兩人曾相知相惜,而這名女子的貌美情深也深深打
動了白采的心,但「她」是誰?是已婚的社交名媛?有何難言之
隱?白采的離婚和這名暗戀的女子是否有關?這些謎團則沒有因
此解開。題記中提到的「方正老儒」和「始一望見,亟以莊麗許
之」的情節,不正是〈羸疾者的愛〉所述情景的縮影嗎?羸疾者
就是白采的化身,這樣的推論在詩詞的相互印證下應該可以成立。

　　《絕俗樓遺詩》所收集的詩詞,除了感情生活的記載外,思
友、遊記和抒懷也佔了大多數。思友之作主要收在《自課草》。
1919 年〈寄懷諸友〉一詩寫了羅杜芳、彭芙生、彭芸史、吳蘋青、
陳蘭史(即陳南士)五人,大抵酬酢往來的知交同學不出這些人。
1918 年〈喜陳蘭史自南昌歸因念北京未歸諸友〉就很能看出白采
對友誼的渴望:「喜君同握手,倍覺動離情。旅食多寒士,歸裝阻
重兵。漸看俱壯歲,應厭為浮名。共有青鐙約,飄零笑此生。」
(頁 23)記遊之作主要收在詩卷《跋珠草》和詞卷《旅懷草》。1922
年起,白采隱姓埋名浪跡湖海,〈遠別〉一詩即是當時心境寫照:
「自摩雙鬢負韶華,作客從今不憶家。珍重海天相望意,詩人漂
泊是生涯。」(頁 48)此後,他四處漫遊,常熟、上海、杭州、虞
山、洞庭湖、西湖、滕王閣、虎丘、烏衣巷、靈澤夫人祠、李白
墓等,都曾遊歷盤桓,並作詩詠之。作於李白墓下的〈古意〉30
首,可以看出他對李白的傾慕嘆服,引為同調,「絕俗樓」的命名,
正是因為相傳李白曾於四川萬縣西山上讀書,石壁刻有「絕塵龕」
三字(頁 193)。抒懷之作在詩詞中俯拾皆是,對生活、美景、史
事、生平懷抱等,都有具體體現,值得一提的是一些以家國憂思

爲題材的作品，面對二○年代混亂的時局，白采也曾寫下〈抱冰堂〉、〈望塵嘆〉、〈憂患〉等控訴戰爭、渴望和平的作品，如 1920 年的〈憂患〉：「吮墨和鉛意萬千，鬢毛搔短託新篇。詩人終古傷漂泊，大陸於今劇變遷。事定漸看趨至化，才高豈敢詫諸賢。不妨憂患嬰懷久，愁望誰知感逝川。」（頁 41）雖然這類作品數量不多，但顯露出白采關心現實的一面，而非只知浪漫談情的文人雅士。

　　《絕俗樓遺詩》之外，白采還有《絕俗樓我輩語》的詩話隨筆，以「白采遺作」的專欄形式發表於《一般》第 1 卷 1 號、2 號、3 號，2 卷 1 號、2 號。這些隨筆共分四卷，內容蕪雜，以文言筆錄，有論詩見解，讀詩雜感，也有詩作酬酢，輯錄他人詩句，或自道寫詩的背景、動機與得失優劣，或敘掌故、旅遊見聞，有時也評論時局，基本上，與其詩詞創作有相互闡發的功能，在一定程度上顯示出白采的詩歌理念與文學涵養。例如《卷一》提到：「夙昔自亦愛詠花，詠花尤喜絕句，又詩中往往書花名，其初寫生題畫而已，寖以成癖，近始稍稍革之。」（頁 111）「余詠花絕句，棄稿甚多」（頁 112），可以看出他詩詞創作題材選用上的偏好；對於當時以流行語言入詩的嘗試，他也深表贊同說：「近有人甫倡用流行語創爲詩體者。此舉審爲我國輓近詩學一大轉鍵，其勢必將寖盛銳甚莫可遏。待之百年，必有名世之作輩出，蔚爲一代菁華者，惟非所語於頑鈍拘虛淺躁者耳。」（頁 117）對作詩的體會，他也發表了不少看法，例如《卷二》提到：「幼時作詩，信筆塗抹，後始由七絕而七律五律，七古五古，按年專致力一體，繩尺如此，本極可笑。獨五絕及樂府四言，雖常學步，殊鮮愜意，違言天才逸發，變化自如耶。故當時自以爲除樂府四言外，獨覺五絕爲最

難。」(頁 135) 自述學詩歷程。有些自覺不滿意的詩作,未收在《絕俗樓遺詩》者,白采往往以詩話隨筆的方式收錄在《絕俗樓我輩語》中,得失寸心知,他用這種方式對自己的作品做了嚴格的刪選。可惜到目前為止,無人對白采古典詩作進行全面探究,絕俗樓的「我輩」之語,只能是喃喃的獨語了。

五、被擯棄者的吶喊:白采小說中的理想追求與失落

詩人白采的另一個身分是小說家。早在 1924 年就由中華書局出版了《白采的小說》,收短篇小說 7 篇,除了處女作〈絕望〉是文言外,其餘 6 篇都是白話小說,分別是:〈乞食〉(寫於 1921 年 5 月 5 日,發表於《東方雜誌》第 21 卷 12 號)、〈目的達了?〉(寫於 1922 年 11 月 17 日,發表於 1924 年 9 月 10 日《小說月報》第 15 卷 9 號)、〈被擯棄者〉(寫於 1923 年 8 月 14 日,發表於 1923 年 11 月 18 日《創造週報》第 25 號)、〈白瓷大士像〉(寫於 1923 年 11 月 1 日,發表於 1924 年 2 月 10 日《小說月報》第 15 卷 2 號)、〈作詩的兒子〉(發表於 1923 年 11 月《民國日報・覺悟副刊》)、〈友隙〉(寫於 1924 年 4 月 11 日,發表於《婦女雜誌》第 10 卷 7 號)。此外,未成冊的小說至少還有 6 篇,分別是〈微眚〉(發表於 1924 年 1 月 6 日《創造週報》第 35 號)、〈病狂者〉(發表於 1924 年 1 月 20 日《創造週報》第 39 號)、〈我愛的那個人〉(發表於 1924 年 3 月 10 日《文學週報》第 112 期)、〈墮塔的溫雅〉(寫於 1924 年 1 月 2 日,發表於 1924 年 3 月 10 日《小說月報》第 15 卷 3 號)、〈侮辱〉(寫於 1923 年 1 月 29 日,發表於 1924 年 6 月 2 日《文學週報》第 124 期)、〈歸來的瓷觀音〉(發表於《東方雜誌》,時間待查)[19]。由此可以看出,離家漂泊後

---

19 趙景深寫於 1926 年 8 月 29 日、發表於 1926 年 10 月號《一般》的〈讀白采小說偶識〉一文中指出,未成冊的小說僅有 5 篇,經筆者查考還有〈侮辱〉

的白采，因生活困窘，不得不積極撰稿以營生，寫作時間集中在1921 至 1924 年間。

以目前 13 篇小說來觀察，自敘傳的色彩仍是濃厚的，白采的真實生活與思想透過體驗性的表達方式，假托於一個被損害、不安寧的靈魂，寫出這個靈魂對現實、生命的詩化感受。死亡陰影的威脅與物質生活的壓迫是這些小說共有的題材基礎，而在陰影下掙扎求生、維持尊嚴、渴望超越，則是這些小說深刻的主題。和「五四」時期關心被侮辱者、被損害者、被壓迫者的思潮一致，白采這些小說正是時代的印記，同時，也是白采的理想追求與失落的痛苦呼聲。

（一）以女性視角抨擊封建禮教對婦女的迫害

以〈被擯棄者〉為例，透過一個未婚生子的少女淒涼無助的自述，道出了被封建社會禮教迫害、扼殺的「被擯棄者」的痛苦心聲。在男友要求墮胎下，少女看清了他所謂的「真愛」的謊言，堅持生下孩子後，又要面對無處不在的仇視、侮辱與冷漠，她控訴：「我沒有眼淚，我只是瞪目的直視，這世上到底是用什麼道理來統治的？他們怎能有權侮辱人，並有權侮辱我純潔無垢的小生命！」（頁 250）她吶喊：「在男子是無妨的，社會對他，自有恕詞；不比我們女子，既被擯棄了，便逃不了更多的督責，除非宛轉呻吟於悲運之下以覓死，是無第二條路可許走的。」（頁 253）對於吃人的「禮教」，她更是忍不住再三抨擊，然而，這一切都挽不回她

一篇。此外，尚有一篇〈一個銀幣〉，發表於 1923 年 12 月 24 日《文學周報》第 102 期，此文以一枚銀幣的自白，敘述經過政治家、教授、貴公子、乞丐、財主、宗教家之手的遭遇，敘述方式介乎小說、寓言之間，暫時不列入小說討論。

最終悲慘的下場：孩子被她從船上推下河淹死，而她精神錯亂，最後也跳河自殺了。這篇小說以少女第一人稱的日記形式呈現，只有在文末作者加了一段，表示「我拾得這一捲稿子，的確是女子寫的……我不知道伊是誰？也沒有人知道伊流落的行止。伊或者已在上帝那裡得救了！聖處女瑪麗亞定然證明伊的聖潔，赦免伊的無罪。但這是一個何等悲慘的故事呢！」（頁259）以孤女之身對抗鋪天蓋地的封建網羅，其「被擯棄」的背後，實代表了無數同樣處境的婦女命運。

　　白采對婦女的命運有著極大的關心，他大部分的小說都以女性視角敘事，刻畫、反映的也是女性的心理，羸疾者、被擯棄者、病狂者、零餘者，從某個意義上看，都是他筆下當時女性的代名詞，這些不同女性的悲哀際遇，在二〇年代婦女解放的思潮下，顯得甚有時代性、現實感。〈我愛的那個人〉中裹小腳的薛姑娘，幼年訂親的丈夫長大後來信表示不能娶她，只寄給她一張照片，她竟斷指自誓絕不嫁人，她說：「他不愛我，只要我愛著他就是了。他是無從干涉我意志的自由，譬如我不能干涉他意志的自由一樣。」從此將這張照片「算是我一生的啞伴了」。〈微聱〉中已有三個小孩、丈夫又深愛著她的中年婦女，竟偷偷愛上了住在對面的一個年輕學生，從此「天天守住那個窗口，老是向對面偷望著」，並因此「始覺有了生的趣味」，但禮教的壓力使她不敢越雷池一步，且因此生起病來，直到有一天，「那對面的房間，忽然已空了出來，只剩了一間空房子。」她忍不住暗暗痛哭，爲這段沒有開始即已結束的「精神外遇」。這一個個封建禮教下的犧牲者、「被擯棄者」，白采以滿含同情的筆觸爲她們奏出了一闋無言的輓歌。唯一的例外是〈病狂者〉。中年夫妻「病狂者」和「長悲」，

和鰥居很久的方偉及其女兒嬉平友好，經常往來，後來病狂者被一所女校延聘去充當教席，應方偉之託，帶著也將上學的小女孩嬉平一同前往，結果方偉愛上了長悲，而嬉平也愛上了病狂者，透過一封吐露真情的信件，兩對戀人最後各自找到了自己的幸福。這個故事明顯違背了傳統禮教的要求，大膽而不可思議，但白采卻不忌諱地以此為題材，其不計毀譽、渴望追求真愛的強烈心理由此可以窺見。但這樣的例子畢竟不多，而且為免過於「傷風敗俗」，白采刻意採用朋友聚會聊天的方式，說著他人的故事，並以「病狂者」稱之，隱約也有向禮教妥協的意味。

（二）揮之不去的飢餓與死亡陰影

　　死亡的陰影在封建禮教的遮蔽下愈發幽暗逼近，除了禮教，白采感同身受的是時代亂局下無以維生的物質窮困，這讓死亡的陰影更加如影隨形，揮之不去。〈乞食〉描寫一家因欠債、子女眾多而天天捱餓，最後不得已放棄尊嚴，向施粥賑濟的財主討粥吃的故事，控訴現實的意圖鮮明，具寫實色彩。小說以一家之主的「我」為敘事者，說出自己即使天天辛勞做工，所得仍無法維持一家溫飽，甚至「一家人天天這般捱餓，簡直忘記了米飯是什麼味兒。」（頁 262）大兒子偏偏性情執拗，「對著天天稀薄無味的菜羹，再不能下咽了。他寧可捱餓，往往隔兩三日忍著熬受。任你怎樣打，怎樣勸，他都毫不屈服。那一幅瘦瘠的面孔，也就夠你看見可怕！」（頁 264）受他的影響，幾個孩子竟也跟著說：「媽媽！我也真不吃了。」幾個月內，家裡連死了兩個小孩，活著的也都病了，「我」不禁要感嘆：「世界永遠最難解決的，便是這餓肚子的問題了！」（頁 268）當無力再支撐下去時，「我」只得讓大兒子

到財主家去領碗粥回來吃，兒子知道這是羞恥的事，「我」也不願讓村裡的人看到，「必須等候遠村的人都走散了，才覺丟得臉下。」小說描寫大兒子鼓起勇氣出門、母親含淚無語、「我」坐立不安的情景十分深刻，令人心酸：「我們唯一擔心著路上，怕碰見了人！恰好，那廣闊的路上，只見他一個小小的人在地上移動。他那膽小走不快的神氣，在我心上，只覺比鏽鈍的螺絲釘還難轉動。……我們的手還是一下一下揮著！我似狂人失去知覺一般，只看出那遠遠地遠遠地兩個大的眼睛，露出愁慘無告的光，貫射著使我不敢喘氣！」(頁271) 直到孩子快走到財主家，再次回頭向「我」試探時，「我」終於不忍心地「高慌著兩手向他慌亂招著，巴不得一刻就攬住了他才好！」而孩子也「拔起腳步，似有無數的羞赧，恐怖，侮辱，都追趕在他背後。」終於，孩子奔回家，投向母親懷裡，「我們同放聲大哭起來了。我們直這般痛哭了一天，再不提起餓不餓的事了！」(頁272) 這樣的結局，至少說明了這一家人即使捱餓受飢，但起碼保住了一點做人的尊嚴，而恰恰是這樣嚴酷的考驗，更顯出保有一絲尊嚴的難能可貴。面對飢餓與死亡，白采以寧死也不乞食的態度表明了自己反抗的決心。

然而，在〈墮塔的溫雅〉中，白采以「少年溫雅」自況，寫其「一生的行蹤極詭祕，但人家都知道他是一個清高之士」，他與眾不同的思想，如何一步步「不能見諒鄉里，便終年漂蕩在外」，最後從一座有名的高塔上跳下自殺而死。小說明顯有作者的真實影子，至於溫雅之死的真正原因，文中寫道：「他常自己說道：『要從這萬惡的世界裡，要把自己的靈魂超拔出來。』」(頁284)；「他便想著只有脫棄了軀殼，方能免除罪惡。他這樣並不是頌揚死，他只是想跳出物質生活的重重苦惱，獲得人類最高精神的愉快。」

（頁287）物質生活重壓的夢魘，精神生活的無法實現，不論在白采真實或小說中的人生都是悲劇造成的主要原因，在他筆下，死亡最終成為解脫與自我救贖的手段。

（三）「哀其不幸，怒其不爭」的國民性批判

魯迅小說的深刻主題之一是對被侮辱者、被損害者的心理有尖銳而準確的剖析，尤其是「哀其不幸」的同時也「怒其不爭」，這個批判的角度對落後愚昧的國民性無疑是當頭棒喝，白采在這一點上也有相同的認知。〈目的達了？〉中的乞婆每天唱著自憐身世的曲子，「她因為習慣了，唱著很不費事；並且自己喜歡有得唱，差不多忘卻一切。只要她的歌聲，就夠安慰自己。」（頁274）乞婆的丈夫被拉兵不知去向，在流離的年代，她懷中抱著六個月大的小孩，小孩正吸吮著稀薄的奶汁，她坐在一富有人家後門，女主人輕聲罵著兩個小孩把未喝的牛奶打翻。兩個畫面的強烈對比，自會令人興起對乞婆的同情，但小說結尾的一幕卻更令人震撼：「『拿去！』僕婦高聲嚷著。她禁不住伸過手去，口中接著還唱了一個『他』字的時候，僕婦順著手把一個大錢撐在她掌心裡。」（頁276）乞婆成為一個「贏疾者」、「零餘者」、被侮辱者，雖是環境因素使然，但終日沉湎於過去，以歌聲自我麻痺的作法，將永遠無法擺脫這種生存困境，從這個角度看，不免要讓人「怒其不爭」了。

被侮辱卻不自覺，麻木而不思抗爭，在〈侮辱〉這篇小說裡，白采狠狠地撕裂開這些不幸者令人痛心、憤怒的人性傷口。〈侮辱〉中的「他」是「一個被人看作蠢材的奴僕」，愛打瞌睡且不易醒，曾被人用木板搬到遠遠的馬路邊，卻仍睡到天亮，大家都以取笑

他為樂,可是,「他的意念是極易滿足的;在他的頭腦裡,從不覺自己也算是一個人類,所以他雖受了這樣慘刻的磨折,絕不計較及是有生命的危險。只當同伴都是比他聰明的人,便應該這樣玩玩罷了。」有一天,他白天又打瞌睡,同伴在他臉上畫黑圈,叫醒他,騙說主人找他,結果主人一見愕然,打了他耳光,叫他去照鏡子,「這當他未照鏡子以前,自然是莫名其妙;但等他照過鏡子以後,卻又沒有什麼感想了。」小說的結尾令人好氣又好笑,但更多的是悲哀和憤怒混雜的複雜感受。

(四) 帶著不絕的希望向人間告別

白采小說中的人物幾乎都以悲劇收場,字裡行間瀰漫的是一股對現實世界感到失望與悲觀的色彩,然而,在悲觀中似又未完全絕望,趙景深指出,白采對社會尚未至十分「絕望」,全靠他「悲觀中寓有萬分之一的希望」[20]。小說〈絕望〉描寫一個人在深山中見到「光明之神」,心想追隨,但身體已「疲茶莫狀」(頁342)!在黑暗中對光明雖有一些煩懣,但終將朝光明走去;〈友隙〉則描寫長年遠遊的虞邁倫,幼時在家鄉與友人因小事而衝突、猜沮,見解上不相諒解,於是忍痛離開,「開始過漂泊的生活」(頁291),但心中始終牽掛著這些朋友,尤其年紀越長,病痛纏身,他覺得「不甘心便這樣老死」,「他還是認為事實縱然有限,希望仍可無限」,「他不信世界是完全這麼淡漠的,他以為凡事都該有最後挽回的希望。」(頁292)於是,他決心回故鄉訪友,但所見都是不認識、不相干的年輕人,「他於是悵惘了,悲哀了,簡直是癲狂了!」

---

20 趙景深:〈讀白采小說偶識〉,《一般》月刊 1926 年 10 月號。

（頁294）最後，他見到「一個白鬚的人跨在馬上跑來」，他一心認為這就是他幼時的玩伴，迎向前去，結果被馬蹄死了！死前，他面露微笑，「躺在地上，帶著他不絕的希望，不再向世人作聲響了。」（頁295）因著不絕的希望，他還是微笑著向人間告別。

　　在另一篇小說〈白瓷大士像〉中，主人公「我」因為要展開漂泊的生活，不得不設法割愛唯一心愛的白瓷大士像，想找人代為寄藏，思前想後，母親、母親的女友、曾愛過的伊、鄰村女孩等都有種種的顧慮而無法託付，最後，「還是自己起來立定志願，帶著這可愛的大士像，無論渡過荒山遠海，遇見驚飆駭浪，我決不捨棄，一同去過漂泊的生活罷。我並起誓：便是發生什麼危險，寧可先犧牲我自己，只要保全我這唯一心愛的美術品，務須使伊得著我生命以上的永存。」（頁282）然而，這原來只是「我」在酒後所做的夢罷了，是「我十年前不曾真個買得的一件美術品，至今老是惋惜著。」於是，「我醒了的空虛的心，正感著荒渺的前途」，看似絕望，但「我」仍決定「從此只把這一個白瓷大士像，還存在我嚴閉的想像裡，一直向我永遠飄泊的路上。」（頁283）假如將這白瓷大士像視為白采藝術理想的化身、對純淨的美的永恆追求，那麼，小說要傳達的意旨就很耐人尋味：一件不曾擁有的物品，是空虛，但卻又不曾失去，是空虛背後仍存的一絲希望。看似絕望，卻又不是真正絕望，在現實世界與藝術理想之間，作為一個漂泊者，白采的苦苦掙扎，確實有著令人感慨與思索的深刻意義。

六、結　語

　　只要曾經存在，只要還有想像，那麼，看似空虛，但並不完

全空虛；看似絕望，卻又不完全絕望。白采小說的深刻性，讓人不禁想起魯迅在《野草‧題辭》中所說：「過去的生命已經死亡。我對於這死亡有大歡喜，因爲我藉此知道牠曾經存活。死亡的生命已經朽腐。我對於這朽腐有大歡喜，因爲我藉此知道牠還非空虛。」在另一篇文章〈希望〉中，魯迅也說：「希望，希望，用這希望的盾，抗拒那空虛中的暗夜的襲來，雖然盾後面也依然是空虛中的暗夜。」[21]明知是無謂的對抗，但對抗的姿態本身就是有意義的，即使看不到光明，仍要向光明走去。白采死於急症，而非自殺，正因爲他對現實人世仍抱著萬分之一的希望。趙景深曾描述過在立達學園教書時白采房間裡的骷髏頭，說白采時常對著骷髏頭端詳許久，「你若在門隙看見他房裡墨墨黑的，一個黑影動也不動的坐在椅上，對著一個圓的東西，彷彿一個老和尚參禪，這又是他在那裡研究他自己的『白采哲學』了。」[22]與死爲伍，凝視死亡，白采似乎早已經看穿生死，看淡名利，但他並不因此頹廢消沉，作爲一個羸疾者、漂泊者、零餘者，他有自己的捨棄，也有自己的堅持。

白采的作品充滿自敘傳色彩，新詩、舊詩、小說都有自己的身影。長詩〈羸疾者的愛〉道出他漂泊人世的心境，對愛情理想的態度；大量的舊詩更隱藏著他真實人生的情感符碼，其實白采主要的精力是放在舊詩上，其數量遠遠超過新詩，而這些詩詞之作記錄了他的生活、遊歷、思想與夢想；至於小說，他喜用第一

---

21 魯迅《野草》一書最早由北京北新書局於 1927 年初版。本文所引出自《魯迅全集》（北京：人民文學出版社，1993 年版），〈題辭〉見 159 頁，〈希望〉見 177 頁。

22 趙景深：〈白采之死〉，《我與文壇》（上海古籍出版社，1999 年），頁 135。原載 1926 年 8 月 15 日《文學周報》第 238 期，原題爲〈白采〉。

人稱來寫作,〈我愛的那個人〉和〈被擯棄者〉表面上使用第三人稱,但作者的敘述語言極少,大部分仍是小說主人公在說話,用的還是第一人稱。至於〈墮塔的溫雅〉,可以說大半是他的自傳。透過這些作品,我們不僅看到白采短暫卻精采、複雜的一生,同時也看到一個近代知識分子面對時代、生活雙重煎熬下,徬徨無地的心情,浪跡人生的選擇,以及從中顯現出的坎坷、幽微、悲涼的精神歷程。

　　白采的一生,自逐於紛紜之外,如其作品所述,是個踽踽獨行的漂泊者,行盡天涯的異鄉人,也是四處尋夢的流浪者。在「立達文人群」中,他的作品數量不算多,但他為現代文學史的長廊,提供了「贏疾者」、「被擯棄者」、「病狂者」等別具典型意義的人物形象,也許藝術上還不夠成熟,但和郁達夫的「零餘者」一樣,都是在自己的切身體驗中輾轉賦形,充滿個人化的詩性象徵,同時也都由個人的苦悶反射出社會的苦悶,是新文學發軔期的時代產物。他的一生,早已被人遺忘;他的作品,也沉埋於歷史煙塵久矣。「贏疾者」成為「被遺忘者」,不論從文學的藝術或史料角度來看,這都是有欠公允的遺憾。

尋找施濟美
—— 鉤沉現代文學史上的「東吳女作家群」

一、前言：命題的提出與問題意識

　　隨著文學史研究方法的不斷突破與觀念的鬆動、視野的拓展，過去很多在現代文學史上被壓抑、遮蔽的思潮、流派、作家作品，已經逐漸「浮出歷史地表」，成為近年來文學史「知識考古」工作上的重大收穫，邊緣／中心的辨證關係在現代文學史的研究視閾中也產生了微妙的傾斜變化。以四〇年代具有代表性的海派女作家之一的施濟美為例，已經漸漸為文學史研究者所注意，在上海淪陷區文學研究和海派文學研究這兩大文學區塊中，以施濟美為代表的「東吳女作家群」[1]也不再被中心論述所淹沒、遺忘。

1　作家胡山源在《文壇管窺》（上海古籍出版社，1997）一書中曾提到四〇年代
　　上海有「東吳派女作家群」的存在，其中又以施濟美最受青年學生歡迎。此
　　外，大陸作家、學者左懷建、張曦、梁永、王琳、陳青生、湯哲聲等人在其

事實上，這批活躍於四〇年代上海文壇的年輕女作家，以她們初出茅廬的銳氣和女性特有的才思，寫下了一批具有新鮮氣息、並能受到讀者歡迎的作品，對上海淪陷時期文壇的活絡和文學的繁榮都有一定的促進作用。

過去的文學史論述，多以正式社團或主流流派為主，對類似「東吳女作家群」的注意十分薄弱，這使得文學史著作雖有多種版本，卻在結構框架和審美視角上不免陷入過於一致性的單調陳套中，這種現象對現代文學史學科的整體發展自是一種缺憾。當然，此一文學群體的構成鬆散，文學成就參差不齊，談不上理念一致，更沒有旗號主張，不能視為一嚴謹的流派，只是特定時空文學史發展的一個特殊現象而已，因此其被忽略並不令人意外。然而，它畢竟是歷史真實的存在。

這群女作家在戰亂烽火的四〇年代，執著於文學創作，以其才華洋溢的小說、散文為上海文壇增添一道秀麗的風景線，也為二十世紀的女性文學提供了特定時期別具特色的精采文本與作家型態。然而可惜的是，不論作為一個文學群體，還是作家個體，她們長期以來一直被各種文學史忽略。張愛玲、蘇青、施濟美是四〇年代上海文壇最引人注目的女作家，如今張、蘇已廣為人知，而施濟美則始終少人聞問，遑論其他幾位了。

本文是學界首次直接針對此一群體，以獨立議題進行有系統

文章、書籍中也曾提到此一女作家群，或稱「東吳派女作家群」，或稱「東吳女作家」，或稱「東吳系」。由柯靈主編的《民國女作家小說經典》（1997）中收列施濟美小說集《鳳儀園》，則明確指出施濟美是當時人們稱為「東吳女作家」中的首要成員。筆者以為稱「派」與「系」會讓人誤以為這一群體的存在是有計畫、有組織的行為，其實不然，因此筆者以「東吳女作家群」一詞指涉這群女作家。

的研究[2]，也是在關於施濟美有限的研究成果上更進一層的探索，希望能鉤沉出這群在現代文學史上被遺忘的女作家的生活面貌與文學成就，為現代文學史料填補空白，也為女性文學研究提供另一個藝術審美樣式。在資料有限的客觀條件限制下，本文不免要帶有「尋找」、「鉤沉」的性質，希望至少先做到將相關的材料盡可能搜羅，再進一步對其解讀、分析與論述。可以說，這個課題的研究具有一定的開創性，但其挑戰性與困難度也是可想而知的。

二、瞬間的輝煌：東吳女作家群的出現及其時代背景

　　回顧二十世紀的中國歷史，四○年代可說是最激烈動盪的十年，中國大地無一日不處於硝煙烽火中，也無一日不面臨生死存亡的危急關頭。戰爭，成為這一時期人們最習慣也最恐懼的生存狀態。肩負反映社會現實使命的文學，遂充滿了苦亂流離的血淚控訴和戰鬥宣傳的救亡氣息。然而，在烽火連天、經濟蕭條的衝擊下，上海依然是當時中國文化產業最興盛的城市，印刷業、出版業、新聞業、娛樂業的規模在全國堪稱首屈一指，市民的消費力高、閱讀需求大，加上大批作家在此居留、聚集、活動，使上

---

2 截至目前為止，大陸上並未有相關專書問世，而根據復旦大學中國優秀博碩士學位論文全文數據庫網搜尋的結果，也無相關的學位論文資料，但在網路上曾查詢到一筆資料，即紹興文理學院有一碩士論文為丁宇慶《施濟美研究》，預計於 2004 年完成，不知完成否，因未見到故無法確定。至於期刊文章方面，2002 年以前多為史料回憶性的短文，2002 年開始，學術性的研究（相對來說）逐漸多了起來，其中較受到學界重視且相關研究較多者是施濟美，四○年代的代表作《鳳儀園》已有兩種新版問世，商丘師範學院中文系左懷建教授對施濟美持續進行了較深入的研究，發表了四篇相關評論文章；此外尚有幾篇關於施濟美的文章，但多為一般性的介紹；有些專書（如陳青生著：《年輪：四十年代後半期的上海文學》，2002）或是單篇文章（如梁永：〈東吳派與女作家施濟美〉）對此一群體曾進行介紹或論述，但多僅為全文中的一小部分而已，直接而全面的研究可說是一片空白。

海在那特殊的戰爭年代依然維持著活躍、熱鬧的創作榮景，不論
是作家陣容、文學活動，還是創作實績、文化影響，上海都當之
無愧可以被稱爲文學的中心。[3]

以戰爭形勢的發展變化來觀察，四〇年代的上海文學可以分
成三個階段：一、後孤島時期（1940-1941.12）；二、淪陷時期
（1941.12-1945）；三、國共內戰時期（1945-1949），這三個時期是互
相銜接，彼此影響的。當 1941 年底太平洋戰爭爆發，上海全部淪
陷，「孤島」時期結束，許多作家被捕，刊物也被查禁，但上海文
壇並未因此沉寂蕭條，根據統計，淪陷時期的上海，先後共出版
了二十多種以文學爲主或專載文學作品的刊物，如《萬象》、《春
秋》、《紫羅蘭》、《幸福》等，他們以作品迂迴曲折地流露出對侵
略者的不滿、追求自由的渴望和期待光明的到來。施濟美、程育
真、湯雪華等一批年輕女作家有不少作品就發表在以上這些刊
物，因而在那淪陷、戰亂的黑暗時期躍上文壇，嶄露頭角，並受
到讀者的歡迎，由於這群女作家都出身於東吳大學或東吳附中，
有論者便以「東吳女作家」稱之。

東吳大學是教會學校，原址蘇州，抗戰期間因日軍佔領和迫
害，一度遷至上海租界避難，直到 1945 年抗戰勝利後陸續遷回蘇

---

3 抗戰初期，上海文化產業曾遭受戰火的重創，但孤島時期已得到恢復，報紙
雜誌相繼復刊，據不完全統計，孤島時期的上海，先後出版的各種報紙有四、
五十種，各種期刊雜誌有二、三百種，大小不等的電影院、歌舞廳等娛樂場
所有近百處，各種類型的劇團有五、六十個，重新成爲中國最繁榮的文化都
市。1941 年 12 月孤島時期結束，上海全部淪陷，初期的文學表現相對低落
蕭條，但進入 1943 年以後又開始繁榮。抗戰勝利後，國民政府遷都南京，早
先遷至內地的文化機構、文化人士紛紛匯聚上海，致使當時輿論有「上海又
成爲中國文化中心」之說。以上敘述參考自陳青生著：《抗戰時期的上海文學》
（上海人民出版社，1995），頁 72-73、194-198，以及陳青生著：《年輪：四
十年代後半期的上海文學》（上海人民出版社，2002），頁 6-7。

州校園。由於東吳大學當時沒有文學系，因此她們主要讀的是法律、政治、經濟、教育等科系[4]。她們活躍於四○年代上海文壇，特別是1941年12月上海淪陷至1945年8月日本投降為止的三年八個月期間，被視為當時文壇新秀。主要有施濟美、程育真、湯雪華、俞昭明、楊琇珍、鄭家璦、曾慶嘉七人，作品以小說、散文為主，其中施濟美、俞昭明、楊琇珍三人是經濟系同學。施濟美著有小說集《鳳儀園》、《鬼月》、《莫愁巷》及散文多篇；湯雪華有小說集《劫難》、《轉變》；程育真有長篇《偉大的愛》、小說散文合集《天籟》；鄭家璦有小說集《號角聲裡》；其他則零星發表作品，未見結集。[5]

　　東吳女作家群的出現，有三個主要的形成背景。一是作家胡山源（1897-1988）的鼓勵提攜：胡山源是二○年代眾多新文學社團之一的「彌灑社」的發起人兼主要成員，四○年代時，胡山源在東吳大學任教，組織了校內的文學社團「愚社」，施濟美、湯雪華、程育真等人都得到他的指導，他一方面積極鼓勵她們創作，一方面憑藉自己和《紫羅蘭》、《萬象》等刊物的主編周瘦鵑、陳蝶衣的交情，向他們推薦，使得這一批年輕學生在極短時間內成為文

---

4 東吳大學在1930年時有文、理、法三個學院十二個系科，其中文學院有文學系、經濟系、政治系、社會系、教育系。1937年日軍侵略上海後，情勢危急，決定將大學部遷到湖州，中學部避難南潯。1938年在上海復校，1942年又停辦。在校董聯合會（紐約）協助下，法學院前往重慶，文理學院則前往廣東曲江辦學。1944年校董會決定暫時停辦（曲江）文理學院，直到抗戰勝利後才陸續恢復。由於戰時教育的特殊性，應用科學教育較受重視，在學校遷徙避難的過程中，文學系暫時停辦，因此施濟美等人無法就讀於文學系。至於東吳附中，在上海租界期間規模迅速擴大，一度發展為華東地區規模最大的中學。關於東吳大學在抗戰期間的遷徙情形參見王國平編著：《教會大學在中國：東吳大學》（河北教育出版社，2003），頁109-135。
5 有關東吳女作家群作品出版的情形可參見本文附錄。

壇受到矚目的新秀；二是刊物編輯的成功企劃：上海一批通俗文
學刊物如《紫羅蘭》、《萬象》、《春秋》、《幸福》等，對市場走向
與讀者口味有著一定的掌握，當看到這群女大學生所寫的關於校
園生活、愛情、友情的作品，情感真摯婉柔，文筆清新流利，遂
紛紛推出專欄或鄭重予以介紹，如《萬象》推出「女作家特輯」，
《小說月報》、《紫羅蘭》以大篇幅刊登她們的作品，因此而牢牢
地抓住了當時的新舊讀者市場；三是上海市民情調的需求：這幾
位女作家都出身書香門第，家境富裕，曾有「小姐作家」的稱號，
《紫羅蘭》、《萬象》刊出〈小姐作家〉、〈女作家書簡〉等文字，
陶嵐影在《春秋》1944 年 2 月號裡更直接以〈閒話小姐作家〉為
題大談這批作家的日常生活，譚正璧在編《當代女作家小說選》
（1944 年）時也稱她們為「上帝的兒女」和「象牙塔」裡的一群[6]。
這些稱呼不免給人一種夢幻、唯美、單純、理想的詩意聯想，對
市民讀者產生了一種吸引力，加上她們的作品和當時專寫感官追
逐、世俗欲望的市民通俗文學大相逕庭，因而迎合了許多在戰爭
陰影下渴望自由、嚮往美好的市民心理。當然，戰爭的殘酷無情
與隨之而來的悲歡離合，在她們筆下也有婉轉生動的觸及。以上
這些個人與時代的印記在她們的作品中深深烙下，使得她們在四
○年代上海特定的時空環境裏脫穎而出，蔚成一時風潮。

東吳女作家群初登文壇時均為涉世不深卻有文學興趣和創作
衝動的時代新女性，由於她們的寫作題材多為描繪淒婉悱惻的愛
情故事，在當時也被視為是上海市民通俗文學隊伍中的一支「閨

---

6 陶嵐影此文發表於《春秋》第 1 卷第 8 期；譚正璧所編《當代女作家小說選》
　（上海：太平洋書局，1944）中入選的女作家有「東吳女作家群」中的施濟
　美、程育真、楊琇珍、湯雪華、俞昭明，以及張愛玲、蘇青、曾文強、邢禾
　麗、汪麗玲、嚴文娟、陳以淡、吳克勤、周煉霞、張憬、燕雪曼等十六人。

秀派」作家。包括張愛玲、蘇青、施濟美等年輕女作家一時湧現，且成績斐然，擁有不小的讀者群，尤其是青少年讀者，是淪陷時期上海文壇一個特殊的現象，甚至有時論以「女作家群崛起」對此表示驚嘆。周瘦鵑曾在〈寫在《紫羅蘭》前頭〉中得意地說：「近來女作家人才輩出，正不輸於男作家，她們的一枝妙筆，真會生一朵朵花朵兒來，自大可不必再去描龍繡鳳了。」[7]可惜的是，東吳女作家群體的文學活動只維持到 1949 年為止，五〇年代以後就從文壇銷聲匿跡，未見作品發表，如美麗的曇花一現於人們的驚呼聲中，瞬間的輝煌之後，從此成為絕響。

三、園林中的尋夢人：施濟美的文學創作

在這群女作家中，施濟美的作品最多，成就與影響也最大，有「滬上才女」、「東吳才女」之稱。施濟美（1920-1968），曾用名薛采蘩，祖籍浙江紹興，生於北京，長於揚州。她的父親是美國哥倫比亞大學留學生，回國後在外交部工作，母親出身名門，熟讀詩詞，從小就激發了她的藝術天賦。施濟美在上海讀培明女中時開始習作，1939 年入上海東吳大學經濟系就讀，課餘從事小說創作，筆名梅寄詩、方洋等。當時資深作家胡山源在東吳任教，經他指導開始發表作品，從此踏上文壇。

在四〇年代活躍於上海文壇的女作家中，施濟美與張愛玲、蘇青齊名，並稱三大才女，如今，張、蘇二人都已大紅大紫，只有施濟美至今依然少為人知。事實上，施濟美在四〇年代後期上海文壇擁有廣大讀者，作品每一發表都能引起讀者共鳴和讚賞，

---

7 引自湯哲聲：〈論四〇年代上海「方型刊物」〉，《中國現代文學研究叢刊》
2001 年第 2 期，頁 120。

刊物也會因刊登其作品而銷路大增。1946 年初，上海一家刊物向青年學生調查「我最愛的一位作家」，施濟美的得票緊隨巴金、鄭振鐸、茅盾之後，名列第四，可見當時上海青年對她的喜愛[8]。1947 年出版第一本小說集《鳳儀園》，收十二篇作品；第二年再出版《鬼月》，收中短篇小說四篇，同時也在《幸福》連載長篇小說《莫愁巷》，可惜至第九章後連載中斷，似為未完之作。據說五〇年代初曾在香港印行過單行本[9]。

　　和張愛玲、蘇青不同的是，施濟美的生活態度極為嚴肅，對民族氣節也十分重視，服膺於胡山源「愚社」標榜「不當漢奸」、「提倡氣節」的原則，她不在有敵偽嫌疑的刊物上發表作品，也不在日本人或漢奸投資的公司工作。上海淪陷期間，張愛玲與胡蘭成的「亂世之戀」，蘇青經常出入漢奸周佛海、陳公博等人的客廳，都曾引來極大的爭議，但施濟美因結交一批抗日地下工作的朋友而引起日本特務注意，1944 年 5 月差點在教書的正中女中被日本憲兵逮捕。她對上海畸形的世俗物欲深表反感，也不認同當時流行的市民通俗文學，這種文學態度和張愛玲、蘇青也有所不同。張愛玲、蘇青對亂世中的上海小市民的世俗生活哲學表示認同，對「道德」、「犧牲」、「理想」常帶一絲刻意的嘲弄，留連於欲望、消費、物質、頹廢的上海都市漩流中，但施濟美卻對紙醉金迷的上海感到難以適應，曾說：「上海似乎永遠只是上海而已，

8　見陳青生：《年輪：四十年代後半期的上海文學》（上海人民出版社，2002），頁 103。

9　據《幸福》雜誌主編沈寂表示，五〇年代初，由他經手在香港印行了單行本，但已不易覓得。見陳青生：《年輪：四十年代後半期的上海文學》，頁 104。另外，根據謝其章〈《西影》逸話〉一文指出，施濟美曾經為《西影》撰寫影評，見 2005 年 5 月 26 日《光明日報》。《西影》為專談西方電影的雜誌，1948 年 11 月創刊，1949 年 5 月停刊，共出七期。

不知究竟屬哪一個國度」[10]，她對上海的消費文化和世俗價值始終採取拒絕和反抗的姿態，對堅持知識分子的精神價值有強烈的自我期許，作品中寄寓著對人生理想的讚頌、純潔人性的召喚和聖潔真愛的不懈追求，在當時上海通俗市民文學的主流市場裡，反而因此顯現出一種獨特的面貌、清新的風格，受到讀者的肯定。

　　身為女性作家，施濟美擅長以哀婉的筆觸描寫女性的愛情悲劇，尤其在展示人物經歷坎坷愛情的痛苦與反抗的心路歷程方面，她筆端總能投注極大的同情。這些平凡而動人的故事，結局往往都充滿揮之不去的無奈與悵惘，但並不令人感到絕望，反而更顯出主人公的承擔、反抗或執著，就如四〇年代的作家、《幸福》雜誌的主編沈寂所說：「所描寫的人物，只有淡淡的哀愁，沒有媚俗和頹廢，有對世俗的感嘆卻不消沉和絕望。……使讀者在窒息的黑暗環境裡眺望即將來臨的曙光。」[11]例如〈悲劇與喜劇〉、〈紫色的罌粟花〉、〈鬼月〉、〈三年〉、〈鳳儀園〉等篇都是施濟美這類愛情故事的代表之作。〈悲劇與喜劇〉（原名〈春花秋月何時了〉）中的藍婷為了成全多病的表姐黛華，而和心愛的范爾和分手，不料九年後兩人重逢，黛華已逝，藍婷也嫁給了篤實的周醫生，面對舊情人的百般誘惑，藍婷終能看清其真面目而毅然割捨這段感情，選擇不一定浪漫但卻真實的婚姻，同時，她並沒有因此而失去對感情的信仰和生活的勇氣；〈紫色的罌粟花〉描寫二十二歲的年輕姑娘趙思佳對愛情和友誼的忠貞，她在十七歲時愛上有婦之夫的中學英文老師，引起對方太太的不滿與羞辱，後來這英文老師因從事抗日工作被日本人殺害，她從此生活在對那段愛情永遠的追

10 施濟美：〈郊遊兩題〉，《春秋》第 1 年 8 期，1944 年 5 月。
11 沈寂：〈身世淒楚的女作家〉，《新民晚報》，1999 年 1 月 24 日。

憶中，拒絕了其他人的追求；〈鬼月〉敍述了一個農村少女海棠爲追求真愛，不惜以死反抗封建包辦婚姻的悲慘故事，當兩人的屍體在河中浮起，張老爹說：「他們永遠在一塊兒了」，女性面對卑微命運但又執著不悔的鮮明形象也因此浮現；又如〈三年〉（原名〈聖瓊娜的黃昏〉）中的女主人公藍蝶，當年爲反抗家庭的包辦婚姻而離家出走，與心愛的人在一起，但不幸愛人戰死沙場，她迫於生活無奈淪爲交際花，後來偶遇酷似初戀情人的柳翔，但在得知柳翔的前戀人黎蕚病重時，善良的她決定離開柳翔，把愛情還給黎蕚，自己重新踏上坎坷的漂泊旅程，徒留下一個美麗而憂傷的回憶，但小說結尾，柳翔在漂泊三年尋找不到她的行蹤後又回到舊地，彷彿又有一個未完的可能性在悄悄蘊釀著。衝突與矛盾，痛苦與反抗，犧牲與承擔，出走與回憶，施濟美筆下的女性時而柔弱，時而堅強，周旋在男性與命運的漩渦中，形象鮮明且血肉飽滿，令人留下深刻印象，而這些想像豐富、意境幽遠、情真意切的愛情悲劇，也深深打動了當年上海廣大的讀者。

　　在施濟美創作的愛情悲劇中，最具代表性的應該是中篇小說〈鳳儀園〉。孀居了十三年的馮太太，氣質出眾，年輕而美麗，住在充滿荒敗神秘氣息的鳳儀園中，原本平靜絕望的心，在遇到了應聘做家庭教師的大學生康平之後，重新燃起了對愛情的渴望，而已有未婚妻的康平也愛上了她，在一次堅決求愛之後，兩人都成了背叛者：馮太太背叛了死去的丈夫、十三年的孤獨自守、原來的自我，而康平背叛了她的未婚妻，但馮太太很快就選擇了退出與犧牲，因爲她明白康平愛上的不是真正的她，而是在神祕的園林氣息烘托下風華絕代的外表，而且他能對未婚妻不忠，將來也可能會拋棄她這個幾近中年的女人，於是在短暫的希望之後，

她又選擇回到「荒蕪的庭院和雜生的青草」、「淒迷而又哀婉」的鳳儀園，從此「留得殘荷聽雨聲」。因道德壓抑了情欲，因成全放棄了幸福，馮太太這個放逐愛情的悲劇女性人物典型，在施濟美充滿詩意的筆觸下顯得寂寞、痛苦，就如康平眼中初見的馮太太，「有一種難以比擬的孤清，清涼的華貴」。鳳儀園的場景寫的是蘇州，但不妨看作是施濟美和她筆下人物精神家園的象徵。不是沒有欲望，而是不隨欲望墮落，寧願痛苦也守住自己的心靈園林，做一個不向世俗情趣靠攏的尋夢人，或許有人會認為她是男性中心主義下的犧牲者，但實際上她堅持的恰恰是女性獨立的主體立場。

　　施濟美筆下這許多遭際淒楚、情思悲艷的愛情故事，雖然是來自她的虛構與想像，但若知道她真實的人生經歷 —— 特別是在愛情上受到的苦難與堅持，就會同意這些故事中其實大多寄託了她深沉的感喟和真實的影子。她本身的切膚之痛不比筆下那些悲劇女性來得遜色。施濟美的初戀情人（一說兩人曾訂婚）是中學、大學同學俞昭明的弟弟俞允明，俞允明是愛國的熱血青年，抗戰期間到武漢大學讀書，一邊求學，一邊抗日。武漢淪陷後，武漢大學師生流亡到四川樂山，不久遭到日機轟炸，俞允明不幸遇難。施濟美在滬聞訊，悲痛欲絕，為了對愛情忠貞不渝，便守身如玉，終身不嫁。對其不幸身世與至愛深情知之甚詳的沈寂就說：「悲痛的初戀成為她埋在人生道路上痛苦的種子，在時代風雨中茁長出一朵朵美麗的鮮花，也就是她筆下一篇篇寄託她相思和哀怨的文章。小說裡的人物有她自己的影子，她也通過小說抒發出蘊藏在她心坎裡的隱忍和悵戀。」[12]當我們讀到她的小說〈尋夢人〉中

12 沈寂：〈身世淒楚的女作家〉，《新民晚報》，1999 年 1 月 24 日。

對蘭園女主人林太太的描寫：

> 夕陽常予人以夢幻，黃昏遂最易逗起哀愁。
>
> 當胭脂似的落照映上紫藤架的時候，林太太從月洞門裡緩
> 緩的走了出來。
>
> 她是個豐腴的中年美婦人，一縷玄色的衣裳，走路時也流
> 露出高貴氣息，和端凝文雅的風韻。
>
> 她走到紫藤架底下，夕陽的餘暉從枝葉縫中射上她的臉，
> 她的臉遂也抹上一層胭脂似的淡紅了。[13]

我們很容易聯想到真實人生中的施濟美，小說中林太太徘徊在「石榴花開得盛極而衰，紛紛凋謝」的園林裡深情追憶自己初戀的情景，完全是作者刻骨銘心的情感投射與反映。有人曾在五〇年代初期見過施濟美，形容她「三十幾歲，身體稍高，樸素清雅，還有些不易察覺的抑鬱；雖然總是默默地微笑著。」[14]不管是林太太、馮太太，還是藍蝶、藍婷、趙思佳，這些為愛所苦、為情所困的悲劇女性的人物原型，其實正是施濟美本人。

施濟美的小說語調溫柔而纏綿，不刻意講求形式的奇特，而是以一種非常女性化的敘事方式在進行，抒情細膩而強烈，有時整篇小說洋溢著詩的美感，寫得好的能體現出（女性）生命內在的深刻體驗，寫得不好的則容易流於感傷的濫情。例如〈井裡的故事〉中描寫克莊回到父親當年住過的老家：「她明知自己只是初來，但是朦朧的心境卻有一番重遊的愁緒，徘徊又徘徊，惆悵又惆悵。那萬紫千紅，那花團錦簇，那鶯的清歌，燕的軟語，那玉笑珠香的華筵，吟詩弄畫的雅集，釵光鬢影的春宴，呼童喚婢的

---

13 施濟美：《鳳儀園》（黑龍江人民出版社、北方文藝出版社，1998），頁 26。
14 梁永：〈東吳派與女作家施濟美〉，《文藝報》，1990 年 11 月 24 日。

嬉戲，對酒高歌的豪情，那昔日的美景，良辰，盛況，歡心……」
[15]過度的文字修飾反給人做作之感。施濟美的古典文學素養甚
佳，尤其喜愛詩詞，經常在作品中引用，生動處能營造出特殊的
氛圍，但有時不免稍嫌賣弄，例如〈暖室裡的薔薇〉描寫一對好
友因鬧彆扭而疏遠，最後又恢復友誼的故事，其中寫道：「好容易
才考完了畢業考。流水帶去了落花，任憑千萬片榆錢，也買不住
殘春。告別言旋的時節終於來臨。」[16]讀來生硬而不自然。此外，
人物刻畫有時稍嫌平面，題旨也因過於理想化而顯得蒼白，和張
愛玲、蘇青小說的高度、深度比起來，確實顯得稚澀不足，但她
充滿浪漫情調的抒情韻味，女性特有的細膩觀察與柔美文字，使
她的作品具有美和純真的清幽華麗風格。

　　作為東吳女作家群的一員，施濟美在小說中營建了好幾處蘇
州園林式的場景，茜沙窗、月洞門、竹林、池水、假山、石橋、
亭閣，充滿濃厚的姑蘇園林風情，如鳳儀園、藍園、凌園、費公
館的花園等。這些園林多半荒涼、破敗、古老、冷清，與世隔絕，
帶點神秘色彩，甚至瀰漫著一股鬼魅氣息，寂寞孤獨的女主人公
在其中躑躅、嘆息、徘徊、惆悵，或藉此療情傷、憶往事，或藉
此與世俗現實、都市漩流隔離開來，保持純真情感的一方淨土。
施濟美在〈尋夢人〉中借人物的口說出：「只有不幸的故事才最動
人」，「因為它將是一個永不被遺忘的故事」，這也許可以說明她之
所以鍾情於悲劇愛情題材的原因吧。做為一個藝術園林裡的尋夢
人，她以不到十年的時間，寫下許多膾炙人口的小說，為自己找

15 這篇小說原載《生活月刊》1947 年第 2 期。見柯靈主編：《上海四〇年代文
　　學作品系列‧中篇小說集之一》（上海書店出版社，2002），頁 293。
16 這篇小說原載《萬象》1941 年 4 月號。見柯靈主編：《上海四十年代文學作
　　品系列‧短篇小說集之一》，頁 180。

到了心靈棲居的所在，也因其較高的文學才情與勤於探索的創作
態度，使她的成就高於其他幾位東吳女作家，而成為東吳女作家
群的代表人物。

四、上海・女性・新聲音：其他成員的文學創作

　　除了施濟美之外，這群上海女性的新聲音中，較受到矚目的
是程育真（1921-）與湯雪華。程育真是民初偵探小說名家程小青
（1893-1976）之女，受父親影響，曾以「白雪公主」筆名在《偵探
世界》上發表過小說〈我是納粹間諜〉。1945 年東吳大學經濟系
畢業，曾有一段積極寫作的時期，1948 年赴美留學，與華僑吳某
結婚，現定居美國，專業寫作。1939 年 5 月，程育真為父親祝壽，
特地在《小說月報》上發表文章〈父親〉，在文章中她自承是「生
活在富裕安靜的家庭裡的夜明珠」[17]。她是虔誠的天主教徒，同
時又受過良好的音樂薰陶，這使她的作品體現了「宗教的信仰，
音樂的愛好」（譚正璧語）此一創作特色。1947 年出版了唯一的
一本短篇小說集《天籟》，收有〈白衣天使〉、〈隱情〉、〈音樂家的
悲歌〉、〈星星之火〉等。

　　她的作品題材多為和樂的家庭生活、愉悅的學校生活和真誠
美好的人間情愛，肯定人性的善和對純潔愛情的追求。例如〈白
衣天使〉，描寫一位有愛心的護士，不顧眾人勸阻，進入鼠疫隔離
區救護病人，最後卻染疫而犧牲了年輕的生命，在小說中，她宣
揚了自己的理念：「這世界就是由相互間的愛心與犧牲同情幫助建
造起來的」；小說〈笑〉裡也有類似的句子：「世界缺少愛，那麼

---

17 此文後來收入程育真於 1947 年 2 月由上海日新出版社出版的小說集《天籟》
　　中，此處轉引自陳青生：《抗戰時期的上海文學》，頁 232。

你應該把你的愛獻給世界……因爲黑夜已深白晝將至。」體現出一種自我犧牲的道德情操，強調以「愛」來對抗黑暗。她常以教徒爲小說中的主人公，藉此歌頌宗教的美好並宣揚博愛的教義，有時也以音樂家爲主人公，或以音樂的描寫來渲染故事場景的氣氛。最典型的作品是發表於 1943 年 4 月《紫羅蘭》第二期上的〈遺憾〉，描寫一位溫藹富愛心的老教授，因思念死去的女兒而對女主人公幽蘭特別疼愛和提攜，引導她信教，教她提琴演奏，並爲她安排一場音樂會，但就在音樂會成功進行後，她才獲知老教授中風去世的噩耗，老教授臨終時吩咐轉言：「親戚朋友都要離開，唯有耶穌永不遠離。」而她凝視遠天，也獻上祈禱：「主啊！老教授長眠了，求你叫我把一顆專一愛老教授的心去愛著大眾，也叫我能更愛著您。」全篇引用多處聖經的文字，表現出對宗教信仰的虔誠，但以小說技巧而言卻是失敗的。這種對宗教、音樂的偏愛與描繪成了程育真小說的特色之一。

在藝術表現上，程育真以文字清新明麗、故事曲折動人見長，但部分作品不免存在脫離現實、浮泛夢幻的缺失，例如〈新禧〉描寫少女紫棋崇拜年輕畫家章東聲，鼓起勇氣和他見了一面，陷入更深的著迷，卻偶然倚窗望見章東聲和女友坐在三輪車上駛過，一場美夢就此破碎，情節突兀而且凌亂，對少女情懷的刻畫失之浮淺；〈隱情〉也是少女強說愁的作品，寫少女俞楓影因盲腸炎住院，被外科趙醫生從危急中拯救回來，因而心生暗戀，但一直未曾見過面，後來出現一位音樂家柳沙對她展開追求，她卻拒絕了，沒想到這位音樂家就是她愛慕的趙醫生，情節曲折，但欠缺說服力。譚正璧在《當代女作家小說選‧敘言》中對程育真和另一位女作家楊琇珍的創作傾向有精到的觀察，他認爲程、楊在

「藉文藝來宣揚作者自己所信仰的宗教精神」上和俄國小說家托爾斯泰類似，但托氏作品中「有著濃厚的時代性和社會性」，因為「他有著他所處時代社會的一切人生的體驗」，而程、楊的作品卻只是「隔離時代社會的少女們的理想的憧憬」，甚至有的「完全是超現實的理想的故事」[18]，這個看法是符合事實的。不過，她的一些小說也有反映現實的一面，應該說，這類作品才是程育真小說藝術可貴的部份，例如刊登在《紫羅蘭》第九期的〈自高與自卑〉，描寫女主人公育真在車上偶然結識一位外國女子，應邀到她家中小聚，面對那位洋女子態度高傲的丈夫，在言談中保持了中國人的尊嚴，在一定程度上反映了上海淪陷時期華洋相處的面相，只不過，女主人公以拿出聖經唸出「凡自高的必降為卑，自卑的必升為高」來壓制對方氣燄的方式又陷入她慣用的宗教模式裡了；〈籠羽〉描寫一位少女勇於反抗包辦婚姻並最終取得勝利，這和一般描寫青年男女追求愛情自主卻告失敗的作品有所不同，具有另一層深刻的現實意義。

　　大體而言，程育真的作品要比楊琇珍、俞昭明等其他幾位女作家來得豐富而廣泛，但在現實深刻性上不如湯雪華。她在四〇年代後期曾發表長篇小說《偉大的愛》，可惜結構鬆散，評價不如短篇。

　　湯雪華又名湯鍾圓、湯仙華，曾使用筆名中原、張珞。她是胡山源的學生、寄女，「愚社」成員，得到他較多的指導和讚許。她的作品大多寫於淪陷時期，抗戰結束後，曾在松江等地執教。湯雪華的小說後來結集為《劫難》、《轉變》二書。譚正璧在《當

---

18 譚正璧的看法引自陳青生：《抗戰時期的上海文學》，頁232。

代女作家小說選・敘言》中稱許湯雪華的小說「文字不講技巧，而自然平穩；故事不求誇張，而逼真切實，在平淡中見深刻，在樸素中寫美麗，沒有刺激的力而自會予人以深刻的印象。」由於她的小說對黑暗的社會現實有較多的披露，對下層人民的悲慘生活有深具同情的展現，因而譚正璧認為她是當時所有上海女作家中，在反映社會現實方面堪稱「最成功的一個，而且實際上恐怕也僅有她一個。」[19]這「唯一」與「最成功」是有待商榷的過譽了，但這些評價正說明了湯雪華和施濟美、程育真間的最大不同。例如〈動亂的一角〉寫一位小學教師靠囤貨發了小財，卻引起土匪的覬覦勒索而不得不離家躲逃；〈罪的工價〉寫窮人因飢寒交迫而持刀盜米，被發現後殺了人，最後被捉處死，付出了巨大的代價卻沒有改變原來的困境；其他如〈飢〉、〈生和滅〉、〈牆門裡的一天〉等作品也都以窮人的悲苦遭遇為素材，寫得沉痛，體現了人道主義精神，雖然在表現手法和對題材的深刻掌握上仍不夠純熟，但正如有論者指出的：「儘管這類作品因為缺乏實感，多借新聞素材寫作，情感稍嫌不夠節制，但，一位象牙塔中的人，能夠有這樣一種情懷，卻是難能可貴的。」[20]

　　和這些表現社會黑暗的作品相比，湯雪華在審視她所熟悉的都會女性生活與心理上就顯得駕輕就熟了，她擅長以詼諧的筆調，從日常瑣事出發，寫出女性對婚姻的複雜感受以及浪費生命的悲劇，例如〈一朵純白的蓮花〉中寫道：「女子嫁人，等於斷送了上帝苦心創造的一件美術品，這是人世間的悲劇。」〈薔薇的悲劇〉裡寫道：「高貴的小姐啊！你有滿房漂亮的東西裝扮身體，竟

---

19 前揭書，頁 235。
20 張曦：〈古典的餘韻：「東吳系」女作家〉，《書屋》，2002 年第 9 期，頁 65。

不夠奢侈，還要撕碎了別人的靈魂來裝飾你自己的靈魂！」又如〈煩惱絲〉中的莫太太，一生豐衣足食，無憂無慮，卻為了一頭細細的髮絲，「到現在，還常在惱著，哭著，笑著，嘆著，操心著，忙碌著。」還有〈芝麻小姐〉寫的是一位相貌醜陋的小姐，偏愛賣弄風騷，結果反而遭人取笑的故事；而詼諧中帶有諷刺的〈猶豫〉，周瘦鵑在《紫羅蘭》上發表此文時曾介紹道：「寫一位時代女兒的擇偶，既要誠懇，又要活潑；既要才貌好，又要金錢多，魚與熊掌，勢難兼得，於是徘徊瞻顧，猶豫不決起來。」〈南丁格蘭的像前〉題材比較特殊，寫年輕的護士以愛愛上猶太人醫生其尼斯，從起初的抗拒、逐漸接受到協助他逃亡，寫出了一段戰火下超越國界的愛情，最後以愛被日本憲兵逮捕、用刑，在醫院離開世界的那一夜，其尼斯醫生和他奧國的未婚妻回來了，以愛就這樣「永遠帶著那個未曾破滅的夢」長眠於掛在牆上的南丁格蘭（圖）的像前。小說反映了孤島時期的特殊背景，對女主人公癡情等待的心理也有不錯的刻畫。可以說，湯雪華的小說已走出了寧靜的校園和溫馨的家庭，反映了當時社會上種種的黑暗與複雜現實，對孤島的特殊背景也有所著墨，沒有太多的夢幻囈語，在這群女作家中顯得獨樹一格。

俞昭明在當時曾與施濟美有「絳樹雙聲，一時瑜亮」之稱，周瘦鵑在 1943 年 8 月出刊的《紫羅蘭》第五期的〈寫在紫羅蘭前頭〉上曾介紹說：「她們倆先頭同在東吳大學唸書，同時畢業，並且同住在一起，又同樣的說得一口流利的北京話，她們的作品，又同樣的散見於各雜誌，不過俞女士因體質較弱，作品比較的少一些。」周瘦鵑並且接著肯定〈望〉這篇小說「情文兼至，意義深長」，寫出了「一位供獻其良人於祖國的賢妻良母型的好女子」。

俞昭明曾主編過上海《今日婦女》(1946)，不過僅出一期。她的創作也以小說爲主，文筆冷靜樸實，用語生動活潑，結構嚴謹，尤其能將社會敏感的現實問題以小說巧妙地表達，技巧上顯得純熟而老練，在這一點上，她與湯雪華較爲接近。例如〈梅家酒店〉中酒店客人黃五爺、黃八少、端老的對話就很簡潔而尖銳，思想性和時代性都極爲鮮明：

> 「聽說最近城裡的店鋪被債逼得關掉有二三十家，連最老的鋪子瑞和升綢莊都在內，沒有一個生意買賣人不叫苦連天的。」「這年月連有辦法的都感到束手無策，難怪窮人要跳井投河了！」黃五爺不勝感慨地說。「照我看中國這樣攪下去怕要無救，除非有誰起來能夠推翻民國，把這散亂的局面重新團合起來，那也許還會有點希望。」在端老失望的臉上，因為美麗的想望，也露出了一絲興奮的情緒。「就怕英雄無用武之地。」黃五爺感到民國以來，自己在荷塘灣的勢力削弱了不少，衝口而出說出了這樣一句話。「也許時勢會造英雄。」端老仍舊從好的一方面安慰著自己。「是，中國只要出來一個能降龍伏虎的人，立刻會轉危為安的。」黃八少順著端老的脾胃敷衍著他。[21]

這裡反映出當時民眾對抗戰結束後又爆發國共內戰，以及隨之而來的經濟衰退的普遍不滿，對現實的抨擊強而有力。俞昭明擅長刻畫人物的性格與心理，如〈三朵姑娘〉中描寫三位大學生對校外小飯館店主女兒想入非非的微妙心理，當他們自以爲非己莫屬時，三朵姑娘卻宣布已和店裡的夥計訂了婚，三人內心的驚

---

21 這篇小說原載 1947 年《巨型》第 3 期。見柯靈主編：《上海四十年代文學作品系列‧短篇小說集之四》，頁 153。

訝、失望與酸溜溜的感受鮮活呈現；又如〈梅家酒店〉的梅三姐，精明幹練，潑辣熱情，也有幾分姿色，卻在感情上所託非人，喜歡上花心的李發，最後證實李發和小桃的曖昧關係，一氣之下關上酒店大門，「再也沒開過」。小說對梅三姐的激烈性子描繪十分生動，例如一次鬧酒後，幾位客人眼看著「三姐熱了起來，將脖鈕解了，露出來裡面一段酥胸，襯托著紅撲撲的鴨臉蛋兒」，「大家都有點神志模糊，心裡晃蕩蕩的，說不出的醉意，可誰也強自鎮定著，望著三姐那紅得像五月裡石榴花似的臉，都暗暗地在心裡警戒著自己：『這是一朵火紅的花，火紅的可以燙手，碰不得。』」對照著梅大爺生前和三姐嘔氣時常指著後院的石榴樹說：「妳那激烈性子，妳那熱火勁兒，就是這火辣辣的石榴花投的胎，哪像個姑娘呀！熱得燙人。」這樣性格的梅三姐，卻陷在盲目的愛情裡不可自拔，小說對其內心的掙扎、不甘、難捨的激烈矛盾心理描寫得入木三分，也表現出她過人的才情，難怪譚正璧會稱讚她：「似很熟識於世情，筆調也很清麗，兼有北方文學的豪放。」和施濟美的「一時瑜亮」之譽，看來並非虛語。

鄭家瑗童年時代在上海度過，後遷居浙江湖州，抗戰爆發後重回上海，1941 年入東吳大學，先後修讀過英文系、社會系，最後在教育系畢業，此後長期在中、小學教書，一度主編《學生日報》文學副刊《初苗》。她的主要創作活動集中在抗戰勝利後的幾年間。除一些散文和書評外，主要以小說創作為主，後曾結集為小說集《號角聲裡》於 1949 年出版。她的文辭平實暢達，描寫也還細膩，部分作品對戰亂的影響有所反映，但題材上相對狹隘，大多偏重於表現男女青年的情感糾葛和戀愛故事，如〈號角聲裡〉、〈陰暗之窗〉、〈霏微園的來賓〉等。由於長期任教的經驗，

筆下小說大多以校園為背景，如〈她和她的學生們〉（出書時改題為〈曹老師〉）描寫離婚的曹月清老師為了生活不得不嫁給一個駝背的醬園店老闆，引起學生的非議與嘲弄，特別是她最疼愛的學生李湘表現出強烈的不諒解，但在課堂上一番自我剖白後，學生們終於明白曹老師無奈選擇的心境，當她對學生感嘆地說：「一個女人，為了生活去結婚，那原是最平凡的悲劇，也就是現在中國職業婦女最末的一條出路！你們覺得好笑麼？」在一定程度上揭露了知識女性深沉多舛的命運，不過小說結尾暗示學生李湘和曹老師之間的母女關係，顯得離奇牽強。大體來說，她對女性心理（特別是青少年女性）有相當真實的掌握與揭示，這也成為其小說的一大特色。

楊琇珍是 1943 年經濟系畢業，不久便離開上海，作品不多，據譚正璧指出，其作品與程育真有相近的思想傾向，充滿了脫離時代的少女夢幻式的憧憬，藉作品來宣揚自己的宗教信仰，如〈盧山之霧〉寫年輕護士藍薇在濃霧瀰漫的盧山上照顧病人唐瑋，不久兩人間產生了似有若無的情愫，最後黯然分手，全篇如夢似幻，虛無飄渺，對話十足的文藝腔，完全是典型的言情小說風格。曾慶嘉儘管作品不多，且不免觸及男女情愛的題材，但已能將視野從身邊瑣事跳開，關注社會現實，同時技巧也相對成熟，使她的小說不見初寫者的生澀稚弱，也無脫離現實的夢囈，而是對社會有較深刻的認識，對女性微妙的心理也能充分掌握，如〈從夏天到秋天〉寫交際花；〈娼婦〉寫被迫淪落的妓女；唯一的中篇小說〈女人的故事〉對婚姻、戀愛有所嘲弄與思索；〈山崗上的故事〉則寫山區貧苦平民的悲慘生活，可以看出，曾慶嘉的小說具有精巧的藝術構思，以及憎恨黑暗、蔑視庸俗的思想傾向，在這方面，

她表現出和湯雪華、俞昭明一致的創作風格。可惜的是，楊琇珍、
曾嘉慶二人的作品均未見結集，難以作較全面而深入的探討。

五、結語：不該被遺忘的存在

　　四〇年代的上海文壇，一方面因爲政治、戰爭的複雜對立與
鬥爭，一方面因爲商業性娛樂化導致的讀者通俗化傾向，呈現出
多元、豐富與複雜的文學樣貌，作爲一個繁榮、喧囂、主流的文
學中心，每一個上海作家，對都市的漩流與政治的風暴都無法置
身事外或全身而退，即使是正在大學就讀或初出校門的年輕女作
家也不例外。我們可以看到，在她們的小說中，有對孤島生活、
日軍侵略、國共內戰的反映，也有對黑暗現實的不滿和對受屈辱
人民的同情。然而，在戰爭年代，審美藝術追求趨於一致，控訴
吶喊成爲時代的最高音時，這群女作家的作品提供了另一種詩意
的美感，清新的氣息，使因連年戰亂而對時局失望、無奈、痛苦
的人們，有了另一種選擇，可能是逃避，也可能是嚮往。

　　在她們擅長編織的愛情故事裡，或許有蒼白的囈語，不食人
間煙火的夢幻，但也有對純潔之愛的勇敢追求，對親情、友誼的
謳歌。和當時主流的現實主義作品相比，她們的作品沒有赤裸裸
的戰爭殘酷描寫，也沒有宣傳呼籲的八股教條，而和上海大量充
斥的描繪感官肉欲的作品相比，她們的作品又顯得清雅脫俗，靈
秀純真，給人心靈的撫慰，宛如一座清幽雅緻的園林，讓許許多
多尋夢的人有休憩、作夢的角落。這也許就是她們的作品在當時
廣受歡迎的原因。在短暫的十年裡，她們的青春才華有了一次光
亮的展現，但在主流的文學史論述裡，她們的身影顯得渺小而孤
單，不過，她們優雅的存在姿態與純淨的文學美聲，已經爲她們

佔有了一個小小的位置，雖然也只能在邊緣。

　　特殊的時代產生特殊的文學。這群作家在四〇年代上海文壇是一道秀麗的風景線，引人注目，也締造了一定的聲勢，但她們畢竟年輕，缺乏人世較豐富的歷練，也尚不足以形成個人圓熟的藝術風格，這使她們無法成為一代大家，但勇於探索的創作精神與表現，稱她們為有才華的作家應是允當的。她們的作品說明了上海文壇並未因時局的驟變而蕭條沉寂，也豐富了海派文學的多元型態，同時提供了女性文學生動而精緻的文本，對她們的忽視與遺忘將是文學史自身的損失。

　　在上海淪陷期短暫的平和狀態下，她們躍上文壇，才華迸射，但卻是曇花一現，因著種種原因，1949 年後紛紛停筆進而消失在文壇，從此，她們的人與作品遂長期湮沒在文學史的視野裡，不見天日。對於程育真，因為父親程小青的緣故，我們至少知道她目前定居美國，1983 年曾在美國紐約整理了其父詩詞遺作數百首，編訂成《繭廬詩詞遺稿》，分贈海內外親屬友好，用以紀念其父九十周年誕辰。至於為愛守貞、終身不嫁的施濟美，1949 年後還曾發表數量不多的散文和詩歌，但她的作品被批判為「小資產階級情調」，她因此擱筆，退出文壇，專心投身於教育事業，執教於中學，然而，革命的浪潮終究沒放過她，「文革」風暴一起，她又被誣為「修正主義教育路線」，遭到非人的迫害和侮辱，含冤抱恨，於 1968 年 5 月 8 日懸樑自縊身亡，直到十年浩劫過後才得平反昭雪。如今，她的小說有《鳳儀園》兩種不同版本的問世，一如上海古籍出版社《鳳儀園》的編選者盛曉峰所說：「作為一位曾經在中國現代文學史上產生過一定影響的女作家，文學史家們應該對她的存在給予一定的關注。」只是，這群女作家中的其他幾

位呢？她們的生平在文學史裡常只是簡單的「不詳」二字，我們不禁要詢問，她們後來的遭遇爲何？還有文學活動嗎？她們的作品何時也可以重印問世，讓讀者重新認識這批曾經在上海享有盛譽的女作家呢？

看來，對施濟美和東吳女作家群的尋找與鉤沉，現在只是開始而已，而且是艱難的開始。

附錄：東吳女作家群作品出版目錄

作 者	書 名	出 版 者	時 間	備 註
施濟美	鳳儀園	上海大眾出版社	1947.4	短篇小說集
施濟美	鬼 月	上海大地出版社	1948.4	短篇小說集
施濟美	莫愁巷	在香港出版	50年代初	長篇小說。曾改編成電影
施濟美	鳳儀園	上海古籍出版社	1997.10	列入「民國女作家小說經典」
施濟美	鳳儀園	黑龍江人民出版社和北方文藝出版社聯合出版	1998.4	列入「海派作家作品精選」
湯雪華	劫 難			短篇小說集。署名「中原」
湯雪華	轉 變			短篇小說集。署名「湯仙華」
程育真	天 籟	日新出版社	1947.2	短篇小說和散文合集
俞昭明				未見結集
楊琇珍				未見結集
鄭家璦	號角聲裡		1949.3	短篇小說集
曾慶嘉				未見結集

詩意與政治的悖反

── 析論「散文三大家」的文體特徵及其得失

一、前　言

　　在 1949-1966 年文革開始的「十七年」文學階段中，致力於散文創作並取得重大成績、在當時產生極大影響的是被稱爲「散文三大家」的楊朔、秦牧、劉白羽。這三位散文家的創作不僅成爲五、六〇年代散文審美傾向的代表，他們所建構的散文寫作模式，也影響了一批文學青年[1]，成爲當代散文史上一個特殊的文學現象。

　　五〇年代的政治氛圍，使散文不可避免地陷入了對「時代主旋律」熱烈追求的文學風潮中。國家大事取代身邊瑣事，群體意識壓過個性意識，功利觀念削弱審美觀念，主觀抒情性讓位給客

---

1 當時形成一個追隨這三人「釀造詩意」風格的散文作家群體，包括陳殘雲、楊石、林遐、魏鋼焰、郭風、柯藍、華嘉、碧野、何爲、菡子等。參見沈義貞：《中國當代散文藝術演變史》（杭州：浙江大學出版社，2000），頁 76。

觀實用性，散文從原本的多元、小我、自由轉變為單一、大我、工具，「時代精神」成為這個時期散文的共同取材趨向，也成為散文藝術價值的評判準則。如此一來，以「歌頌」的心態、「戰鬥」的激情、「政治」的立場為出發點的創作傾向，也就成了「十七年」散文的整體基本狀況。以「三大家」為代表的散文實踐，可以說是和時代政治的發展共同前進，在反映時代生活面貌的同時，他們也完成了散文創作的使命與任務。他們的作品，在文學史上的價值就在於貼近時代、反映時代，但他們在文學藝術價值上的缺失與不足，也同樣在於以「時代精神」畸形地壓制了「審美精神」，他們在散文寫作上所形成的模式與窠臼，使散文特性加入了許多藝術惰性。然而，他們的成就與局限卻深刻地影響著當時和後來的散文創作，這是此一階段其他散文作家都無法比擬的。

本文將從這三人的文學立場、散文創作實踐及其文體特徵入手，析論其在政治方向的一致性之下，各自形成的藝術風格多樣性，並在指出其散文特色、成就的同時，分析其文學為表、政治為裏，詩意為形、政治為神的缺陷與不足。這三人的散文寫作，已然是當代散文發展中的重要環節，雖然秦牧、劉白羽在進入「新時期」之後仍持續創作，作品數量也不少，但因無法突破自己的模式，除了少數幾篇外，影響不大。可以說，這「三大家」的散文光芒在「十七年」之後，已隨著時代悄悄逝去。

二、寫時代風雲，唱革命讚歌：「三大家」的散文創作理念及實踐

作家的品格決定著作品的風格。作為「十七年」散文的代表作家，楊朔、秦牧、劉白羽三人有著相近的文學理念，也走著相

同的創作道路。他們的生命氣質，首先是一個戰士，然後才是一個作家。楊朔（1913-1968）與劉白羽（1916-2005）都曾奔赴延安，並參加毛澤東「延安文藝座談會」，受到深刻影響，以後則隨部隊作戰或採訪，經受戰火的考驗，革命鬥爭的激情使他們自覺追求文學的時代性與政治性。秦牧（1919-1992）雖無從軍作戰的實際經驗，但長年從事文化活動，對革命理想的一腔忠誠，使他的散文雖以知識性、趣味性為「形」，卻仍以政治上的思想性為主導的「神」。大致上看，楊朔的散文注重詩意的釀造，秦牧的散文充滿知識的趣味，而劉白羽則偏向革命戰鬥的豪放，三人風格雖有「小異」，但為新中國唱贊歌、為革命事業寫歷史、為時代精神下註解的文學立場則是「大同」。

（一）楊朔：做「階級戰士」的革命激情

楊朔以其「以詩為文」的藝術主張、詩化散文的創作風格，奠定了他在當代散文史上的地位。有論者指出：「他寫於 1956 年的〈香山紅葉〉被看作是當代散文中文體轉化的一個標誌。自此開始，五〇年代末至六〇年代初的散文創作絕大部分都納入了『政治＋詩意』這樣一種創作格局。」[2]

楊朔的文學創作歷程可以分為三個階段：第一個階段（1937-1949），以通訊特寫為主，是創作初期；第二個階段（1949-1955）以小說為主，是創作中期；第三個階段（1957-1968）以散文為主，是其創作的後期，也是他創作的成熟期。不管哪個階段，他並沒有中斷過散文創作，前中期的特寫、小說等創作經驗，實際上為

---

2 王萬森等主編：《中國當代文學 50 年》修訂版（青島：中國海洋大學出版社，2006），頁 104。

他在散文上的大放異彩積累了豐富的藝術經驗。他的散文集有《亞洲日出》、《海市》、《東風第一枝》、《生命泉》等。人民文學出版社曾在 1978 年出版《楊朔散文選》，山東文藝出版社也在 1984 年出版了三冊的《楊朔文集》，為這位在文革期間遭迫害致死的作家留下了完整的文學成果。

　　楊朔筆下的「詩意」，不僅是指生活中細小、美好的事物、景物，他說：「不要從狹義方面來理解詩意兩個字。杏花春雨，固然有詩，鐵馬金戈的英雄氣慨，更富有鼓舞人心的詩力。你在鬥爭中，勞動中，生活中，時常會有些東西觸動你的心，使你激昂，使你歡樂，使你憂愁，使你深思，這不是詩又是什麼？」[3]所以他的詩意來自生活，也反映生活，他說：「散文常常能從生活的激流裡抓取一個人物，一種思想，一個有意義的生活斷片，迅速反映出這個時代的側影。」[4]廣義的「詩意」，在楊朔刻意的運用下，沾染上濃厚的時代精神、政治色彩，「政治＋詩意」的自覺追求，成為他散文藝術的一大特色。

　　楊朔的這種反映現實、貼近時代的文風，源自於他在延安時期整風之後的思想心態，他服膺於毛澤東「文藝必須為政治服務」的文化政策，這使他從事文學創作時也時刻不忘祖國與人民，導致他以革命立場、戰士姿態的思想為情感抒發方式，正如王堯所言：「如果說楊朔當年的詩心是孕育於作為自然的山水和作為藝術的詩詞，那麼 1942 年以後楊朔的詩心則附麗於社會本體而成為一種人文精神。在這一變化中，楊朔完成了歷史讓他無法迴避的選

---

3 楊朔：〈《東風第一枝》小跋〉，《楊朔文集》上卷（濟南：山東文藝出版社，1984），頁 646。
4 前揭書，頁 642。

擇，他後來執著於描寫生活的詩意，其精神源頭即在此。」[5]對此，楊朔寫於 1960 年的〈應該做一個階級戰士〉中有清楚的自剖：「應該首先是一個階級戰士，然後才可能是一個好的作家。這個道理是千真萬確的。……只有一面參加人民的鬥爭和生產勞動，一面學習，文藝工作者才能正確地反映時代，反映歷史；只有這樣，文藝工作者才能生動地、有力地塑造具有時代精神的光輝的人物；只有這樣，我們的作品才能有高度的思想性；也只有這樣，才能使我們的作品具有準確性、鮮明性、生動性。」[6]不管是早期描寫抗美援朝志願軍鬥爭精神的〈萬古青春〉、〈英雄時代〉等作品，還是後來以表現新中國革命與建設、歌頌勞動人民的〈海市〉、〈香山紅葉〉、〈荔枝蜜〉、〈茶花賦〉、〈泰山極頂〉、〈雪浪花〉等作品，都是這一思想指導下的創作實踐。

　　在〈茶花賦〉中，他描寫普通勞動者犧牲奉獻的高尚情操，養花人名叫「普之仁」，其實就是普通之人。楊朔先用美麗的畫筆描繪昆明梅花之美，「遠遠就聞見一股細細的清香」，但「這還不是最深的春色」，筆鋒一轉，茶花出現，「油光碧綠的樹葉中間托出千百朵重瓣的大花，那樣紅艷，每朵花都像一團燒得正旺的火焰。這就是有名的茶花。」在這種情景交融的詩的藝術氛圍中，養花人出現了，一番問答後，作者有了這樣的領悟：

　　　　我熱切地望著他的手，那雙手滿是繭子，沾著新鮮的泥土。
　　我又望著他的臉，他的眼角刻著很深的皺紋，不必多問他
　　的身世，猜得出他是個曾經憂患的中年人。如果他離開你，
　　走進人叢裡去，立刻便消逝了，再也不容易尋到他 —— 他

5 王堯：《中國當代散文史》（貴陽：貴州人民出版社，1994），頁 67。
6 楊朔：〈應該做一個階級戰士〉，《楊朔文集》上卷，頁 644。

就是這樣一個極其普通的勞動者。然而正是這樣的人,整
月整年,勞心勞力,拿出全部精力培植著花木,美化我們
的生活。美就是這樣創造出來的。[7]（《楊朔文集》上卷,頁 417）

顯然,楊朔是藉著詩化的手法來描寫養花人（普之仁、勞動
者）對祖國、人民默默無私的奉獻,揭示獻身國家建設事業的熱
忱與節操,才是作者選材、構思的重點。詩意和政治巧妙地混合
在一起,這正是楊朔散文文體的特徵。養花人的身影,在〈雪浪
花〉中的「老泰山」也可以看到,在文章結尾寫道:

> 西天上正鋪著一片金光燦爛的晚霞,把老泰山的臉映得紅通
> 通的。老人收起磨刀石,放到獨輪車上,跟我道了別,……
> 推著車慢慢走了,一直走進火紅的霞光裡去。……我覺得,
> 老泰山恰似一點浪花,跟無數浪花集到一起,形成這個時代
> 的大浪潮,激揚飛濺,早已把舊日的江山變了個樣兒,正
> 在勤勤懇懇塑造著人民的江山。（《楊朔文集》上卷,頁 431-432）

臨走前,問起這位老泰山的名字,卻笑笑地說:「山野之人,
值不得留名字。」這不就是「普之仁」嗎？〈荔枝蜜〉中的養蜂
人老梁,〈漁笛〉中的翠娥,〈石油城〉中的王登學、劉公之,〈海
市〉中的老宋,都是這樣的人物典型。當老宋說出:「一鬧革命,
就是活地獄也能變成像我們島子一樣的海上仙山。」（《楊朔文集》
上卷,頁 395）或是老梁說蜜蜂:「它們從來不爭,也不計較什麼,
還是繼續勞動、繼續釀蜜,整日整月不辭辛苦……」（《楊朔文集》
上卷,頁 413）,其實都是身為文藝戰士的楊朔在為新中國的建設謳

---

7 本文在引用三位作家作品的文本方面,楊朔是以《楊朔文集》（濟南:山東文
藝出版社,1984）為主,秦牧是以《秦牧全集》（北京:人民文學出版社,1994）
為主,劉白羽是以《劉白羽散文四集》（重慶:重慶出版社,1989）為主。除
非必要,為節省篇幅,文中引用文本部分採隨文註,不另加註腳。

歌，為社會主義新生活讚頌，這是特定歷史時期下的產物，也是楊朔一貫的創作心理定勢，同時也是無法避免的局限。早在 1953年的〈投進生活的深處〉一文中，楊朔的革命激情與政治立場就已經充分流露：「生活是一片大海，跳進去吧，跳進去吧。我將永遠追隨在我們人民的後邊，做一名毛澤東時代的小工匠，用筆，用手，甚至用生命，來建設我們色彩絢爛的好生活。」(《楊朔文集》上卷，頁 621)

（二）秦牧：在談天說地中傳遞知識與思想

在「十七年」散文中與楊朔齊名的是秦牧，時有「北楊南秦」之譽，這兩人的散文「像兩股清新的春風，吹進了沉悶已久的散文園地，給散文創作帶來了新的生機。其後出現的 1961 年的『散文年』和散文創作的空前繁榮，這與楊朔、秦牧的藝術開拓和積極影響，無疑是有著密不可分的關係。」[8]和楊朔不同的是，他並不刻意追求詩的意境，在結構上也沒有固定格式套用的傾向，而是以內容題材豐富的知識小品著稱，在談天說地、道古論今中表現出具知識性、思想性、趣味性於一爐的藝術風貌，夾敘夾議中，帶給讀者知識的滿足與哲理的啟示，這種文體風格是秦牧最拿手、最突出的特色。五○年代起，他致力於散文創作，先後出版了《花城》、《潮汐和船》、《星下集》、《貝殼集》、《秦牧散文選》等書，以及文藝隨筆集《藝海拾貝》，在文壇上佔有重要地位。

秦牧的散文創作以知識性、趣味性、思想性見長，要達到這種境界，寬廣的題材、淵博的知識，就成為基本的要求。秦牧對

---

8 吳周文：《楊朔散文的藝術》(上海：上海文藝出版社，1984)，頁 14。

五〇年代散文題材範圍的狹窄深不以爲然,他曾指出:「談天說地談得遠一點的,像知識小品、旅行記,三言兩語的偶感錄,私人的日記書簡之類,就幾乎沒有。這種情形,不能說是很妥當的。這會在一定程度上削弱了散文應有的新鮮耀目的光彩。」因此,他主張「除了國際、社會鬥爭、藝術理論、風土人物誌一類散文外,我們應該有知識小品、談天說地、個人抒情一類的散文。通過各種各樣的內容給人以思想的啓發、美的感受、情操的陶冶。」[9]必須說,這種看法是對的,事實上,秦牧也以大量的作品實踐了這個散文觀念。

秦牧嚮往海闊天空的散文領域,強調在談天說地、論古道今中傳遞知識與思想,因爲豐富的知識「不僅在於它可以幫助作者說明道理,而且這些材料還能夠滿足讀者的求知慾,使人們在閱讀的時候獲得新鮮感。」[10]這類百科全書式的知識小品,在當時概念化、貧乏的散文中顯得獨樹一幟,因而贏得了廣大的讀者,並有多篇作品入選爲教材,產生一定的影響力。對他散文中知識豐富、內容廣博的特點,有論者如此介紹:

> 他的散文被讀者稱作知識的「花城」,敘述著為人鮮知的掌
> 故、軼聞、趣談、傳說、故事以及中國和世界各地的風物
> 人情。古今中外,天上人間,鬼怪神仙,飛禽走獸,花卉
> 蟲魚,山川勝景,總之,從宏觀世界到微觀世界,從自然
> 科學到人文科學,各門各類的知識在他的筆下得到廣泛的
> 普及性的傳播,充滿了奇異的、誘人的知識趣味,青少年

---

9 秦牧:〈海闊天空的散文領域〉,《中國當代文學研究資料:秦牧專集》(福州:福建人民出版社,1981),頁 40-41。

10 秦牧:〈思想和感情的火花〉,前揭書,頁 52。

讀者可以把他的散文當做百科知識的教科書來讀。[11]

在作者筆下，各種繽紛的事物、深刻的哲理、思想的火花都巧妙結合在一起，使人如同走進視野開闊、色彩斑斕的世界。

在〈古戰場春曉〉中，他以豐沛的詩情描寫廣州北郊三元里出色的景致，以及沿途所見鄉間人民勞動的情形，進而聯想起鴉片戰爭時三元里人民英勇對抗英帝國主義入侵的悲壯史實，原來這裡是一百多年前的古戰場，在憑弔的時候，他不禁有了懷古的想像：

> 我彷彿看到一百多年前戰爭的情景：那時，螺號嗚嗚，鑼聲噹噹，滿山旗幟，遍地人潮，一支「黑底牙邊白三連星」神旗迎風飄動，指揮著戰陣。在「三元古廟」點了香燭，向這面旗宣誓過「旗進人進，旗退人退，打死無怨」的三元里的憤怒群眾，以及鄰近一百多鄉的戰友，抬著各式各樣的原始武器：刀、矛、藤牌、三尖槍、長棍、抬槍、撓鉤追殲著敵人；隊伍中甚至還有兒童和婦女。這時天彷彿也憤怒了，狂風暴雨，閃電雷霆。（《秦牧全集》第1卷《花城》，頁443-444）

對歷史事件加以形象化的描寫，給人逼真的史實感受。接著，他走進三元古廟，介紹了被保存下來的許多武器、旗幟等歷史文物，在古今場景虛實穿梭中，他帶領讀者進行了一次知識的遨遊。最後，他則由景悟理，「想著帝國主義已經日近黃昏了」，於是感嘆道：「呵，我們美麗的土地，英雄的人民！」可以想見，這樣的作品風格與五〇年代的時代氛圍是多麼契合了。

和楊朔的名篇〈荔枝蜜〉一樣，他也寫過蜜蜂，在〈花蜜和

---

11 朱棟霖等主編：《二十世紀中國文學史》（台北：文史哲出版社，2000），頁695。

蜂刺〉中,他展現出與楊朔不同的寫作傾向,不以詩意描寫見長,
而是傳達了相關的生物知識,以及由此聯想的人生啓發。他先是
提到:「人們讚美蜜蜂,總是著眼於它所釀造的蜜糖,而很少去讚
美它的刺。……蜂刺和蜂蜜,實際上都同樣值得讚美。」從這個
不落俗套的視角出發,他逐一說明了「一根蜂刺,究竟有多大的
威力呢?」浙江養蜂人告訴他「當一匹馬碰倒一個蜂箱的時候,
整群蜂的威力,竟然把那匹馬活活螫死。」江西一個採藥人則告
訴他被土蜂攻擊的驚險經過,以及事後與同伴放火焚燒蜂窩以報
復的情景,頗爲生動而有趣,至於作者自己也有一次親身經歷:「有
一次,我在海南島吊蘿山的原始林區裡訪問,突然聽到一陣悶雷
般的聲音,忙問旁人:『這是什麼?』當地的人們指著天空道:『你
看,一群野蜂正在搬家。』我抬頭一看,果然看到一陣雲霧似的
東西從天空掠過,威武的野蜂,成群飛行時的氣概,也給人留下
了很深的印象。」他最後領悟道:「刺和蜜這兩樣東西都有,蜜蜂
才成其爲蜜蜂!」(《秦牧全集》第 2 卷《花蜜和蜂刺》,頁 357-360)全篇
富有趣味性和知識性,新穎奇特中富有可讀性,充分發揮了秦牧
博學多聞、妙趣橫生的特長。

(三) 劉白羽:與時代同呼吸,為革命擂戰鼓

正如劉白羽自己所言:「我覺得,一個作者的風格取決於作者
的經歷、修養、人格以及美的欣賞的能力。」[12]他的散文風格正
與他長年參與革命戰爭的戰士形象相一致,以飽滿的政治熱情投

---

12 劉白羽:〈天涯何處無芳草 ── 《芳草集》自序〉,原載《散文》1981 年第 9
期,引自孟廣來、牛遠清編:《中國當代文學研究資料叢書:劉白羽研究專
集》(北京:解放軍文藝社,1982),頁 84。

入時代的火光中，同時又以鮮明立場的政治抒情散文爲自己在當代散文中找到位置，爲自己的政治立場、時代感受找到最合適的宣洩口。和楊朔、秦牧不同的是，他的散文熱烈奔放、壯懷激烈，雖然也注意到詩意的重要，但在時代精神與政治要求的前提下，他自覺地服從於時代的需要，努力做一名革命戰士型的作家，爲時代歌唱，成爲他的責任和使命。在 1958 年以前，他一直致力於通訊報告的寫作，這是他最擅長的文體，也爲他贏得了一定的聲譽，代表作有《延安生活》、《游擊中間》、《世界新面貌》、《朝鮮在戰火中前進》、《早晨的太陽》、《萬砲震金門》等。

　　但是，1958 年後，劉白羽有了轉變，他開始嘗試抒情性散文的創作。在《劉白羽散文四集·前言》中他說：「我走向文學的道路是從散文開始的，但真正形成我散文創作的高潮，還是1958-1988 這三十年間。」[13]以 1959 年寫的〈日出〉爲標誌，他的散文風格有了較明顯的變化，注重情感的抒發與意境的構思，藝術色彩開始濃厚起來。1962 年出版的《紅瑪瑙集》可以視爲分界點，收入抒情散文〈日出〉、〈長江三日〉、〈燈火〉、〈秋窗偶記〉、〈紅瑪瑙〉、〈櫻花漫記〉等十四篇，代表了他政治抒情體散文的確立，也奠定了他在當代散文文壇的地位。1989 年出版的《劉白羽散文四集》收錄了《紅瑪瑙集》、《芳草集》、《海天集》、《秋陽集》，是他抒情體散文的集中呈現，展示出他的散文審美風格與藝術風貌。

　　由於從 1938 年奔赴延安參加革命工作起，劉白羽的人生歷程幾乎是與中國革命的歷程一致，戰火錘鍊出他戰鬥的性格，濃

---

13 劉白羽：《劉白羽散文四集·前言》，重慶：重慶出版社，1989 年。此文寫於 1988 年 4 月 29 日。

厚的軍人氣質使他對時代脈搏、社會現實特別留心。對他而言，首先是一個軍人、革命者，然後才是一個作家。他喜歡以戰士的身分觀察生活，感受生活，並從中思索人生、革命的道理。他對革命立場的堅持，在多篇文章中有清楚的表達，如〈創作我們時代的新散文〉中，他對散文的使命有明確的揭示：「我們應當把時代最先進的革命思想、最生動的藝術形象，引進文學作品中來，給散文以新的生命、新的青春，使它更光輝燦爛，蓬勃發展。」而且，「抒人民之情、抒革命之情、抒時代之情，這種感情便是最美的。」[14]他也強調：「我們是這個偉大時代的人，唱歌要唱我們人民的歌，要唱我們時代的歌，要唱我們人民與時代革命前進的歌。」他始終把散文當作壯麗生活的贊歌，戰鬥生活的號角，「我堅決認為與時代鬥爭同呼吸，是文藝最需要的特色。」[15]他的散文反映了時代，而時代也造就了他的散文，正如論者指出的：「他和這戰鬥的時代是聲息相通、結為一體的。」，因此，「他創作中的全部優長及缺憾，都是時代的準確反映和真實記錄──了解這一點，是了解劉白羽創作『奧秘』的一把鑰匙。」[16]

在這樣的創作思想指導下，他的散文大都有明確的主題，為突顯主題，在題材上多選取震撼人心的場面，描繪祖國的崇高偉大，讚美生活中勇敢的戰士與英雄，以高亢的聲音，謳歌社會發展的種種面向。

例如〈日出〉，藉著描寫日出的壯麗景觀，象徵新中國光明的前景。文章先寫在印度、黃山兩次不能看到日出的遺憾，引出這

---

14 劉白羽：〈創作我們時代的新散文〉，孟廣來、牛遠清編：《中國當代文學研究資料叢書：劉白羽研究專集》，頁 47。
15 劉白羽：〈《時代的印象》序言〉，前揭書，頁 6。
16 王萬森等主編：《中國當代文學 50 年》，頁 108。

次終於看到日出的震撼與感動:「我卻看到了一次最雄偉、最瑰麗的日出景象。不過,那既不是在高山之巔,也不是在大海之濱,而是從國外向祖國飛航的飛機飛臨的萬仞高空上。現在想起,我還不能不爲那奇幻的景色而驚異。」接著,他用大量的篇幅描繪所見日出的情景,先是「黑沉沉的濃夜」,繼而「黑夜還似乎強大無邊,可是一轉眼,清冷的晨曦變爲磁藍色的光芒。原來的紅海上簇擁出一堆堆墨藍色雲霞。一個奇蹟就在這時誕生了。」對於日出的刹那,劉白羽用浪漫的筆調、強烈的情感來刻畫:「如同沸騰的溶液一下拋濺上去,然後像一支火箭一直向上衝」,「幾個小片衝破雲霞,密接起來,溶合起來,飛躍而出,原來是太陽出來了。它晶光耀眼,火一般鮮紅,火一般強烈,不知不覺,所有暗影立刻都被它照明了。一眨眼工夫,我看見飛機的翅膀紅了,窗玻璃紅了,機艙座裡每一個酣睡者的面孔紅了。這時一切一切都寧靜極了,寧靜極了。」末尾,他發出了由衷的感歎:

> 這時,我深切感到這個光彩奪目的黎明,正是新中國瑰麗的景象;我忘掉了為這一次看到日出奇景而高興,而喜悅,我卻進入一種莊嚴的思索,我在體會著「我們是早上六點鐘的太陽」這一句詩那最優美、最深刻的含意。(《劉白羽散文四集·紅瑪瑙集》,頁11)

這是一篇巧妙融合描繪、抒情與議論於一體的作品,詩意的語言包裝了時代的主題,在五〇年代的散文中,這篇作品以角度的新穎使日常的題材有了新的意境,詩化政論的文體特徵有了生動的演繹。

〈長江三日〉也是歌頌時代、祖國之情的佳作。劉白羽採日記的形式,描寫他乘「江津」號輪船自重慶出航,順江而下,經

三峽至武漢這段航程所領略的風光，並由三日見聞中引發出對生活與人生的思索，揭示「穿過黑夜走向黎明」的哲理。在第一日的航程中，他一貫的革命激情就已充分流露：

> 水光，風霧，渾然融為一體，好像不是一隻船，而是你自己正在和江流搏鬥而前。「曙光就在前面，我們應當努力。」這時一種莊嚴而又美好的情感充溢我的心靈，我覺得這是我所經歷的大時代突然一下集中地體現在這奔騰的長江之上。是的，我們的全部生活不就是這樣戰鬥、航進、穿過黑夜走向黎明的嗎？現在，船上的人都已酣睡，整個世界也都在安眠，而駕駛室上露出一片寧靜的燈光。想一想，掌握住舵輪，透過閃閃電炬，從驚濤駭浪之中尋到一條破浪前進的途徑，這是多麼豪邁的生活啊！我們的哲學是革命的哲學，我們的詩歌是戰鬥的詩歌，正因為這樣 —— 我們的生活是最美的生活。……「江津」號昂奮而深沉的鳴響著汽笛向前方航進。(《劉白羽散文四集·紅瑪瑙集》，頁99)

這是典型的劉白羽散文風格，為時代唱讚歌，把江輪作為革命事業的象徵，表現出他鮮明的「時代感」。這種時代精神，從許多作品的題目中就可以感知，如〈青春的閃光〉、〈延河水流不盡〉、〈光明與黑暗的大搏鬥〉、〈火鳳凰〉、〈泥土氣息與石油芳香〉、〈火一般熾烈的歌手〉、〈海峽風雷〉、〈偉大的創業者〉、〈雷電頌〉等，都有著理想化的色彩與浪漫的革命情懷。

三、詩化·閒話·政論：「三大家」的散文文體特徵

楊朔與劉白羽在從事抒情散文創作之前，都有豐富的通訊報告寫作經歷，通訊報告文體的時效性、現實性與時代性，顯然對

他們散文的藝術風格有著不可忽視的影響，他們在散文創作時也自覺追求貼近時代現實的作用，以詩意＋政治的文體形塑出自身的藝術個性。楊朔的詩人氣質較強，作品強調「詩心」；劉白羽的軍人氣質較強，作品鼓吹戰鬥。兩人將文學與政治的對立悖反巧妙地融合在一起，透過「三段式」結構的精心設計，形成政治抒情風格的文體特徵。和前面兩人稍有不同，秦牧有豐富的報刊編輯經歷，這使他具有編輯人知識寬廣、手法多變的性格，加上他是由雜文轉向抒情散文寫作，「雜文」文體包羅萬象的特點，使他的散文充分展現其淵博的學識經歷，也造成他的作品有一種三五好友談古論今的閒話風格，這成為他突出的散文文體特徵。

（一）楊朔：以「詩心」釀造詩化散文

　　楊朔散文的最大成就是提出了把散文「當詩一樣寫」的理論主張，並努力實踐，創造出他以「詩心」建構的獨特的「詩化」文體。這個「以詩為文」主張的形成是他多年藝術實踐後的領悟與自覺追求，寫於 1959 年的〈《海市》小序〉中他簡單地提到：「我素來喜歡讀散文。常覺得，好的散文就是一首詩。」（《楊朔文集》上卷，頁 642）到了 1961 年的〈《東風第一枝》小跋〉時，他的「詩化」理論就比較具體而清晰：「我在寫每篇文章時，總是拿著當詩一樣寫」，之所以如此的原因是：「我向來愛詩，特別是那些久經歲月磨練的古典詩章。這些詩差不多每篇都有自己新鮮的意境、思想、情感，耐人尋味，而結構的嚴密，選詞用字的精煉，也不容忽視。我就想：寫小說散文不能也這樣麼？於是就往這方面學，常常在尋求詩的意境。」這裡提到的意境、結構、用字等，正是其詩化散文藝術的核心。在這個理論的指導下，他說：「動筆寫時，

我也不以為自己是寫散文，就可以放肆筆墨，總要像寫詩那樣，再三剪裁材料，安排佈局，推敲字句，然後寫成文章。」(《楊朔文集》上卷，頁 647) 顯然，「詩」已成為他散文創作的藝術目標，是他對藝術審美的最高理想。

雖然自「五四」以來，一直有許多作家探討過抒情散文中的詩美問題，如朱自清、郁達夫、冰心等，但都不夠明確，而楊朔是第一次明確地提出「以詩為文」的藝術主張，有論者就指出：「在我國當代文學史上，是楊朔繼朱自清等作家之後十分明確地提出詩化散文的藝術主張和美學見解這個創作的理論問題。」而在這個主張下的創作實踐，「使其作品在意境創造、藝術構思、人物描寫、結構藝術、文學語言和個性風格等方面，形成與眾不同的藝術個性，比較完整地構成他的散文美學。」[17]

楊朔詩化散文的作品不少，他總是能純熟地運用情景交融、借景抒情、托物言志的表現手法，醞造出詩意美感的思想意境，如〈香山紅葉〉、〈海市〉、〈荔枝蜜〉、〈茶花賦〉、〈雪浪花〉、〈泰山極頂〉等作品即是代表之作。以〈雪浪花〉為例，一開頭的描寫就充滿詩意：

> 涼秋八月，天氣分外清爽。我有時愛坐在海邊礁石上，望著潮漲潮落，雲起雲飛。月亮圓的時候，正漲大潮。瞧那茫茫無邊的大海上，滾滾滔滔，一浪高似一浪，撞到礁石上，唰地捲起幾丈高的雪浪花，猛力沖激著海邊的礁石。那礁石滿身都是深溝淺窩，坑坑坎坎的，倒像是塊柔軟的麵

---

17 見吳周文：《楊朔散文的藝術》，頁 9。散文研究者王堯在其《中國當代散文史》中也認為：「楊朔散文『詩化』理論可以簡要地表述為：把散文當詩一樣寫，尋求詩的意境、結構和語言。確立自己的美學原則，並在文壇產生廣泛影響，楊朔是當代散文史上第一人。」見第 70 頁。

糰，不知叫誰捏弄成這種怪模怪樣。（《楊朔文集》上卷，頁428）

以海邊浪花擊石的景物描寫，將自己的感情體驗和外在景物聯繫在一起，醞釀一種歲月磨練和執著人生的氛圍，營造出象徵的詩境。又如〈漁笛〉描寫海邊漁村一個有喪父之痛女子的往事，起首仍以抒情詩意手法製造一種懸念的意境：

> 隔一天黃昏，我撲著那棵紅樹走去，走進一個疏疏落落的
> 漁村。村邊上有一戶人家，滿整潔的磚房，圍著道石頭短
> 牆，板門虛掩著，門外晾著幾張蟹網。那棵紅樹遮遮掩掩
> 地從小院裡探出身來。院裡忽然飄出一陣笛子的聲音，我
> 不覺站著腳。乍起先，笛子的音調飛揚而清亮，使你眼前
> 幻出一片鏡兒海，許多漁船滿載著活鮮鮮的魚兒，揚起白
> 帆，像一群一群白蝴蝶似的飛回岸來。（《楊朔文集》上卷，頁422）

這特殊的笛音，使作者不禁想知道：「這是個什麼人，吹得這樣一口好笛子？」然後，「笛音斷了，門打開，站在我眼前的是個二十來歲的女孩子，手裡拿著隻古舊的橫笛。」然後開始敘述笛音背後的故事。這樣的抒情筆法，帶有詩意的引導讀者進入他所描繪的意境裡。有景，有情，有人，他總是能讓這些動人的因素融為一體，呈現出詩意的藝術境界。

為了打動讀者，楊朔在用詞鍊字上特別講究，對語言的精心鍾鍊遂成為其詩化散文文體特徵的生動體現，如〈秋風蕭瑟〉中的「登上箭樓，但見北邊莽莽蒼蒼的，那燕山就像波浪似的起伏翻滾；南邊緊鄰渤海，海浪遇上大風，就會山崩地裂一般震動起來。」（《楊朔文集》上卷，頁419）以海喻山，以山寫海，構思新穎，語言靈動。又如〈雪浪花〉的「是叫浪花咬的」，這個「咬」字使浪花的神態活靈活現；〈金字塔夜月〉的「月亮一露面，滿天的星

星驚散了。」(《楊朔文集》上卷,頁 479);〈茶花賦〉的「一腳踏進昆明,心都醉了。」;〈蓬萊仙境〉的「扒著扒著,一隻小螃蟹露出來,兩眼機靈靈地直豎著,跟火柴棍一樣,忽然飛也似的橫跑起來,惹得我們笑著追趕。」(《楊朔文集》上卷,頁 380);〈泰山極頂〉的「顏色竟那麼濃,濃得好像要流下來似的。」(《楊朔文集》上卷,頁 397)類似的例子,在他的散文中是屢見不鮮的,遣詞的精確,形象的鮮活,情愫的蘊蓄,想像力的豐富,構成了一幅幅有詩意的境界,使他的散文煥發出強烈的詩意。

這樣的散文風格與抒情文字,在五〇年代充斥大量標語口號式作品的文壇,顯得獨樹一幟,清新優美,對當時浮誇說教的八股文風,也是一個鮮明的對照、有力的批判,所以這些散文一問世,立刻吸引了廣大的讀者,連冰心都肯定地說:「作者的文筆,稱得上一清如水,樸素簡潔,清新俊逸,遂使人低迴吟誦,不能忘懷。」[18]

楊朔散文的藝術表現被稱為「楊朔模式」,這是推崇,也是批判。楊朔散文的詩化藝術境界表現在不論是題材剪裁、構思、意境創造或人物描寫等方面,都能像寫詩一樣反覆琢磨,經營佈局,以成熟的筆法建構整體的藝術之美,這就決定了他在結構上必須有所用心與創造。一篇散文的開頭、發展與結尾,楊朔總是設法讓它成為詩的意境的組成部分,結構的細密精美,已經成為楊朔散文鮮明的特色之一。

楊朔在散文結構上多採峰迴路轉、曲徑通幽的方式,且有著「寫景或狀物—記事或寫人—議論說理」的三段式架構,先設計

---

18 冰心:〈《海市》打動了我的心〉,《文藝報》1961 年第 6 期。引自卓如編:《冰心全集》(福州:海峽文藝出版社,1994)第 5 卷,頁 635。

欲揚先抑的開頭，中間再轉彎，最後點題，「卒章顯志」。這種結構是楊朔的藝術創造，有人稱許這是「別出心裁的轉彎藝術」[19]。這樣的特點在他的代表作中尤其明顯，如〈泰山極頂〉一開始先寫景，敘述自己去爬泰山，想到極頂去看日出，沿途看到許多美麗的景致，中間忽然一轉，滿懷著希望卻因為天候不佳而無法看到，然後安排一位「鬚髯飄飄的老道人」無法給他們燒水喝，因為其他的道人都到公社去割麥子了，於是，結尾不禁領悟到：「有的同伴認為沒能看見日出，始終有點美中不足。同志，你還有什麼不滿意的？其實我們分明看見另一場更加輝煌的日出。這輪曉日從我們民族歷史的地平線上一躍而出，閃射著萬道紅光，照臨到這個世界上。偉大而光明的祖國啊，願你永遠『如日之升』！」前面的詩意描寫，其實是為結尾的政治心聲鋪陳，其審美活動是循著定向的思路而行的。

　　〈荔枝蜜〉也是典型的三段式架構。文章開始採用欲揚先抑的筆法，寫「我」因為小時候曾被蜜蜂螫了一下，從此看見蜜蜂「總不怎麼舒服」，今年四月來到廣東從化溫泉小住幾天，發現滿野的荔枝樹，吃著新鮮的荔枝蜜，因此想去看蜜蜂。筆法一轉，他遇到養蜂人老梁，老梁告訴他蜜蜂的許多特性：「蜜蜂這物件，最愛勞動。廣東天氣好，花又多，蜜蜂一年四季都不閑著。釀的蜜多，自己吃的可有限。每回割蜜，給它們留一點點糖，夠它們吃的就行了。它們從來不爭，也不計較什麼，還是繼續勞動、繼續釀蜜，整日整月不辭辛苦……」於是，「我」又領悟到：「蜜蜂是在釀蜜，又是在釀造生活；不是為自己，而是在為人類釀造最

---

19 周小纓：〈楊朔的散文與轉彎藝術〉，《散文創作藝術談》，南京：江蘇文藝出版社，1984 年。

甜的生活。蜜蜂是渺小的；蜜蜂卻又多麼高尚啊！」然後，他看到在水田裡工作的農民，不禁聯想：「他們正用勞力建設自己的生活，實際也是在釀蜜 —— 為自己，為別人，也為後世子孫釀造著生活的蜜。」議論完後，「我」在當天晚上「做了個奇怪的夢」，「夢見自己變成一隻小蜜蜂」。從不喜歡到變成蜜蜂，作者寫了一個思想起伏變化的過程，起承轉合間有著精心的結構安排。

再舉〈香山紅葉〉為例。「我」想去看香山的紅葉，路上遇到一位老嚮導，「鬍子都白了，還是腰板挺直，硬朗得很。」老嚮導說現在不是看紅葉最好的時候，但「南面一帶向陽，也該先有紅的了。」這又是楊朔慣用的「欲揚先抑」的技巧。沿途聽了老嚮導精彩的景物介紹，可是卻沒看到紅葉，但接著筆鋒一轉，看到路邊的紅樹，葉子發出「一股輕微的藥香」，有位同伴說：「怪不得叫香山。」於是結尾作者寫道：「也有人覺得沒看見一片好紅葉，未免美中不足。我卻摘到一片更可貴的紅葉，藏到我心裡去。這不是一般的紅葉，這是一片曾在人生中經過風吹雨打的紅葉，越到老秋，越紅得可愛。不用說，我指的是那位老嚮導。」（《楊朔文集》上卷，頁334）將久經風霜的老嚮導，與香山紅葉交融在一起，呈現出生活的詩意。從寫景起，再帶出人物，中間轉彎，結尾生發議論，引出一個崇高的思想主題，這就是三段式的藝術結構。

從上述例子可以得知，楊朔對散文結構的用心經營，使文章有了固定的寫作章法，這對於散文教學以及青年學習散文創作提供了條理分明的模式與方法，於是他的散文獲得了廣泛的迴響。當然，這樣的固定模式也帶來了一些不好的影響，從而使「楊朔模式」受到後來文論界的否定與批判。

（二）秦牧：林中散步、燈下談心的閒話風格

　　秦牧的散文雖以題材的海闊天空、文體的廣泛博雜為特點，但面對大量的知識訊息，秦牧純熟地運用結構加以貫串、組織，使其在一個主題、思想的主導下，如眾星拱月般圍繞著既定的中心命題開展，這種看似「跑野馬」卻又控制得宜、遊刃有餘的寫法需要才情與技巧，無疑的，秦牧的許多散文傑作即表現出這樣的駕馭能力。對於結構的重要性，他曾提出：「散文雖『散』而不亂，全靠思想把那一切材料統一起來，用一根思想的線串起生活的珍珠，珍珠才不會遍地亂滾，這才成其為整齊的珠串。」[20]有人認為他在結構上採用的是「滾雪球」的形式，「一個事例接著一個事例，一個意象聯著一個意象。」[21]不過，最常見、也較準確的概括應該是「形散神不散」，有論者就指出：「秦牧的創作為六〇年代風靡一時的『形散神不散』的散文寫作模式提供了最成功的範例。」[22]

　　在他的名篇〈土地〉中，他先拋出「不知道你曾否為土地湧現過許許多多的遐想？」的問題，然後就以「土地」為中心，展開自由的聯想，從古到今，從國內到國外，縱筆寫去，《左傳》記載晉國公子重耳在逃亡途中的一幕怪劇、古代皇帝封侯的儀式、殖民主義者強迫被征服者投降的儀式、海外華僑珍重收藏「鄉井土」的心情、湛江的「寸金橋」寓有「一寸土地一寸金」的意義、許多歷史上流傳的保衛土地的愛國故事，在他的筆下一一登場，

20　秦牧：〈散文創作談〉，《中國當代文學研究資料：秦牧專集》，頁68。
21　王萬森等主編：《中國當代文學50年》，頁108。
22　李曉虹：《中國當代散文發展史略》（台北：秀威資訊公司，2005），頁49。

不論如何神思飛越、旁徵博引,「土地」這個核心概念始終如一條紅線串起以上事例的「珍珠」。〈花城〉描寫一年一度廣州年宵花市的盛況、風俗由來、年節的熱鬧場景、各式各樣特有花種的美好,看似拉雜寫來,實則都能扣住「花市」這個中心主線,只不過最後他在花市裡「不禁會想到各地的勞動人民共同創造歷史文明的豐功偉績」,「聽著賣花和買花的勞動者互相探詢春訊,笑語聲喧,令人深深體味到,億萬人的歡樂才是大地上真正的歡樂」,不免又落入「時代病」的窠臼裡。

秦牧散文中有許多異國風情的題材,也都能掌握住「形散神不散」的原則,以〈在澳門噴水池旁〉為例,他要表達的是澳門受到殖民統治的屈辱史實,提到了澳門著名的媽祖閣、大三巴牌坊、葡京酒店、東望洋山等,但最後來到「澳門市政廳前的噴水池邊,在矮矮的石圍欄上坐下來」,望著水花,他想起在這裡發生的故事:「從 1940 年到 1966 年,26 年之間,這裡矗立著一個葡萄牙軍曹的銅像。這軍曹狀貌凶悍,拔劍鷹視。1966 年底銅像被澳門的中國群眾推倒以後,這裡變成了花圃,以後又改建成噴水池。」至於這個軍曹的故事,「要追溯到一百多年前的歷史了」。於是,文章的後半部分就從鴉片戰爭談起,談到 1849 年澳門農民沈亞米擊斃澳門總督亞馬勒的歷史,以及葡萄牙砲兵軍曹美士基打為了報復,率部隊攻打清朝守兵,甚至割取清朝守台軍官的首級,耀武揚威而還。這個軍曹竟成了殖民主義者心目中的「英雄」,為他在市政廳前立了銅像。秦牧將這段歷史生動敘述,自然有其知識性與趣味性,同時,整篇文章的「神」是對殖民者的批判,於是文末再度發出感慨:「試想在飽受侵凌的日子裡,祖國曾經蒙受過怎樣的恥辱。」但慶幸的是:「現在,中國的確像巨人一樣屹

立起來了。」(《秦牧全集》第 5 卷《華族與龍》,頁 39-44)

　　秦牧的散文敘述方式接近於周作人的「談話風」,追求一種閒話趣談、娓娓道來的境界,他曾對自己的行文風格剖析道:「每個人把事物和道理告訴旁人的時候,可以採取各種各樣的方式。這裡採取的是像和老朋友們在林中散步,或者燈下談心那樣的方式。……我認為這樣可以談得親切些。」[23]即使是談文藝問題的《藝海拾貝》,他也嘗試要「寓理論於閒話趣談當中」[24],使人從中得到有益的啓發。這種自然、親切的語言風格,靠的是作者夾敘夾議、直抒胸臆的筆法,貼切生動的譬喻,尤其是生動運用口語、諺語、成語、名言等,使文章在充滿情趣、理趣的同時,也具有雋永含蘊、平易近人的風格。對秦牧散文語言的特色,王堯有準確的描述:「這樣一種『林中散步』的敘述方式,打破了起承轉合的文章秩序,形成了一種舒捲自如的結構型態。如果說楊朔的散文結構是人工的『蘇州園林』式的,那麼秦牧的抒情小品則是自然的叢林;如果說秦牧是在林中散步,那麼楊朔則是在園中吟誦。」[25]既然是散步閒談,就必須有趣味、有譬喻,不能沉悶;必須有海闊天空的內容,不能枯躁而單調;必須貼近生活,而不能過於玄虛;必須家常口語,不能雕琢賣弄。秦牧的散文大致上做到了這些要求。

　　〈麵包和鹽〉就是從生活中取材的例子。透過外交禮儀,秦牧發現「最隆重的贈禮,並不是什麼金銀寶物,而往往是一種最平凡的東西。」他提到蘇聯民間傳統習俗,最尊貴的禮物就是麵

---

23 秦牧:〈《花城》後記〉,《中國當代文學研究資料:秦牧專集》,頁 17。
24 秦牧:〈《藝海拾貝》跋〉,前揭書,頁 19。
25 王堯:《中國當代散文史》,頁 100。

包和鹽；非洲有些地方以玉米和鹽為最高貴禮物；緬甸潑水節以
水表示美好的祝願；藏族的「獻哈達」贈送一塊普通的布帛做為
最隆重的禮節，等等。他以聊天的口吻、日常的語言，娓娓訴說
這些事例，告訴讀者「平凡的東西，常常就是最崇高最寶貴的東
西。」而這個「偉大就寓於平凡之中」的道理，秦牧形象化地譬
喻說：「正像種籽就藏在果實之中一樣。沙粒構成了山，水滴匯成
了海，平凡孕育了偉大。」（《秦牧全集》第 1 卷《花城》，頁 519）深入
淺出的說理，看似談天說地，卻有著潛移默化的感染力。

　　〈潮汐和船〉的結尾，秦牧的談話風更是明顯：

> 我並不想在這兒告訴你某一次潮汐，某一個海港，某一艘
> 船，某一個人的故事。我只想談談我看到船和潮水搏鬥的
> 時候，它們揚帆遠征時候，自己的微妙的感受。像一個無
> 知的小孩試圖去捉住蜻蜓來縛在線上一樣，我試圖把那種
> 微妙的思想感情捕捉來貼在紙上。如果你在這兒看到有些
> 話好像是一個醉漢的囈語，那是自然不過的事。（《秦牧全集》
> 第 1 卷《潮汐和船》，頁 657）

　　這篇散文不像是醉漢的囈語，反而像是知識淵博的學者在滔
滔不絕地說著許多與海、船有關的故事。他以熱情的筆調讚美著
船：「船，像一根小小的鑰匙卻能夠打開大鎖似的，它打開了海洋
的門戶。船，像閃電劃破了黑夜的長空一樣，它劃破了海洋的胸
膛。船記錄了人類的勇敢、智慧、毅力和許許多多艱苦的鬥爭。」
同時，他又清晰地傳達出獲得的領悟與思想：「一艘艘的船又是多
麼使人想起一個個的人呵！沒有龍骨，船就拼不起來了；沒有腰
骨，人就站不起來了。……一條不能下水航行的船，即使如何精
美，是毫無價值的，一個始終不能勞動創造的人，也是一樣。」

思想與趣味，抒情與議論，在秦牧流暢、樸質的語言中有機地融合在一起，給人啓發，給人聯想。

在〈雄奇瑰麗的中國山水〉中，秦牧像個導遊一般，問一聲：「你攀登過這樣的大山嗎？」然後介紹了名山大川的奇景秀色；再問一聲：「你喜歡在湖上和江上泛舟嗎？」然後將美麗的湖光山色、江面麗景也寫在你眼前。這真像是三五好友在天南地北地「神遊」了；〈菱角的喜劇〉中，他以輕鬆、自然的口吻談到菱角的多樣性，有兩個角、三個角、四個角，還有一種圓角菱是沒有角的，由此而聯想到：「是不是只有生物界有這種情形呢？不！一切事物都有複雜性、多樣性。搞化學的人告訴我們，碳水化合物有幾千種。搞物理的人告訴我們，同一種元素在各種各樣的條件下有千奇百怪的型態。醫生會告訴我們，人的體質有各種各樣的不同，有些患『過敏症』的人喝一杯咖啡就要死要活，有些人裝一肚子咖啡卻仍舊可以酣然大睡。有些人牙齒不夠一般人的二十八枚，個別的人卻可以長出三十六枚……我的天，複雜性、多樣性的事物原是這樣無往不在的。」（《秦牧全集》第 1 卷《花城》，頁 526）透過口語化的包裝，在不說教的姿態下，知識與趣味就已經生動傳達給讀者了。也許就是這種融文化心態、審美情趣、生活哲思於一體的「談話風」，使秦牧的散文有了自己的美學品格，並擁有廣大的讀者。

（三）劉白羽：「時代精神」飽滿的詩化政論

在「三大家」中，劉白羽的「時代精神」最為強烈飽滿，他始終以革命戰士的眼光來觀察和表現生活，為新中國社會主義建設「奉獻」的心態使他的作品富於激情，恢宏的氣勢有時確實能

激動人心，但在「概念先行」下，他的許多作品流於誇飾、濫情，
也是常見的弊病。他的主觀色彩鮮明，力圖透過散文創作將自己
塑造成政論色彩突出的抒情詩人。他曾自剖：「我穿過激流，越過
險灘，衝過硝煙戰火，闖過暴雨狂風，那驚心動魄的大時代能不
濡染我嗎？回憶是美麗的，在炮火連天的戰場上，我曾經為我看
見的那芬芳的花朵而陶醉過，但經過大浪淘沙，我愛的不僅是梨
花的潔白素雅，更愛火一般濃烈的紅薔薇了。」[26]這種美學理想
構成了他文體上的壯美風格。雖然在語言上，有些失敗的作品過
於粗疏、直白、散漫，但具代表性的作品則體現其文體特色，即
語言壯麗華美，講求修辭鋪排，加上強烈的節奏、高亢的情感，
整體呈現出一種豪放壯美的文體藝術風格。為了呼應時代的需
求，他刻意追求磅礴激越、汪洋恣肆的氣勢。和楊朔相比，他熱
情如火，楊朔優美如詩；他接近鐵馬金戈，楊朔接近杏花春雨。

　　在〈崑崙禮讚〉中，劉白羽就用他最擅長的絢麗語言，簡潔
有力的排比句法，增強文章的節奏感。當他從空中鳥瞰崑崙極峰
的雪白冰川時，他寫道：「這種潔白，使你心靈感到無比純淨，這
種氣魄使你胸襟頓然開闊。這俯瞰世界的帕米爾高原上的喀喇崑
崙山呀！何等雄壯，何等神奇，茫茫宇宙，浩浩天風，一切莊嚴
靜穆。你的心不跳了，你的血不流了，你失去了你，你和這一切
偉大的偉大渾然凝為一體。」飛過極峰後，他看到巨嶺、湖泊、
森林的壯麗神奇，不禁發出以下的感喟：

　　　　它長期經歷著狂風的鞭撻，暴雪的搏擊，而它堅貞不屈、
　　　　屹然挺立，它是永恆的戰鬥者。它那樣聖潔，如潔白蓮花；

---

26 劉白羽：〈形象之花是不會枯萎的〉，《紅瑪瑙集》新序，收入《劉白羽散文
　　四集》，頁4。

山崩地裂，飛沙走石，它永遠亭亭玉立。他凝聚在冰川雪窟之中，封鎖在凜冽嚴寒之下，但它的心永遠跳盪著火的熔焰，噴吐出溫暖的大河。(《劉白羽散文四集·海天集》，頁345)

善用排比、譬喻、擬人等修辭手法，將崑崙山形象化，其不屈的精神也在作者酣暢的筆墨下栩栩如生。只可惜，他接著寫道：「啊，崑崙的形象，不就是我們黨的形象嗎！」以下許多充滿政治意識的描寫，雖然作者想以詩意的語言加以烘托，但其不協調與做作說教也是顯而易見的。

〈雪〉也是劉白羽詩化政論散文中較突出的一篇。文章從一個落雪的日子開始寫起，「今天，這雪下得多好啊！」，但是，「不知怎麼回事，二十幾年前的一段往事，在今天這場大雪下，陡然回到我的心間，它呼喚我回到那偉大而莊嚴的時代，我感到熱血沸騰，自己彷彿又變得年輕起來了。」接著，透過種種和雪有關的回憶，逐漸擴大到與革命鬥爭的讚美聯接在一起，最後與部隊在雪地中前進的形象重疊：「我覺得，今天還跟從前一樣，後續部隊不斷湧上來，而前頭部隊早已消失在那白茫雪天遠處。」以雪不斷落下的氣勢，襯托革命部隊奮勇前進的氣勢，這時的雪地雪景已經轉換成另一種更深遠更雄偉的思想和情感的境界了。

我們還可以從以下的片段描寫中認識劉白羽的修辭特色與豪邁的情感，如〈崑崙山的太陽〉中描寫黃河之水從溢洪道口噴射而出的情景：「如烏雲亂捲，如怒火，如狂飆。這些烏雲先是從下面向上噴射，噴到半空，又跌落下來，化成茫茫銀霧，這一捲捲雲霧，給陽光照得閃亮，又飛上高空，烏雲白霧，上下翻騰，再向上，如濃墨，如淡墨，直聳高空，像原子爆炸的磨菇雲，亭亭而上，巍然不動，這場景真有點驚人。」(《劉白羽散文四集·芳草集》，

頁186);〈石油英雄之歌〉:「從黎明到夜晚,從大陸到海洋,在華
北石油會戰遼闊的前線上,展現了一幅火紅動人的景象。陽光燃
燒,紅旗飛舞,鑽塔像鋼鐵巨人一樣聳立雲天,電機轟鳴,鑽杆
飛旋,聚精會神緊握煞把的石油工人的心呀,隨著鑽頭一道在地
心深處旋轉、旋轉。這裡一簇簇帳篷,那裡一排排板房,地面鋼
管堆山,空中電線織網。朝霞中鑽塔如林,夜幕上燈光似火。運
輸車成群結隊捲起的灰塵,像旋風沖天而起,像急雨驟然而落。
這一切使你感到會戰生活是何等繁忙、壯麗、雄偉、飛躍⋯⋯」
(《劉白羽散文四集・芳草集》,頁 406)可以看出,動詞的靈活運用,
句法的豐富多變,短句簡潔有力,長句勢如奔馬,錯落有致的節
奏感,鏗然有聲的音樂性,充分顯現出作者揮灑自如、跌宕有致
的文字修辭功夫。

　　劉白羽的散文結構和楊朔一樣,也有三段式的傾向:一般先
從現實入手,進而回溯歷史,最後從歷史與現實的聯繫中表達思
想或抒發情感。〈青春的閃光〉是典型的例子,他先從天安門工地
上一個早晨寫起,接著「一個回憶像閃電一樣掠過我的心靈」,於
是他回憶起「二十二年前一個狂風暴雨的夏季」,日軍坦克進入天
安門的情景;接下來,「又一個回憶像晨風一樣吹醒我的心靈」,
遂又想起新中國成立初期在天安門召開政協會議的莊嚴時刻;然
後,「再一個回憶像鼓聲一樣震動我的心靈」,於是描寫十年來在
廣場上慶祝國慶的艱難與歡欣,最後他體會出:「是的,是我們走
過了十年,是我們創造了今天。而這閃光正是我們整個社會主義
祖國發射出來的無比明亮的青春的閃光。」慶祝「新世界」的到
來是其主旨,歷史與回顧只是他深化中心題旨的過程,三段式結
構轉折有條不紊。又如〈紅瑪瑙〉,在前往延安的路上,看到牆上

「地球是顆紅瑪瑙，我愛怎雕就怎雕」的標語，不禁想起「當我還是二十歲剛出頭的青年時」，如何投向延安，以及在延安生活的激動情景，今天再次踏上這塊土地，「眼淚又一次溢滿我的眼眶」，「那真是令人永遠振奮的年代」，「那是 1942 年大生產運動的春天。我記得……」在他深情的筆下，現實與歷史交會，「今天的延安已經是一個新的延安了」，最後再做個「漂亮」的總結：

> 是的，正是在這裡，正是在那莊嚴、艱鉅的時代，我們的黨，我們的毛主席就一步進一步地雕著這一個晶瑩、透明、通紅、發光的紅瑪瑙的新世界了。……讓延安這個燈塔永遠在我記憶中閃光吧！要創造一個紅瑪瑙一樣鮮紅、通明的新世界，那就先努力把自己鍛練成為永遠鮮紅、通明的紅瑪瑙一樣的人吧！（《劉白羽散文四集·紅瑪瑙集》，頁 96）

　　把紅瑪瑙與中國革命、戰鬥的形象連接在一起，即使劉白羽的心是熾烈的，情感是真實的，但「三段式」結構下過多制式思維的重複也使他的情感變成矯情而不真實，畢竟情感不等於美感，它需要藝術中介的昇華。將「小我」之情膨脹成「大我」之思的公式套用，他的散文結構和楊朔一樣也逐漸模式化，進而使作家的「個性」與「面目」也逐漸模糊化，這是他們這一代作家共有的精神特徵下所產生的特殊文體特色。

四、結語：「三大家」散文藝術的得與失

　　在「三大家」中，楊朔的成就與影響力相對突出。「楊朔模式」那種從物及人，最終發展出一個政治命題的寫法，成為他鮮明的藝術風格，也構成那個時代的一種「頌歌」文體模式。但是，這也為他的散文帶來了雷同、單一、重複的缺失，讀一篇覺得清新

可喜，但讀下去發現千篇一律，這種思維的僵化、抒發感情的平面化，與文學的自由創造本質是背道而馳的。有人批評這是「散文新八股」[27]，有人指出「這樣的寫法，人工斧鑿的痕跡太重，真實性則受到損害。……同時，當一種具有獨特性的散文主張被推向唯一性時，也同時走向難以擺脫的悖論。」[28]甚至於有人從他「作品的材料可以重複拆解、組裝，因而同樣屬於文學的『複製』而非創作」的角度，認為「楊朔的散文創作從總體上看，可以說是完全失敗的。」[29]

說「楊朔模式」完全失敗是過於嚴苛的指責，但它帶來的負面影響也是顯而易見的。在五〇年代特殊的文化背景下，楊朔「詩化散文」的主張其實是對藝術本質的回歸，這樣的藝術表現已是難能可貴，楊朔的局限其實是時代社會的局限，在沒有更多元的選擇範本與機會時，楊朔富有詩意地表現生活的寫法確實帶來清新的氣息，他既能與政治文化氛圍合拍，又避免了宣傳說教的空洞現象，這一點還是值得肯定的。只不過，缺乏對現實生活真誠的感受，無病呻吟的虛假，創作手法上的雷同，也是「楊朔模式」失去生命力的原因。

秦牧先後寫過五、六百篇散文，輯為十餘部散文集，不可否認地，其中有著廣闊的知識天地，思接千載，視通萬里，大至宇宙穹蒼，小至草木蟲魚，他展示出百科全書式的博學文采。雖然秦牧的散文有這樣的優點與特色，但難以避免地，其文學思想與表現和楊朔、劉白羽都同樣受到時代與政治的制約，有著明確的

---

27 黃浩：〈當代中國散文：從中興走向末路〉，《文藝評論》1988 年第 1 期。
28 李曉虹：《中國當代散文發展史略》，頁 41。
29 沈義貞：《中國當代散文藝術演變史》，頁 90。

思想目標，注重時代精神與頌歌功能，政治的氣息在字裡行間可以輕易嗅出。「形散神不散」作為一種藝術表現方式本身並無不妥，以思想來主導作品的知識與趣味的主張也是正確的，但秦牧散文的缺失就在於這個「神」與「思想」在大量複製後，形成公式化的思維，而且再「散」的題材也會在時代與政治韁繩的控制下收攏在一起，如此一來，他追求藝術個性的自由，實際上是一種「不自由的自由」，「不充分藝術的藝術」。此外，在海闊天空中，在談天說地時，有時事例舉證重複，有時文句欠缺修飾，有時抒情性不足，也令人有美中不足之憾。

在寫於 1979 年的回顧文章〈三十年的筆跡和足印〉中，秦牧這樣說道：「我以為文學作品應當宣傳真善美，反對假醜惡。所謂『真』，就是要闡發生活的本質，要本著現實主義的態度寫作，反對弄虛作假，反對粉飾昇平，反對掩蓋矛盾，反對誑誑騙騙。所謂『善』，就是宣傳共產主義的道德品質，反對剝削階級的腐朽事物。所謂『美』，就是藝術要有強烈的藝術特徵，通過藝術手段表現生活，看了一般能夠給人以藝術的美感。」[30]他這種戰士姿態與革命熱情幾乎一以貫之，我們輕易就可以看到類似的主張：「我希望能夠更多寫些小文章，用這麼一種文學形式從各個角度反映我們奔騰澎湃的生活，謳歌我們壯麗的時代。」（《《花城》後記》）；「我們這些從事文學藝術工作的人，在政治方向一致的前提下，不是應該竭盡所能來推陳出新，酣暢淋漓地來發揮己見嗎？」（《《藝海拾貝》跋》）；「我以為我們的文學要不斷謳歌無產階級的英雄人物，宣傳共產主義思想，為社會主義因素的成長擂鼓吶喊。」

---

30 秦牧：〈三十年的筆跡和足印〉，《中國當代文學研究資料：秦牧專集》，頁 9。

(〈《長河浪花集》序〉)難怪作家司馬文森後來評論秦牧時會說出:「他是以打手的姿態進入文壇的」[31]。這句話並不一定公允,但多少反映出秦牧在文學思想和文學道路上的若干特色。

劉白羽散文的缺失和楊朔、秦牧一樣,甚至更為嚴重,有時感情過於奔放,缺乏節制;有時主題明露,欠缺含蓄;有時流於說教,牽強八股;有時題材重複,題旨單調。研究者沈義貞曾不滿地指出:「認真辨析一下劉白羽散文中的所謂『革命激情』,其實並沒有多少實質內容,嚴格地說只是一種披著革命詞藻的小資產階級知識分子的狂熱的大發作罷了。可以肯定,劉白羽之所以能與秦牧、楊朔並列為『三大家』,雖不一定是中國人出於某種『十景病』心理的生硬拼湊,至少也是一個誤會。」[32]這種否定性的批判確乎是過於嚴苛了。在時代精神的引導下,自我個性被黨國共性給取代,審美情趣被政治思想所置換,這是「十七年」社會歷史客觀制約下的局限,也是「散文三大家」為文學史所留下的深深遺憾。然而,將他們所努力過的痕跡一筆勾銷,建構的文學模式予以全盤否定,這也是一個不合乎文學史實的誤會。劉白羽晚年有一段自述是值得思索的:「如若說一滴水可見江河,我只是江河的一滴水,也許不能從它聽到時代的濤聲,但它畢竟不能不反映出時代的光影。如果我能做到了一點點,這一點點便是我的心靈的自白,我願讓它在書頁上靜靜地留存下來,作為我一生經歷的隻光片羽。」[33]這裡說的「不能不反映出時代的光影」,其實

---

31 引自張振金:〈論秦牧的創作思想〉,《秦牧論散文創作》(張振金編,廣州:暨南大學出版社,1990),頁 161。
32 沈義貞:《中國當代散文藝術演變史》,頁 92。
33 劉白羽:〈形象之花是不會枯萎的〉,《紅瑪瑙集》新序,收入《劉白羽散文四集》,頁 4。

就是「三大家」散文的成就與價值所在。

　　「散文三大家」都具備豐富的寫作經驗及才情，他們也深切了解文學審美的必要，也因此，追求詩意才會成為他們藝術創作的共同心理定勢，他們許多成功的作品不論在當時或以後都仍有一定的示範意義，只不過，特殊的時代召喚特殊的文學，現實生活的鬥爭性，政治思想的時代性，使他們在創作過程中時刻不忘革命的「立場」、「任務」與「目標」，他們努力地將這些「立場」與「目標」以文學的手法修飾，以詩意的語言包裝，試圖尋求二者之間的平衡點，但這樣的努力大多是失敗的。在「十七年」特殊的文學語境中，他們的失敗竟成為成功的樣板，一時蔚為風潮，但新時期之後，那樣的成功卻成為被批判的缺陷。省思此一複雜的文學與政治的悖反現象，「散文三大家」的創作道路，確實為我們提供了意味深長的啟發，以及不無遺憾的警惕。

從小巷走向大院

── 陸文夫小說藝術追求的變與不變

一、前言：小巷深處美食家

　　以書寫蘇州閭巷中的凡人小事、展現吳越文化地方特色而在當代大陸文壇奠定突出地位的小說家陸文夫，不幸於 2005 年 7 月病逝於蘇州，享年 77 歲。1928 年生於江蘇泰興的陸文夫，自 1945 年考入蘇州中學後來到蘇州，一待就是 60 年，他住蘇州、愛蘇州、研究蘇州[1]，筆下盡是蘇州民風與世情，從水碼拱橋到石路牌坊，從吳儂軟語到評彈說唱，從老虎灶、澡堂子到雜貨攤、

---

1 陸文夫自 1988 年底《蘇州雜誌》創刊時即擔任主編工作，直到 2005 年過世，共主編了 17 年，出刊了一百期，透過這份雜誌，陸文夫對蘇州的人文歷史、文化掌故有了深刻的認識和研究，他的好友范伯群教授就說：「他熱愛蘇州，研究蘇州，熟悉的程度可謂瞭如指掌，嫻熟於心，比老蘇州更懂得蘇州。」參見范伯群：〈小巷散文中的大千世界〉，收入范伯群編選、陸文夫著：《夢中的天地》（台北：幼獅文化出版公司，1995），頁 2。

大餅店，他寫活了蘇州的市井文化、小巷風情，蘇州的地域文化特徵因他而顯揚、鮮活，在許多作家和讀者的心目中，他已經成了蘇州的一個象徵。1984 年在蘇州召開的「陸文夫作品學術研討會」上，「陸蘇州」之名不脛而走。一篇篇表現出姑蘇風采、文化韻味的小說，使他被視為「小巷文學」的代表作家。如今，他鬆開了幾十年緊握蘇州的手，為文壇留下了許多具藝術典型的小巷人物，不論是蘇州文壇還是中國文壇，都將不會忘記這位別具風格的「小巷作家」。

小巷中確實有大千世界，尤其是蘇州的小巷，陸文夫自稱在這個「夢中的天地」中悠遊、吟詠，流連而不知返，他說：「我也曾到過許多地方，可那夢中的天地卻往往是蘇州的小巷，我在這些小巷中走過千百遍，度過了漫長的時光。」面對一條條深邃曲折的小巷，他總是放慢步調，「沿著高高的圍牆往前走，踏著細碎的石子往前走，扶著牌坊的石柱往前走，去尋找藝術的世界，去踏勘生活的礦藏，去傾聽歷史的回響……」[2]就這樣，一幅幅市井生活的圖畫在他面前展開，情感與巷弄的縱橫交錯，文學與歷史的探尋開掘，織就了〈小巷深處〉、〈小販世家〉、〈圍牆〉、〈井〉、〈美食家〉等一批中短篇精品力作，《小巷人物志》兩冊的問世，讓小巷人物成為當代小說藝術審美風格中具典型意義的形象創造，他的小巷情結因此有了最生動的落實與演繹，而他具個人獨特美學風格的小說世界也由此牢牢建構。尤其是〈美食家〉，不僅讓他享譽海內外，受邀到各地品嘗美食，成了名符其實的美食家，更使蘇州飲食文化有了美學、哲學藝術高度的展現，至今依然「膾

---

2 陸文夫：〈夢中的天地〉，《小巷人物志》（北京：中國文聯出版公司，1984）第一集（代序），頁 1、9。

炙人口」。

　　從小巷深處走來，最終又走回夢中的小巷天地，美食家的背影看似飄然遠去，實則清晰如在目前。一如風光秀美的蘇州古城，陸文夫已是蘇州文學中不可不看的一道風景，他的小說作品中那許多生動的人物形象，富有人生啓發的智慧話語，對市井小民的人性刻畫，以及優美如詩的風光素描，都已經是蘇州文化重要的一部分，可以說，他用作品和深情，讓自己成爲了古城中眾多小巷人物中的一個，且將長久地散放出溫暖的光。

二、從盆景到園林：《小巷人物志》的美學特色

　　陸文夫「小巷文學」的發軔之作，是創作於 1955 年的〈小巷深處〉，這篇初期的創作，已經充分顯現出他後來一貫追求的美學特色，包括貼近生活、反思文化、挖掘人性的強烈現實主義風格，悲喜交集、笑中帶淚、雋永幽默的語言藝術，以及關注蘇州小巷中凡人的生存狀態、人生遭際與命運浮沉的題材意識。在當時文壇盛行寫正面英雄人物、歌頌光明的氛圍中，他卻以人道主義的精神，將飽含情感的筆觸對準一個在舊社會中失足爲妓女的紡織女工徐文霞，寫她對真正愛情的渴望，以及在其中受到的痛苦、折磨，最後決定將屈辱的身世向深愛的張俊傾吐，勇敢地掙脫封建觀念的枷鎖，而張俊在真情的打動下，也終於戰勝傳統觀念，鼓起勇氣跑去敲響徐文霞的大門。徐文霞和張俊的勇氣，其實就是陸文夫的勇氣，在五〇年代出現這樣說真話、講真情的作品，果然立刻引起轟動，而這也成爲陸文夫的成名之作。〈小巷深處〉的結尾寫道：「蘇州，這古老而美麗的城市，現在又熟睡了，只有小巷深處傳來一陣緊似一陣的敲門聲。」這急切而勇敢的敲門聲，

讓他風光地踏入了文壇的大門，也開啓他此後一系列小巷人物寫
作的序幕。

　　《小巷人物志》共收 18 篇中短篇小說，是「小巷文學」的代
表作，每一篇作品都像是精緻如畫的蘇州盆景，體物入微，小中
見大，頗有方寸田園的美學效果，而這些或雅或清，或奇或趣，
姿態各異的小盆景，一旦收攏合觀，卻儼然是一座曲徑通幽、峰
迴路轉的蘇州園林，讓人留連不已。在這座藝術園林裡，有著工
人、小販、賭鬼、妓女、游方郎中、小知識分子、小地方幹部、
教師、吃客等三教九流的人物，上演著週遭生活常見的悲喜劇，
也因此，有人稱他的小說是「市井文學」、「市民文學」，而陸文夫
也欣然接受。[3]

　　在人物選取上，陸文夫表現出鮮明的平民意識；在主題構思
上，他表現出鮮明的生存意識；至於在場景描寫上，蘇州景物成
了不可少的背景。這些因素組合交織，「小巷文學」的特色於焉形
成。例如〈小巷深處〉中徐文霞受朱國魂的恐嚇勒索，最後決心
為自己的幸福做出反擊；〈牌坊的故事〉中那不知名的老頭將畢生
心血寫成的醫方傳給主人公的祖父，要求不計診金、不置田產，
一心行醫救人的囑咐，在蜚短流長的小巷中顯得溫暖而珍貴；雖
然只是車間廠的工人，但〈葛師傅〉中為了不要停工造成損失，
葛師傅小心翼翼地動手「落車」的緊張過程，將小人物的存在價
值作了高度的肯定；又如〈特別法庭〉中一生行事謹小慎微、前

---

3 陸文夫在 1986 年接受訪問時提到：「因為我的小說中大都是些普通的人物，
　家在小巷中住，有的做工，有的做小販，有的不幸而當過妓女，實屬三教九
　流。因此有人名之曰市井文學、市民文學，或寫小人物等等。這些名稱我都
　樂於接受……。」見〈就八四、八五兩年的近作同何鎮邦的對話〉，收於陸文
　夫：《藝海入潛記》（上海文藝出版社，1987），頁 56。

顧後慮，沒有特別作爲卻一路升官的汪昌平；〈圈套〉中因怕死而
鬧出一場痰盂罐套頭鬧劇的趙德田；〈小販世家〉裡挑餛飩攤的朱
源達，因被視爲小資本主義而慘遭抄家，最後決心讓孩子都進工
廠去捧鐵飯碗，自己則到車間掃鐵屑；還有不識字的紗廠女工唐
巧娣，在幾次政治運動中幸運躲過，脫口說出：「識字好是好，就
是惹禍的根苗！」(〈唐巧娣〉)這些民間社會裡爲生存而苦苦掙扎、
受盡折磨的小人物形象，在陸文夫筆下成了一個時代的生動記憶。

　　小巷人物中也不乏對小知識分子的描寫，也許是身爲知識分
子的一員，陸文夫對他們的觀察和理解特別能「感同身受」，寫來
格外深刻突出，在筆者看來，小巷人物中刻畫最成功的正是這些
小知識分子的群像[4]。陸文夫對這些小知識分子因物質生活上的匱
乏所遭遇的危機苦難總是充滿同情，但對他們在精神生活上的失
範與失衡卻也不留情地予以批判。〈美食家〉中好吃成家的朱自
冶，在經過多次「有吃」、「無吃」的奇特過程，竟成了烹飪學會
會長，被封爲「美食家」，對這個嗜吃如命的食客典型，作者在心
酸又滑稽的筆調背後，有著深沉的諷喻。還有文中的敘述者、後
來成爲飯店經理的高小庭，因受極左路線的影響，竟將天下聞名
的蘇餚美食，視作資產階級生活方式而加以漠視甚至破壞。朱自
冶與高小庭，一右一左，知識分子扭曲的心靈透過對「吃」的不
同心態有了傳神的揭露。這不是一篇寫「吃」的小說，而是寫「人」
的小說，更準確地說，是寫「人類生活史」的小說；又如〈圍牆〉

---

4 「知識分子」的定義可以嚴謹地指具有批判性、歷史傳承使命感、甚至是與
　當道不合、風骨嶙峋的讀書人，但筆者在此的定義比較寬泛，只要具有一定
　的知識水平者均可，因此，寫劇本的姚大荒、女工程師徐麗莎、小學教師汪
　百齡等固然是知識分子，朱自冶、飯店經理高小庭、馬科長、汪局長等也可
　視爲小知識分子。

中借建築設計所辦公室外的一道圍牆倒塌引起的風波道出知識分子只會清談而不務實的弊端，對於怎麼修圍牆，一開會就分三派：現代派、守舊派、說不準是什麼派（最後往往表現為取消主義），當這些人還在議而不決時，科長馬而立已經連夜造好，一旦造好，又引來一些批評，最後是外地學者專家表示讚賞，這些清談者才趕緊搶功。在拆牆／砌牆間，知識分子的一些陳規陋習、保守心態等被暴露無遺。其他如〈門鈴〉中那位在長期政治風浪下嚇得裝上用和尚法器做成的門鈴，以便隨時拿起報紙假裝在學習的徐經海；〈臨窗的街〉中的汪局長為了讓領導班子的平均年齡下降，起用年輕的范碧珍出任副局長，兩人在「有為」與「無為」之間尷尬徘徊，一切講政治的「老經驗」最終壓倒了充滿創意的「新構想」，而寫劇本的姚大荒，在「落實了知識分子政策」後分得了「十二扇長窗連成一片」的房子，從此「像個大袋鼠關在籠子裡」；還有被陳腐的世俗觀念一步步逼向死亡之「井」的女工程師徐麗莎（《井》）；文革期間被迫害得妻離子散的盧一民（《獻身》）；三次擇偶失敗的小學教師汪百齡（《清高》）等，陸文夫寓莊於諧地寫出了這些知識分子被命運捉弄的無奈沉重，在逼逼仄仄的小巷裡，迴盪的是一闋知識分子的哀歌。

　　當陸文夫將筆端投射向各類大大小小的幹部和知識分子，這些人物的生活場景也不限於那「深邃而鋪著石板」的蘇州小巷時，在我看來，這正意味著他在創作藝術上的一次蛻變。自 1955 年發表短篇小說〈榮譽〉獲得肯定，得以出席全國第一次青年作者代表會，然後又寫了〈小巷深處〉，聽到一片讚揚聲，「從此便走上

了文學之路，那是 1957 年的春天，一個開滿鮮花的季節。」[5]這段時期，他出版了《榮譽》、《二遇周泰》兩部作品集，所寫都為蘇州小巷中的小販、工人和各種小市民，宛如一個個精雕細琢、別具風貌的小盆景，雖然姿態、造型、意趣均有可觀，但是生活面和社會面稍嫌狹隘，格局也不夠開闊。至於現實生活的陸文夫，才剛踏上文學之路，不料這條路卻是坎坷難行的，此後的 20 年間，兩次被批判，一次批鬥，三次下放，作了 7 年的車工和機務工，文革期間舉家到蘇北農村落戶 9 年。直到 1978 年「粉碎四人幫」後，陸文夫重拾近乎荒廢的筆，開始發表一系列帶有反思意味的小說，如〈唐巧娣〉、〈小販世家〉、〈特別法庭〉、〈井〉、〈美食家〉等，不論是對生活現象的透析和關照，人物典型形象的表現和塑造，還是作品主題思想的力度和所展示的信息量，都比過去豐富、深化和複雜，換言之，不再是精妙畢肖的盆景小品，而是有著更深的歷史底蘊和強烈文化精神的藝術園林。

陸文夫在「粉碎四人幫」後的 8 年間，發表了近 40 萬字的小說，三次獲得全國優秀短篇小說獎，一次中篇小說獎[6]，然而他卻表示：「我每次到北京領獎時，心裡總有點難過，總覺得有許多朋友沒有能來，他們有的在苦難中不幸去世，有的在苦難中把才華磨滅。因此我總覺得負有一點什麼歷史的責任，有義務寫出各種人生的道路和社會的變遷，把自己的心血和曾經流過的眼淚注入油盞內，燃燒、再燃燒，發出一點微弱的光輝……」[7]正是這樣的自覺，他的小說有了一次較大的突破，對知識分子的命運有更大

---

5 陸文夫：〈自傳〉，《藝海入潛記》，頁 8。
6 關於陸文夫的作品發表及其得獎情形可參看本文的附錄。
7 陸文夫：〈微弱的光〉，《夢中的天地》，頁 73。此文寫於 1985 年。

的關注，對文革的悖理與荒謬有深刻的反思，對時弊的針砭從過去點到為止的帶有隱喻性轉為更強烈的現實感，從過去慣用的喜劇表現轉為悲喜劇交融滲透，將笑中帶淚、酸中有甜的「糖醋現實主義」藝術風格發揮得更淋漓盡致。

　　舉例來說，〈井〉中寫試製成功一種新藥的知識女性徐麗莎，卻長期受到極左的政策和封建傳統勢力迫害，最後被具象徵意義的「一口古老而又很難乾涸」的井吞噬；〈臨窗的街〉寫假改革的汪局長，開會時不置可否，遇改革則敷衍以對，有功勞卻又不落人後；〈圍牆〉裡對開會者故作姿態、有事則推、有功則搶的醜陋嘴臉，有入木三分的觀察。這些對時弊的剖析直接而深入，具有強烈的警示作用。而〈獻身〉中的盧一民，整天在土壤研究所埋頭研究，犧牲享樂，卻在文革時被誣陷為「盧一民反革命事件」，導致妻離子散，直到「粉碎四人幫」後才破鏡重圓，小說中曾書記的話：「哭吧，哭個夠；然後再笑，笑個夠！」令人鼻酸；〈美食家〉中菜館的小伙計包坤年，在文革期間以極左的觀念協助經理高小庭改革蘇州飯菜，其心態和舉止都令人嘆為觀止：「他不是服務員，而是司令員，到時候哨子一吹，滿堂的吃客起立，跟著他讀語錄，做首先敬祝，然後宣佈吃飯紀律：一號窗口拿菜，二號窗口拿飯，三號窗口拿湯；吃完了自己洗碗，大水槽就造在店堂裡，他把我當初的改革發展到登峰造極！」[8]其他如說謊、出賣、誣告、冷漠等人性卑劣的描寫處處可見，陸文夫的憤怒、不滿、焦慮藉著一個個看似有趣的故事、一個個不失幽默的反諷，串成一個瘋狂時代被損害、被扭曲的奇特景觀。對這一點，陸文夫自

---

8 陸文夫：〈美食家〉，《小巷人物志》第一集，頁250。

承道：「實在沒有辦法，我對封建、半封建、真封建假馬列的東西恨之已久，千百萬人的眼淚和痛苦因之而起，千百萬人的生命都葬送在它的手裡，它根深蒂固，無往不在，搖身一變又把列寧裝穿得整整齊齊。所以我對那些穿著列寧裝坐在太師椅上的人就不那麼寬厚，不那麼客氣……。」[9]

　　雖然在針砭時弊、反思文革上，陸文夫有不小的火氣，但他的文字和表現手法還是溫和的，沒有過激的言辭和激憤的情緒宣洩，而是善於選擇一些可笑的細節，以喜劇的嘲弄對醜惡的現實予以否定或諷刺，希望引起療救的注意。這種如實寫出、讓讀者去體味和感悟的敘述方式和蘇州文化的品格神韻是相契合的，在幽默風趣的批判時帶有睿智的微笑，筆調輕鬆巧妙的創作個性，說到底也還是和蘇州文化所陶冶出的溫文儒雅氣質特徵有關。這種笑中帶淚、悲喜交集的風格構成被稱為「糖醋現實主義」，對此陸文夫做過解釋：「我和高曉聲同志，和已故的方之同志，都有著大體相同的藝術見解，都是盯住生活的底層和深處，搞現實主義的。方之同志曾經開過玩笑，說他的現實主義是辛辣的現實主義，高曉聲同志的現實主義是苦澀的現實主義，我的現實主義是糖醋現實主義，有點甜，還有點酸溜溜的。」[10]不辛辣，不苦澀，而是酸甜，把沉思和嘲弄、莊重和戲謔和諧地統一在作品之中，出之以語言的幽默感和哲理性，使悲喜劇融合交織，這就形成其「糖醋風」的獨特藝術品格。

　　時而嘻笑，時而怒罵，時而同情，時而諷刺，陸文夫善於調配糖醋滋味的高明手法，使他的作品充滿了高度的可讀性。例如

9　陸文夫：〈就八四、八五兩年的近作同何鎮邦的對話〉，《藝海入潛記》，頁 55。
10　陸文夫：〈過去、現在與未來〉，《藝海入潛記》，頁 78。

〈圈套〉中庸人自擾的趙德田，最後在醫生協助下終於把痰盂罐拔出，重見天日之際，他看到的是「各種人的嘴，各種形狀的嘴，每張嘴都咧得很大，不停的抖動，像無數的汽笛在鳴奏，笑聲是具有爆炸性的！」這就讓趙德田不由的毛骨悚然：「病倒是沒有了啊，可這往後的日子怎麼過哩？！」又喜又悲的矛盾心理躍然紙上；〈美食家〉裡的朱自冶，其一生際遇便是一齣滑稽喜劇，從「愛吃鬼」變成「美食家」，讀者捧腹之餘，對歷史的愚弄真有無言之嘆，而老廚師楊中寶所言：「蘇州的『天下第一菜』，聽起來很嚇人，其實就是鍋巴湯」，「有些名菜一半兒是靠怪，一半兒是靠吹。」嘻笑中不也戳破了許多名實不符的假相嗎？在「反物質」、反資本主義的年代，陸文夫藉著〈美食家〉微笑著和「過去」告別，其深意與價值不容低估。〈唐巧娣〉中的唐巧娣以不識字為榮，所謂「一字不識，工資八十」，令人啼笑皆非；〈門鈴〉中的徐經海利用門鈴來自我防護、偽裝，「二十六年來徐經海內防外守，苦苦修煉，把一個人修煉成一個影子；你說他不存在卻無處而不在，你說他存在卻又沒有任何實質性的東西。他說的話和沒有說是一樣，他做的事如果不做也沒有多大的關係。」其心態可笑亦可議；〈臨街的窗〉中姚大荒本來要寫關於西施的歌舞劇，卻被領導們集體創作成打擊經濟犯罪的題材：「姚大荒聽得眼直翻，他沒有想到西施斃了以後又轉世為人，繼續施展美人計。范蠡有點冤枉，成了搞經濟犯罪的，但也不能排除這種可能，根據歷史記載，那范蠡後來是作生意去了，很可能是搗賣糧食的。」戲謔式的劇本編寫過程，最後竟得了獎，對現實的嘲諷可謂一針見血；還有〈井〉中東胡家巷以水井為「信息中心」的三姑六婆們，以窺探他人隱私為樂，唯恐天下不亂的小市民習氣，讓人生厭，但又不能不承

認，這種卑劣的國民性至今仍存在，揮之不去。這就是陸文夫的作品讓人既愛且恨之處，這種愛恨交織的心情果然像極了糖醋的酸中帶甜、甜中有酸的複雜滋味。有論者就指出：「當幽默變得更深刻，而且確實不同於諷刺時，它就轉入悲愴的意境，而完全超出了滑稽的領域。」[11]可以說，陸文夫作品最顯著的美學特色就在於幽默與悲愴交織、諷刺與滑稽結合的悲喜劇風格。

　　假如說五○、六○年代的陸文夫在小說天地裡努力經營的是一個個有蘇州地域文化色彩的盆景藝術，那麼，文革結束之後，陸文夫為「新時期」的文學所貢獻的成就之一就是建構了一座小說藝術的蘇州園林。從歷史、社會、文化、政治、人生等各個不同的角度，描寫生存在小巷中的人物命運、世俗的生活百態，並且不忘與幾十年來的政治風雲變幻相聯繫，為我們描繪了一幅以蘇州文化為背景的市井風俗畫。陸文夫曾說：「一個人在創作上的提高，某一個時期的突破等等，都不完全是在藝術的求索中獲得的，都和他的生活思想、社會變革有關係。」[12]和許多「新時期」的作家一樣，陸文夫也是在歷經文革十年的下放、批鬥之後，思想與觀察有了明顯的成長，對此他有自己的解釋：「從藝術表現的功力上來講，那十年肯定是荒疏的十年……從思想上來講，那十年肯定是個深思、探索、覺醒的十年。所以一旦讓他們拿起筆來，讓他們寫出自己真實的感受，能夠『一吐為快』的時候，大量的好作品便會同時湧現。」[13]八○年代的陸文夫就用他一篇篇具美學厚度、思想深度與生活廣度的小說，征服了讀者，為自己迎來

11　區雅紅：〈含淚的笑─論陸文夫小說的美學特色〉，《南京理工大學學報》（哲學社會科學版），1994 年第 3 期，頁 15。

12　陸文夫：〈窮而後工〉，《藝海入潛記》，頁 179。

13　前揭書，頁 178。

了文學真正的春天，也成了新時期文學復甦的眾多報春燕之一，甚至被稱爲「新時期小說界的大腕」。[14]

三、從小巷到大院：《人之窩》的美學特色

平心而論，陸文夫小說創作的巔峰期應該是在 1980 年到 1985 年間，〈圈套〉、〈唐巧娣〉、〈美食家〉、〈圍牆〉、〈門鈴〉、〈臨街的窗〉、〈井〉等佳作都完成於這一時期，也得到讀者和文評家一致的肯定。脫去〈小巷深處〉(1955) 的失真[15]、〈有人敲門〉(1962) 的生澀、〈獻身〉(1977) 的教條，陸文夫在這段時期的寫作熱誠和藝術才華都充分迸發。1984 年召開關於他的作品的研討會上，陸文夫不失豪情地提出要建造小說藝術「蘇州園林」的計畫，準備「今天挖一個池塘，明天造一座頗具規模的廳堂，後天造點兒小橋、小亭，再後天疊起一座假山，山中有奇峰突起……若干年後形成了一座園林。」[16]這是一座富有蘇州風味的藝術園林，在八〇年代中期時，雖然還未建成，但看來已安排就緒，初具規模。在筆者看來，〈美食家〉和〈井〉是這座園林中的兩座「奇峰」，前者幽默詼諧，輕鬆歡快中有著洞察世情的理性高度；後者激憤批判，鞭撻嘲諷中不失對社會現實的清醒自省。一笑一淚，醒目的立在陸文夫試圖建構的小說藝術園林裡。

---

14 此語出自姚思源：〈小巷的歌 ── 陸文夫作品散論〉，《成都師專學報》（文科版），1994 年第 1 期，頁 50。

15 陸文夫在 1982 年寫《〈小巷深處〉的回憶》一文時，自認〈小巷深處〉不是什麼上乘之作，以文學的三個標準「真、善、美」來衡量，「老遠就能見到它的一塊大癩疤：失真」，原因是「說到底我對妓女不熟悉，徐文霞到了我的筆下便成了小知識分子，連語言也是學生腔，幾乎看不出她是沒有文化而且是曾經做過妓女的。」見《藝海入潛記》，頁 33。

16 陸文夫：〈造園林與造高樓〉，《藝海入潛記》，頁 205。

　　然而，正當我們期待陸文夫能「奇峰迭起」，早日將這座藝術園林完成的時候，他卻開始沉默了。八〇年代中期以後，他的小說創作步伐似乎慢了下來，原因可能是寫散文和創作經驗談佔去了不少時間，也可能是創辦和主編《蘇州雜誌》花去了他不少的精力，「下海」開張「老蘇州茶酒樓」讓他傷透了腦筋，還有蘇州市文聯、江蘇省作家協會、中國作家協會、連續三屆全國人大代表等接二連三的社會活動與付出，他的小說創作進入了減產的平靜期。直到 1995 年長篇《人之窩》問世，大家才恍然大悟，原來他不曾停下腳步，而是埋頭於更艱鉅的挑戰：長篇創作。[17] 十年磨一劍，陸文夫的慢工出細活自有其對藝術的堅持，在散文集《夢中的天地》裡他多次談到「緩慢」的重要，如寫小說的人想要突破，「我覺得第一是不能性急」（〈窮而後工〉），在追求藝術的過程中，「別著急啊，讓我慢慢地往前走」（〈夢中的天地〉），這就構成了他個人獨特的「緩慢美學」。

　　《人之窩》是陸文夫唯一的長篇小說，是他生前蓄積已久的一次思想與情緒的集中體現，也是他想完成一部宏篇巨制夙願的實現。〈美食家〉談「吃」，《人之窩》談「住」，人類生存的兩大支柱在他筆下都有了生動淋漓的展示。正如〈美食家〉不在寫「美食」，而在寫「人」一般，《人之窩》也是借「窩」寫「人」。陸文

---

17 這段期間，陸文夫還曾在《小說界》發表中篇小說〈享福〉（1993），描寫年逾古稀的馬老太太想自食其力，拉板車運煤，存錢為孫子建一所房子，被退休幹部劉一川發現而到法院控告其兒子、兒媳不孝，最後法院判決兒子要付給老人生活費，老太太也不能再拉煤。看來馬老太太要開始享福了，但不讓拉煤卻使她有一種沉重的失落感，第二年就死去了。這裡面牽涉到人的自尊、要面子、人道主義等問題，但孰是孰非卻又讓人深思不已。這個中篇維持了陸文夫一貫的寫作風格，雖然在探討蘇州傳統文化精神對蘇州人的心理性格塑造上有較以前更深入的挖掘，但還稱不上有明顯的風格蛻變或突破，因此暫時不論。

夫強調「文學要寫人」，因為「世界上最新穎，最活潑，最豐富多彩的是生活。最不會雷同，不會重複的是人。從生活出發，著重刻畫人物的作品，往往都有新意。」[18]從短篇〈小巷深處〉到中篇〈美食家〉再到長篇《人之窩》，陸文夫始終沒有離開過對人性深層內涵的探索，以及對人物不同歷史命運的關注，但在不同階段，他的審美創造都有新的突破，《人之窩》代表著他在小說藝術境界上的再一次自我超越與蛻變。有論者就指出：「如果把他筆下的小巷文學比作一座文學大廈，那麼〈小巷深處〉便是鋪下的基石，〈美食家〉便是豎起的支柱，《人之窩》便是構築的殿堂。」[19]的確，《人之窩》的出版，陸文夫的小說藝術園林裡，除了有盆景與奇峰，從此多了一座引人入勝的藝術景觀：「許家大院」。

《人之窩》透過許家大院的歷史變遷，反映了一群青年學生的人生歷程。作品分上下兩部。上部寫小說的主人公、許家後裔許達偉和他的一些同窗好友，群聚在許家大院，試圖過一種大家庭、小社會的美好互助生活，卻被告密為共產黨地下小組而不得不四散紛飛，黯然離開大院；下部的故事背景已是十七年後，人物的主要活動舞台仍是許家大院，幾番掙扎與離合，最後因文革動亂、下放農村而不得不再次分手，各走異鄉。國共內戰、文革動亂的特殊背景，和許家大院內為爭奪住房而展開不曾間斷的爾虞我詐相互襯映，院外的大社會和院內的小社會一樣進行著血與火的廝殺，歷史的欲望、鬥爭被陸文夫巧妙地濃縮在「人之窩」的搶奪中。然而，平民畢竟是平民，不管如何折騰最後仍難逃歷

---

18 陸文夫：〈要有點新意〉，《藝海入潛記》，頁 95。
19 吳海：〈審美視點：對人性深度的探尋與開掘〉，《江西社會科學》1997 年第 12 期，頁 49。

史無情的作弄，小說的結尾，敘述者「我」感慨地問說：「達偉，我們這些年來到底在幹些什麼，到底又做了哪些貢獻？」許達偉回答得很乾脆：「鋪路，作鋪路的石頭，讓沉重的歷史的車輪從我們的身上輾過去。」（頁 496）[20]這句話沉重得讓人心驚。一代知識分子的生存與命運，陸文夫以「平民歷史」的審美視角加以揭示和描繪，使小說具有深厚的意蘊和內涵。

　　從陸文夫的小說藝術追求來看，《人之窩》寫的仍是蘇州小巷中的凡人小事，他畢竟長期生活在那個環境中，對那些小巷人物在時代風雲中所留下的歷史印記特別熟悉，也自有一個獨特的觀察視角，他所採用的也還是現實主義的創作手法，有鮮明的故事性，透過人物的命運來概括複雜的社會內容，而他慣有的雋永幽默口吻、濃烈的蘇州風味，在這部長篇中也都「原味十足」地保留。喜歡他過去中短篇作品的讀者，展讀《人之窩》會有一種「集大成」的滿足感，因為陸文夫式的招牌特色沒有減少，而歷史跨度更大，社會背景更開闊，人物臉譜更多元，涵蓋的歷史內容更豐富，作家的人生體驗也更深刻更成熟了。陸文夫以孱弱的病體埋首於長篇的寫作[21]，在筆者看來，有他對蘇州小巷文學的使命感，也有對自己創作藝術提升的期許，《人之窩》的完成是他在審美藝術追求的另一座里程碑。

　　在這部長達 36 萬字的長篇中，陸文夫以一座「大觀園」式的大宅院，容納了改革與保守、理想與現實、天真與污垢、光明與黑暗等不同勢力，寫出彼此間的明爭暗鬥，最後不敵政治運動的

---

20 以下引自《人之窩》的原文，將直接註明頁數，不另加註。
21 據范小青在哀悼陸文夫的短文〈永不離去〉中透露：「在創作長篇小說《人之窩》的時候，陸老師的身體已經不行，因為喘不過氣來，寫作時已經不能直坐，《人之窩》的後半部分，他是趴在電腦的鍵盤上寫下的。」見人民網。

一聲令下，一切希望化為烏有。從解放前到解放後，許家大院除了剛開始組織烏托邦式的「小社會」，八位年輕人加上燒飯的阿妹，洋溢著一股清新的氣息之外，驚心動魄的陰霾始終虎視眈眈地籠罩在大院的上空，爭房奪房的鬥爭也一直或明或暗地進行著。「恐怖平衡」的戲碼，在擺不平的「房事」上頭赤裸裸地上演，就如許達偉所說：「房子是紛爭的根源，是釜底的火焰。」當「我」問說：「還要搶房子？」張南奎回答：「要搶，要永遠地搶下去」（頁264）時，陸文夫想借「人之窩」來寫欲望永無止盡的「人之惡」的企圖已是昭然若揭。大院藏污納垢的陰暗小角落，一如流言蜚語不斷生長的小巷井邊，陸文夫想披露的絕不僅僅是許家大院的醜陋，而是對人類整體歷史的有力還原。

　　《人之窩》中有名有姓的人物多達48人，有許多是過去《小巷人物志》不曾看到的，如熱血青年許達偉和他的一群好友、一輩子守著房子的母親費亭美、鄉下來的阿妹、埋頭寫《欲海通鑑》的王知一、「破舊立新」戰鬥隊的朱老頭、居委會主任林阿五等。即使有些人物的角色和身份看來有點類似，但其性格特點和賦予的內涵仍很不相同，如小說中的胖大嫂，年輕時當過妓女，但作惡多端，和〈小巷深處〉走向新生的徐文霞有本質的不同，而和徐文霞較類似的柳梅，其形象的血肉豐滿、栩栩如生，也有異於稍嫌平面的徐文霞；又如專門用小本子偷記下別人把柄的尤金，和〈門鈴〉中精於用運動來記人、記事、記年，頭腦裡有一本厚帳的徐經海相似，但徐經海只是自保，讓人感到可笑，而尤金卻用來鬥爭，令人感到可恨；再如小說的敘述者高孝悌，和〈美食家〉裡的敘述者高小庭相似，但一右一左，思想行徑大不相同。

　　小說的主人公許達偉，是接近於巴金《家》中高覺慧式的人

物，他擁有數不清的房子，但熱切追求自由、平等，心中的理想
是「總有一天我要散掉這廣廈千百間，庇得數百寒士俱歡顏！」
（頁9）面對大院住戶擁擠、死氣沉沉，像塊巨大磐石壓得人喘不
過氣來的現象，許達偉常慷慨激昂地吶喊：「等著吧，總有一天我
要把這些牢房拆得精光，讓它充滿陽光，變成一片樹林，一片草
地！」（頁16）這場景讓人不禁想到覺慧相似的控訴：「家，什麼
家！不過是一個『狹的籠』！」「這種生活我不能過下去了。我覺
得在家裡到處都是壓迫，我應該反抗到底。」[22]連小說上部的結
尾，許達偉、柳梅坐船離開的情景，也讓人有和《家》的結尾覺
慧坐船離開的安排產生雷同之感。然而，巴金只處理到覺慧堅決
離家的那一刻，至於未來的前景如何並未觸及，《人之窩》的時間
跨度，使我們看到了17年後許達偉和他的好友們令人感嘆的命運
發展：「二十年前我們八個人都滿懷信心地展望著未來，還有點志
在千里。到如今一個生死不明，兩個當了右派，一個在幕後操琴，
一個死不吭聲。一個是工廠的會計，還有一個是有家難歸。」（頁
495）[23]當最後許達偉全家要下放到海邊成為真正的「寒士」時，
他苦笑地說：「安得茅屋千萬間，大庇下放人員俱歡顏！」（頁496）
這句話的背後真有著難言的人生況味。

　　陸文夫在小說下部用了較多的篇幅刻畫了汪永富、尤金這兩
個反面人物，尤其是汪永富，為了出人頭地，也為了博得陶伶娣
的歡心，實現其「先要有黃金屋，才能有顏如玉」的美夢，他使
盡各種卑劣手段，造反奪權，寫大字報搞革命，最後自食惡果，

---

22 巴金：《家》（北京：人民文學出版社，1981），頁66、84。
23 八個人中還有一位馬海西，被迫搬出小洋房，全家也被下放，曾經是出入舞
　場和情場的花花公子，現在也一無所有，且「變得如此猥瑣」。見《人之窩》，
　頁495。

人去房空；夏書記的秘書尤金，靠著口袋裡的小本子，反右鬥爭和文革期間大顯神威，挖人隱私，揭人老底，藉此升遷發達，這種人的可怕已到令人毛骨悚然的地步，有論者就指出：「只要經歷過幾次政治運動，稍有一點閱歷的人，對尤金或類似尤金這樣的人物恐怕都不會陌生，都會有幾分警惕之心。陸文夫在小說中寫出了這個人物，應是《人之窩》的一個貢獻。」[24]也許是為了降低小說中壓抑人心的沉重氛圍，也為了和巧取豪奪的惡劣行為有所對照，陸文夫刻意設計了兩個純潔動人的愛情穿插其間，一個是許達偉和柳梅，一個是朱品和阿妹，前者如火山爆發的激情，後者似細水長流的柔情，最後都有美滿的結局，讓人對人性保留了一絲希望與憧憬。當然，幾個結拜兄弟間的關懷、照顧與理解，不隨歲月的流逝而改變，也說明了人性良善的一面。也許，面對「失真」的現實，平凡的人們只有愛情的美、友情的善可以與之抗衡吧。

　　對人性美的謳歌，對人心醜惡的寬容，對人生理想的不放棄，對生活百態的幽默以對，是陸文夫在文學／現實世界共同追求的藝術／生命境界，從〈小巷深處〉到《人之窩》，陸文夫的藝術操作愈發嫻熟老練，但奠基於蘇州傳統文化積澱的審美追求卻沒有改變過。不論是描寫政治運動還是爭權搶房的風潮，陸文夫都刻意避開血淋淋的場面，代之以具象徵意味的幽默或諷刺，有人便指出：「在《人之窩》的『小巷深處』世界裡，即便是權力的角逐，財富的追蠅逐臭，『搶房子』等都只是暗奪而非明搶。我覺得這大概也和蘇州獨特的文化傳統有關……我不得不拈出整個一本《人

---

24 同註 16，頁 52。

之窩》所體現出的濃郁的民間寬容精神。寬容既是蘇州人日常的生活信念，也是陸文夫創作的精神哲學。」[25]從深層的蘇州傳統文化底蘊，到表象的蘇州自然景觀，陸文夫將他的筆深入到小巷大院的每一個角落，可以說，自他創作的第一天起，他就一直在進行著具有蘇州風味與人情的小說藝術園林的構建。

當 1955 年〈小巷深處〉的張俊跑過蘇州小巷去敲徐文霞的門起，再到 1962 年的〈有人敲門〉中 17 歲的施丹華、尤琴珍，她們的足跡跑遍蘇州的大街小巷，留園、獅子林、虎丘、玄妙觀，還有石子馬路、石庫門房，然後看到 1982 年〈美食家〉中的朱自冶，正坐著黃包車趕去朱鴻興吃頭湯麵，和一群吃客在蘇州的茶館酒樓澡堂中吆喝穿梭，當然還有 1984 年〈臨街的窗〉中的十二扇長窗，東六扇窗裡有唱戲的范碧珍，西六扇窗裡腰背佝僂的姚大荒正在埋頭寫劇本……所有這些人物形象、生活場景、社會百態，最終都被陸文夫一一收攏在《人之窩》的許家大院裡。讀《人之窩》，很大的享受就是彷彿見到曾經熟悉的人物在一個更寬闊的大舞台上和我們照面，上演著一齣更複雜、更生動、更有社會意義、審美價值的人生悲喜劇，如果沒有四十年艱難的藝術摸索，沒有長期在各種運動中的親身體驗，沒有經歷幾番大起大落的生活衝擊，我們可以肯定，陸文夫將無法為我們鋪展出這一幅具時代性、史詩性、文化性的蘇州市井風俗畫卷。

從小巷寫到大院，有了《人之窩》，陸文夫對蘇州可以無愧，對文學可以無悔，對屬於他的時代也可以無憾了。

---

25 夏一鳴：〈陸文夫筆下的蘇州和民間社會—兼評長篇小說《人之窩》〉，《作家與作品》，參考自《中國期刊網》。

四、結語：從小巷看世界

　　陸文夫說，一個人想寫小說，原因有很多，但最核心的理由是「想唱歌」，所以小說是一種「無聲的歌」。[26]雖是「無聲的歌」，卻可以讓人有「於無聲處聽驚雷」的審美震撼，陸文夫就是這樣用他獨特的唱腔唱出了一個時代，唱出了一種在小說藝術世界裡深具美學意義的「小巷文學」。他的「小巷文學」始於〈小巷深處〉，一變於〈美食家〉、〈井〉，再變於《人之窩》，但不變的是始終以蘇州小巷為背景，寫出生活其間的各種小人物的平凡人生。

　　對自己計畫構建的小說藝術園林，他曾提到：「亭台樓閣，花木竹石，小橋流水，豐富多彩而又統一，把一個無限的大千世界，納入一個有限的園林裡，這就是我們常說的，一個人的作品，應當是他那個時代的縮影。」[27]陸文夫作品最可貴的地方或在於此，他一直把人物置放於時代起伏的大背景底下，賦予和蘇州這個古老的文化城市相應的深厚歷史內涵，在含蓄清雋、詼諧幽默的語言所創造的輕喜劇背後，其實有著不可輕忽的沉重感。和陸文夫有過長期交往、同時也是擅長描寫蘇州小巷世俗生活的蘇州作家范小青就認為：「蘇州只是他觀察世界的窗口，只是他通向更廣大境界的出發地。在蘇州韻味的背後，始終有一個宏闊的歷史的大背景存在。前景是吳越美食，是市井小巷，但因為深厚歷史背景的存在，使得他的作品有一種獨特的穿透力，在他作品輕鬆幽默的背後，有一種『重』的力量。」[28]這種「重」的力量，是他的

26　陸文夫：〈無聲的歌〉，《夢中的天地》，頁147。
27　陸文夫：〈造園林與造高樓〉，《藝海入潛記》，頁205。
28　楊少波：〈陸文夫：握著蘇州的手〉，《人民日報》2005年7月15日。

作品在國內外產生影響的原因之一。

　　陸文夫的小說在歐洲的影響之大，出乎翻譯者和出版商的意料，尤其是〈美食家〉，據說巴黎許多餐館老闆都很熟悉，曾先後被翻譯成英法日等語言出版，享有世界性的聲響，主要的原因之一，就是他透過蘇州飲食的興衰變化，向世界展示了鮮活的中國形象。從小巷、大院走出去，蘇州文化園林的地域特徵、風俗民情和雅俗兼具的美學底蘊，隨著陸文夫的小說，進入了世界文化園林。作為透視時代變遷、社會生活的窗口，陸文夫把幾十年的人生風雨、歷史劫難和新時期的新變化都濃縮在市井小巷中，可以肯定的說，陸文夫為「小巷文學」所建立起來的美學境界和思想價值，將會是當代文學／文化史上精采的一頁，而屬於他個人的精神品格和藝術魅力，也將不會隨著他的離去而淡化、消逝。

　　小巷深處有人家，他的文章就像一條條小巷，扎進了蘇州的深處，也恰似行雲流水的蘇州評彈[29]，響在市井小民的心底，「陸蘇州」的手，畢竟還是緊緊地握著蘇州。

附錄：陸文夫主要著作年表

1953	處女作〈移風〉完稿	
1955	短篇小說〈榮譽〉	發表於《文藝月報》1955 年第 2 期
1956	短篇小說集《榮譽》 短篇小說〈小巷深處〉	新文藝出版社出版 發表於《萌芽》1956 年第 10 期

---

29 陸文夫的作品，特別是小說的語言，受到蘇州評彈很大的影響，論者指出：「在陸文夫的小說中，蘇州地區的曲藝明珠 —— 蘇州評彈，對其小說語言產生了很大影響，使得作家在語言藝術上注重說唱的音樂性，不自覺地融入評彈唱詞的體裁和韻律，顯示獨特的語言風貌。陸文夫的小說語言趨於音樂化，主要體現在小說語言押韻、音節調配和節奏感諸方面完整和諧地達到統一，令人享受到蘇州評彈藝術的音樂美感。」至於進一步的舉例說明，可參見姚思源：〈小巷的歌 —— 陸文夫作品散論〉，《成都師專學報》（文科版），1994 年第 1 期，頁 51-52。

1961	短篇小說〈葛師傅〉	發表於《人民文學》1961年第1、2期合刊
1963	短篇小說〈二遇周泰〉	發表於《人民文學》1963年第1期
1964	短篇小說集《二遇周泰》	上海文藝出版社出版
1978	短篇小說〈獻身〉	發表於《人民文學》1978年第4期,獲1978年全國優秀短篇小說獎
1979	短篇小說〈崔大成小記〉 短篇小說〈特別法庭〉	發表於《鍾山》1979年第1期 發表於《上海文學》1979年第6期 〈小巷深處〉、〈平原的頌歌〉收入上海文藝出版社編輯出版的《重放的鮮花》
1980	短篇小說集《小巷深處》 短篇小說〈小販世家〉	上海文藝出版社出版 發表於《雨花》1980年第1期,獲1980年全國優秀短篇小說獎
1982	文論集《小說門外談》 短篇小說集《特別法庭》	花城出版社出版 花城出版社出版
1983	中篇小說〈美食家〉 短篇小說〈圍牆〉	發表於《收穫》1983年第1期,獲第三屆全國優秀中篇小說獎 發表於《人民文學》1983年第2期,獲1983年全國優秀短篇小說獎
1984	小說集《小巷人物志》第一集 短篇小說〈門鈴〉 短篇小說集《圍牆》	中國文聯出版公司出版 發表於《人民文學》1984年第10期,獲《小說月報》首屆百花獎 百花文藝出版社出版
1985	中篇小說〈井〉	發表於《中國作家》1985年第3期
1986	小說集《小巷人物志》第二集	中國文聯出版公司出版
1987	文論集《藝海入潛記》	上海文藝出版社出版
1993	中篇小說〈享福〉	發表於《小說界》1993年第1期
1995	長篇小說《人之窩》 散文集《壺中日月》 散文集《夢中的天地》	上海文藝出版社出版,獲江蘇省首屆紫金山文學獎 春風文藝出版社出版 台北幼獅文化公司出版
1997	《陸文夫中短篇自選集》	上海文藝出版社
1998	散文集《秋釣江南》	東方出版社出版
2001	散文〈姑蘇之戀〉	發表於《北京文學》2001年第10期,獲新世紀第一屆《北京文學》獎、江蘇省散文佳作一等獎
2005	散文集《深巷裡的琵琶聲》 《美食家》圖文本	上海文藝出版社出版 古吳軒出版社出版

新世紀澳門現代文學發展的新趨向

一、前　言

　　1984 年 3 月，在澳門長大、在香港以詩成名的作家韓牧，於《澳門日報》舉辦的「港澳作家座談會」上，呼籲「建立『澳門文學』的形象」，激起了澳門文學界的自覺意識，可以視為澳門文學覺醒的標誌性宣言[1]。在會中韓牧提到：「在發展方面，我認為

---

[1] 本文以「澳門現代文學」為題，主要是因為自明萬曆 19 年（1591 年）10 月中旬，湯顯祖曾到澳門，寫下〈香澳逢賈胡〉等若干首古典詩作以來，古典詩文一直是澳門文學的主要表現形式。明清之際，或清末民初，澳門成為遺老、遺民作家避居之所，曾寫下許多充滿故國之思的悲痛之作。日寇侵華時，因澳門為非戰區，眾多中土文人投奔至澳門，也寫下許多愛國色彩的古典詩文。可以說，直到上世紀二〇年代，澳門文壇基本上還是以舊文學為主流。當新文學浪潮在包括香港和台灣都產生一定影響時，澳門卻誕生了由馮印雪、馮秋雪兄弟等人創立的第一個舊體詩社「雪社」。據澳門前輩作家李成俊的回憶：「澳門早期新文學活動應該說是『九一八』救亡運動以後逐步開展起來的。」（見李成俊：〈香港・澳門・中國現代文學〉，《澳門文學論集》，東亞大學（即今澳門大學的前身）中文學會編，澳門文化學會、澳門日報出版社，1988 年 3 月，頁 42。）因此，所謂「澳門文學」是涵蓋了新舊文學的統稱。

澳門是大有前途的。不要認爲地方小、人少,重要的是它有沒有特色。」[2]形象的建立,最重要的是尋找並表現出「特色」來,在這方面,澳門其實是「得天獨厚」的。民族主義的立場暫且不談,澳門自葡人入踞、開埠四百多年來,爲澳門社會、文化帶來了許多具有「特色」的影響(暫且不論好壞),不同於大陸與台灣,也異於香港的自鴉片戰爭後一個半世紀的英國殖民,長達四個世紀的葡人統治,使澳門有了自身獨特的地位、面貌。

　　1999 年的政權回歸,標誌著澳門在歷史上走向一個全新的轉捩點,小城處處洋溢著樂觀高昂的民族情緒,然而,澳門文學卻面臨了新時代所帶來的另一層嚴峻的新考驗,能否繼 1980 年代的風起雲湧,再創高峰,坦白說,澳門作家的普遍心理是焦慮多於樂觀,平靜大於激動。2002 年賭權的開放,除了刺激既有的娛樂場「推陳出新」外,由歐美跨國財團投資帶動的博彩業,以大氣魄、大手筆的眼光和資金,鋪陳出一條更加璀璨奪目的「金光大道」就如美國在內華達州沙漠上建起海市蜃樓般的拉斯維加斯賭城,澳門也在「文化沙漠」上堆積起一座金碧輝煌、豪華不夜的娛樂賭城。從民族主義的殖民到資本主義的殖民,澳門這座小城又再次面臨巨大的衝擊。

　　目前,澳門作家似乎沒有充分意識到自己所處環境,爲多元文化交匯之處,具有獨特而豐富文化資源,既能催促他們成長,又在期待他們去開發。他們潛在的創造力似乎尚未充分激發出

但自八〇年代新文學發展成熟後,舊文學相對比較式微,所謂「澳門文學」在不特定指涉的情況下,一般多指新文學。本文以澳門現代文學爲題,不討論古典詩文,但在行文時則簡爲澳門文學。

2 韓牧:〈建立「澳門文學」的形象〉,發表於 1984 年 4 月 12 日《澳門日報·鏡海版》,後收入韓牧:《韓牧評論選》(香港:紅出版社,2006 年)。引自東亞大學中文學會編:《澳門文學論集》,頁 195。

來，將澳門文學帶到一個更精彩、豐富且自由的境界。作為隔海關注其發展的「旁觀者」，必須懇切地呼籲，在回歸中走向未來，澳門文學的「蓮花盛世」，實在需要再一次激動人心的「新文學運動」。長期關心澳門文學發展的饒芃子教授說：「1999年的回歸，為澳門文學的進一步發展帶來契機，使澳門作家置身於更廣闊的文學背景，尤其是世界性的漢語文學背景之中，從而使澳門文學既立足於本土又有厚重的民族基礎與世界意識。」[3]澳門的「澳門性」在殖民階段結束、回歸內地祖國後，應該會產生質變，「中國性」將會日漸加大其對澳門各方面的影響，澳門文學自然也不會例外。隨著外在客觀政經環境的轉變，內在文學審美經驗的成熟，以及全球化資訊的快速流動，澳門文學也出現了一些值得期待的可能性，例如新移民／老澳門的對話、土生／澳門文學的互看、博彩／歷史題材的深化、新生代的先鋒嘗試等，這些可能性不是突然的冒現，而是前一階段歷史、文化裂變演化的延續，它們將決定著澳門文學在新世紀後的新格局、新蛻變與新氣象。

二、互看：新移民／土生書寫的開發

新移民是指中國內地1980年代之後來澳定居者。「土生」是土生葡人的簡稱，指在澳門出生、具有葡國血統的中葡混血兒，他們是四百年來一些歐／亞混血後裔，既不同於在澳門的華人，也不同於在澳門的歐洲葡萄牙人，是一個具有身份認同危機的特殊族群。雖然「移民」不是澳門特有的現象，但一批新移民的到來，對1980年以後的文壇產生了一定衝擊，在與「老澳門」互看

---

3 饒芃子、費勇：〈文學的澳門與澳門的文學〉，北京：《文學評論》1999年第6期，頁30。

互動的過程中，從思想到文學，應該會產生一些新的交鋒，令人
期待；土生族群及土生文學的產生，是華洋雜處下的歷史產物，
過去雙方幾乎視而不見，在文學作品中出現的對方形象往往是片
面、簡單化的，這些數量有限的作品，顯現了澳門文學的特殊性，
但我更願意提出因此而生發的一種可能性。

新移民初來時，往往被視為一個特殊的社群，對澳門生活也
產生適應上的問題，但經過一段短時間後都極易融入澳門華人社
會生活。這些新移民中不乏作家與文化人，有從東南亞北上的歸
僑，如陶里、胡曉風、玉文；有從內地來澳的新移民，如淘空了、
高戈、流星子，和年輕的黃文輝、胡悅、夢子、龔剛、凌谷等人。
他們不是歷史上出現過的「過客」，也和土生土長的老澳門不同，
他們以「新」的身份試圖融入澳門社會，經過近三十年的演變，
這批新移民實際上已經開始落地生根，對澳門的家園意識也十分
明顯，應該說，澳門文壇正是在多重身份、多元聲音的基礎上發
展起來的。

懿靈是土生土長的老澳門，「新移民」黃文輝說她是「持有港
澳兩地永久居民身份證生於澳門住在澳門的中國人」，港、澳、中
國始終是她作品中關心的對象。她立足澳門，卻有世界眼、國際
觀，從《流動島》到《集體遊戲》（2005）、《集體死亡》（2005），
她的現實政論詩成為一種良心的品牌，這讓她在澳門詩壇的存在
帶有邊緣性的表徵。黃文輝在《集體遊戲》的序言中直接稱她為
「孤獨的剪影者」。在《集體死亡》中有一首詩〈請給我在澳門生
存的一點意思〉，觸及了新／舊互看的議題：「我究竟算不算是個
原住民／相對起你的新／我相信我的舊／事實上／百年／我的祖
先和我的記憶／都消失在口述歷史當中／一副棺／一張嘴／再沒

有說話的餘地／我們得開始熟習陌生／如熟習鄰人的面孔／還有口音和文化／熟習／新的權力體系／新的價值思維／閱讀彼此間的矛盾和分歧。」新與舊是相對的、動態的，懿靈能站在更高的角度思索，強調「閱讀彼此間的矛盾和分歧」，才是和平共處之道。從這點來看，懿靈並非如此反叛、反傳統。

「新移民」黃文輝，對「老澳門」懿靈有一段饒富深意的比較：「我與懿靈生活於兩個不同世界；當懿靈在澳門街喝著她的電視奶時，我還在鄉下天天吃著發霉的蕃薯片；當懿靈過著她於『活死人墓』中孤獨寂寞以至受人欺負的童年時，我卻是個離開父母到澳門的新移民寄居於親友的家中；我對懿靈欣賞的張國榮、王家衛不感興趣，更無研究，對占士甸一無所知。」然而，懿靈卻請他為《集體遊戲》寫序，他說：「或許，懿靈以為我跟她是『同道中人』吧。這又是個美麗的誤會。」[4]但其實不是誤會，懿靈和黃文輝都有一顆「老靈魂」，著迷於澳門古老的歷史文化記憶，但他們又同時是渴求人類「安那其」理想世界的企望者。這讓他們甘之如飴地孤獨行走於澳門文壇。

身份認同的焦慮在回歸之後雖不存在，但懿靈在精神層面上的流浪、放逐感依舊沒有消失，主修政治的她，似乎想為澳門文壇放一把「野火」，為澳門文學的前途照亮一條路。黃文輝在《集體遊戲》的序言中感性地說：「多謝她在澳門街詩歌與言論的寒夜裡燃起的這一堆篝火，為苦苦掙扎的詩心與良知保存著最後一息的暖氣。」[5]

4　黃文輝：〈孤獨的剪影者 ── 《集體遊戲》序〉，《字裡行間 ── 澳門文學閱讀記》（澳門日報出版社，2005 年 12 月），頁 77。

5　前揭書，頁 81。

　　胡悅的文章〈冬天來了〉，有趣地道出新移民和老澳門的不同
思考，也是具代表性的互看之作。文章開頭，作者先說出自己身
為新移民的特殊心理：「在澳門已生活了不短的時間，但和土生土
長地道的澳門人相處時，不時仍有屬於另類的感覺。也難怪，我
既非生於斯，亦非長於斯，成長的環境不同，對人對事的看法總
會有些差別。」接著以香港有可能開賭的消息為例，新移民的反
應是憂心忡忡，認為將會對澳門經濟產生重大的衝擊，但老澳門
的反應卻是老神在在，因為「香港若一意孤行，中央政府絕不會
見死不救，一定會出面干預擺平，給澳門人留一條活路。」[6]危機
意識的缺乏與強烈，巧妙地讓人看到新／舊澳門人心態上的差異。

　　黃曉峰在《澳門現代詩刊》(澳門五月詩社出版) 創刊號上曾指
出：「毋庸置疑，文化開放與文化交融應為澳門文化的特徵，正是
由於八十年代的移民潮為這塊因具有東西生活方式滲透產生誘人
的魅力的彈丸之地增添生氣，這不僅表現在社會生產力的猛進方
面，也表現在文學藝術創造力突發方面……。」移民潮改變了澳
門各方面的樣貌，也豐富了澳門文學，然而，三十年過去了，我
們應該看到的是新移民如何在影響澳門文學的同時，完成自身的
生活書寫。也就是說，這些「新移民」在進入／融入澳門社會之
後，他們如何看待澳門政經社會的現狀與未來，如何以自己的新
經驗、新思維，為澳門本土文學的豐富、多元加磚添瓦，對澳門
這座既古老又現代的「家園」會以何種視角和心情來描繪呢？凡
此，都是新移民書寫可以著力的方向，如果有第二次澳門的新文
學運動，新移民必將仍是推波助瀾的主力之一。我期待一個多元

---

6 胡悅：〈冬天來了〉，《娃娃臉》(澳門日報出版社，2000 年 6 月)，頁 195-196。

視野下的澳門新文學。

回歸，對澳門土生而言，是個尷尬的時刻。不論返回葡國或留在澳門，他們都像是被遺忘的一群。長久以來，因爲華人與葡人的涇渭分明，夾身其中如「三明治人」的土生，始終有著強烈的身份認同焦慮。土生詩人若瑟‧多斯‧聖托斯‧費雷拉〈未來〉中的「澳門的未來……將會怎樣？／中國人的未來？／葡國人的未來？／那些生長在澳門／葡萄牙的兒子們的未來？」[7]道盡了他們心裡的疑惑與悲哀。回歸之後，他們一部分返回了葡國。有趣的是，當他們逐漸離去之時，土生的處境及其文學似乎才開始真正被看見和看重。

土生文化是中西不同文化交融的典型，土生文學則是這種交融下的特殊產物。香港殖民時期的相對短暫，沒有條件形成類似土生的族群，所以數量不多的澳門土生文學顯得彌足珍貴。二十世紀以前，澳門土生文學極少，1940 年代開始，陸續出現一批土生作家，他們以葡文創作和出版了一批文學作品，其中具代表性的詩集有李安樂（1920-1980）的《孤獨之路》，若瑟‧多斯‧聖托斯‧費雷拉（1919-1993）的《澳門，受祝福的花園》，馬若龍（1957-）的《一日中的四季》；小說集有飛歷奇（1929-）的長篇《愛情與小腳趾》、《大辮子的誘惑》、短篇《南灣》，江蓮達（1914-1957）的短篇《長衫》；回憶錄性質的散文有愛蒂斯‧喬治‧瑪爾丁妮的《廢墟中的風－回憶澳門的童年》；劇本有飛文基（1961-）的《見總統》、《華哥去西洋》、《西洋，怪地方！》等。從這些作品來看，他們對澳門這塊土地是很認同的，自稱「澳門之子」的土生，心繫澳

---

7 引自饒芃子、莫嘉麗等著：《邊緣的解讀 —— 澳門文學論稿》（北京：中國社會科學出版社，2008 年 12 月），頁 217。

門的感情是令人動容的。葡文 Macaense（土生人）的直譯其實就是
「澳門人」。

　　土生文學中重要的詩人李安樂，生於澳門，父親是葡國人，
母親是中國人，長期在澳門工作生活，直到去世。他的詩道出了
一個澳門之子的真摯情感，如〈澳門之子〉的「永遠深色的頭髮，
／中國人的眼睛，亞利安人的鼻梁，／東方的脊背，葡國人的胸
膛，／腿臂雖細，但壯實堅強。……／心是中國心，魂是葡國魂。
／／娶中國人乃出自天性，／以米飯為生，也吃馬介休，／喝咖
啡，不喝茶，飲的葡萄酒。／／不發脾氣時善良溫和，／出自興
趣，選擇居住之地，／這便是道道地地的澳門之子。」在發出「我
是誰」的質疑聲中，有著中／葡互看的微妙心理，中西不同生活
文化也被生動比較記錄下來；〈知道我是誰〉一詩寫得更為直接而
有趣：「我的父親來自葡國後山省，／我的母親是中國道家的後
人，／我這兒呢，嗨，歐亞混血，／百分之百的澳門人！／／我
的血有葡國／猛牛的勇敢，／又融合了中國／南方的柔和。／我
的胸膛是葡國的也是中國的，／我的智慧來自中國也來自葡國；
／擁有這一切驕傲，／言行卻謙和真誠。／／我承繼了些許賈梅
士的優秀／以及一個葡國人的瑕疵，／但在某些場合／卻又滿腦
的儒家孔子。／／……確實，我一發脾氣／就像個葡國人，／但
也懂得抑止／以中國人特有的平和。／／長著西方的鼻子，／生
著東方鬍髮。／既上教堂，／也進廟宇。／／既向聖母祈禱，／
又念阿彌陀佛。／總夢想有朝能成為／一個優秀的中葡詩人。」[8]
土生作家在思索中／葡身世與文化，澳門作家在思索中／澳關係

---

8 前揭書，頁 221-223。

與前途，其中可以挖掘、討論、對照的議題、題材實在不少。很
遺憾，澳門詩人似乎不曾將視野投注到這群和他們一起生活在同
樣土地上的土生們，未見相關題材的詩作 —— 這正是本文想呼籲
的，面對此一特殊題材，澳門作家若能善加運用，一種新的可能
將會讓澳門文學更顯多元而璀璨。

　　飛歷奇是澳門葡語社會最為人熟知的作家，他生在澳門，長
在澳門，一生大半時間多在澳門度過。他的兩部長篇小說寫的都
是澳門的愛情故事。《愛情與小腳趾》的主人公是土生葡人，他是
紈絝子弟，一次竟利用和一個少女的婚約為賭注，在婚禮上令少
女全家當眾蒙羞，因而被逐出葡人居住的「基督城」，流落於華人
區。他後來腳趾患了一種怪病，日益嚴重，就在瀕臨絕境之際，
遇到當年被他羞辱的富有的土生少女，少女以一顆善良的愛心感
化他，使他重獲新生，兩人也因此締結了美好姻緣。《大辮子的誘
惑》是寫出身富家的土生青年，看上下層社會中的一名華人女子，
兩人的愛情遭到雙方家庭的反對，最後歷經波折，終被接納。江
蓮達是澳門有史以來第一位葡文報刊的女記者，她的土生身份，
使她的短篇小說集《長衫》中有多篇以土生命運為題材，如〈承
諾〉寫一位中國女子和一位葡國建築師相愛，但遭到家庭反對，
女子為對家庭盡責，向父親做出與情人決裂的承諾，結果斷送了
自己的幸福與年輕生命；〈施捨〉則寫一位土生私生子，為逃避現
實而自行放逐的悲慘故事。[9]在這些小說中不乏大量對澳門小城風
光的描繪，也寫到華人世界的種種生活方式與傳統心理，從土生
的眼中看澳門，對這塊出生土地確實有著外人不易理解的複雜情

9　以上對土生小說的介紹，主要參考汪春：〈澳門的土生文學〉，《澳門文學評
　　論選》（澳門基金會出版，1998 年 10 月）頁 214-218。

結。瑪麗亞‧翁迪娜‧布拉加的短篇〈三輪車夫〉描寫一位土生
男棄嬰被一位華人三輪車夫收養，孩子逐漸成長，基督教的信仰
使他和求神拜佛的父親之間產生一道鴻溝，然而在親情的感召
下，孩子領悟到：「無論是基督教、佛門弟子，還是道家、孔教……
芸芸眾生只有一位上帝。」[10]接受了兩種宗教的和平共存。這是
篇充滿喻意的小說，中西融合的願望於此表露無遺。

可以說，在土生文學作品中，有許多「凝視」澳門之作，不
論是人情世態，還是自然風光，都給人嶄新的視域，新鮮的閱讀
經驗，而且細加體會，其中有很多文化的深刻性與典型性，都是
華人作品中所欠缺的。

澳門作家對土生處境、命運與生活的關注遠遠不夠，而且因
著民族主義情緒的作用，多以片面、負面形象出現。魯茂的雜文
〈撞人〉中寫道，在小城熱鬧街道上，路人相碰撞是常有的事，
如果不小心撞到身材豐滿的女郎，她只要大發嬌嗔地一聲：「衰
佬，搏懵（粵語，「揩油」之意）！」你就是跳到黃河也洗不清嫌疑。
至於撞「鬼」，那就更糟，因為在這塊地方，「鬼」大都是惡過人
的啊！他文中的「鬼」就是諷刺葡人、土生。在魯茂的小說《白
狼》中墮落黑社會的青年「白狼」正是土生的身份。陶里小說〈安
萬達夫婦的遭遇〉的主人公安萬達也是土生，但他鄙視自己的身
份，後來設法去葡萄牙讀大學，結識他後來的太太瑪麗亞，一起
回到澳門，在外祖父古老大屋居住，因而發生一些見鬼的離奇遭
遇。小說裡寫道：「安萬達根本不願意重返澳門，他以做葡萄牙人
為榮」，但他的葡人妻子瑪麗亞卻是「比較喜歡接近中國人，不久

---

10 這篇葡文小說由金國平翻譯，收入陶里編：《澳門短篇小說選》（澳門基金會
　　出版，1996 年 8 月），頁 229-233。

便說得一口流利的廣東話。」安萬達有強烈的「做葡萄牙人」的意識，「所以不認同瑪麗亞與中國人爲伍的行爲」[11]。安萬達的土生形象顯然也被塑造成忘恩負義、數典忘祖之流。

廖子馨以土生葡人身份認同的題材所寫的〈奧戈的幻覺世界〉，大概是澳門作家中對土生命運「看」得最深刻的一篇小說。故事寫澳門土生青年奧戈，到里斯本出差，在一次酒後竟然荒唐地和一名男人發生性關係，然後在混亂迷忙中，他開始想起自己難堪的身世，以及成長階段被同學當異種捉弄的記憶。奧戈渴望成爲真正葡萄牙人，小說中寫到他又被打得鼻青臉腫回家，無意間看到家中祖父的照片，發現「那麼歐洲的祖父和那麼亞洲的奧戈，鼻子卻長得一模樣！高挺，豐實。」他再翻出父親照片端詳，「看到三管鼻子一樣高傲挺拔」，他興奮極了，從此，「奧戈學會昂起頭挺起鼻子走路」，碰到有同學找他麻煩，他就昂起鼻子，理直氣壯地說：「看，我的鼻子不是扁塌的，我和你們一樣是葡人的後代。我的祖父、我的父親都是葡人！」尋找身份的悲劇力度是強烈的，最終奧戈接受了自己的身份，跑到墳場去看中國祖母的墳，心靈深處對祖母的溫暖記憶逐漸浮現，他彷彿又聽到祖母不斷地對他說：「傻孩子傻孩子」[12]。

這篇互看的小說，有歷史的深度，也有人道的關注，更重要的是，作者站在平等的角度「看」土生的命運，這個凝視的姿態，讓我看到了文學可貴的特質。澳門文學中需要更多這一類的作品。在葡人、土生的身影漸漸遠去的時刻，以文學爲他們曾經走

11　陶里：〈安萬達夫婦的遭遇〉，《百慕她的誘惑》（香港：獲益出版社，1996年1月），頁152-153。

12　廖子馨：〈奧戈的幻覺世界〉，《澳門筆匯》第14期，1999年8月，頁76-91。這篇小說獲得第三屆澳門文學獎小說類優秀獎。

過的坎坷人生塑像，是澳門作家可以做也應該做的功課。澳門文學也必將因此而更精彩，讓更多人「看見」。

三、深化：博彩／歷史題材的挖掘

澳門「賭城」的形象原本就已十分鮮明，回歸之後更加「穩固」，對澳門社會、人心的衝擊也是空前的。澳門本地作家對博彩業基本上採取一種視若無睹的姿態，甚至連冷眼旁觀的思考都不願，這與一貫重視道德教化、強調社會性、倫理性的澳門文化特質有關。在處理有關博彩題材的作品時，澳門作家多半會從賭業的危害社會、腐蝕人心角度入手，揭示其紙醉金迷背景下錢與性的糾葛，人性的墮落與黑暗。從澳門特殊的環境考量，這樣的立場雖然和資本市場巨獸根本無法抗衡，但卻是有其必要。只是文學的無力感，在兩相對照下更顯孤單與弱態。

大陸學者王韜針對澳門文學忽略開發博彩題材的現象感到可惜，曾爲文建議「澳門本土作家們應該通過對環境的揭露而行動，莫再迴避類似於博彩這種不應受文學冷遇的題材」。我同意這樣的主張，但他文中說：「本澳作家們對於博彩這個題材確實並未正面接觸過，若有提及也僅僅隻言片語地零星散見於某些作品中，且還是不加評議地一筆帶過。」[13] 這個說法就有待商榷了。報刊專欄中經常可見對賭徒行徑嘲弄、賭博心理分析一類的短文，只不過一碰觸賭業題材，幾乎都是出自道德議論和價值判斷的直陳其弊，以資話談，以爲借鏡，無法作更深入的探掘；新詩處理博彩的作品也有，例如年輕詩人馮傾城曾寫下一首以博彩爲

---

13 王韜：〈博彩：一個不應遭文學冷遇的題材〉，《世界華文文學論壇》2004 年第 3 期，頁 19-20。

主題的短詩〈日落里斯本〉：「博彩的美夢／烤赤了黃昏的天空／堤榕黯然垂下眉睫／下注聲開始了不夜的宣言／／海鷗倦立／暫停與水翼船作往還飛奔的追逐／浪潮引退／泥潭張羅「魚蟹蝦」的陷阱／／當輪盤多轉一圈／夕陽終於落入／垂釣者久候的魚簍／於是／／那來自南半球擲來的一把雪亮鐮刀／便將暮色裁為／一輯東方蒙地卡羅的剪影。」以詩意的眼看現實的醜惡，作者批判的情緒是含蓄的，她只是保持距離地看著這象徵現代化、國際化的博彩光環，讓許多人沈迷追逐，最後落入「垂釣者久候的魚簍」。又如 2007 年第七屆「澳門文學獎」詩歌組冠軍作品〈小城印象五題〉，作者岑淑平寫第四題〈擱淺在金光大道〉：「小城太窄令十月的深秋再嗅不到藍天／最後連教堂也沒有了天堂的影子／……極目盡是／迷途得一隻隻的小鷺鷥／……由綠的叛逆的山上俯身遠眺／金的長橋懸著光害／有位學建築的詩人自下扁舟而過／不見風、不見雨、不見宏偉的建築有何問題／但在險灘上──那條金光大道逼出的一道又一道漩渦／擱淺是不需要跟你說明的」，對博彩業帶來的人心迷失、天堂不再的憂慮，以對比的手法予以揭示和諷刺；至於第五題〈我們的賭場〉：「最直接的／讓一切／歸零」[14]，更是僅用短短一句，道盡「賭」的本質，具神來之妙；類此題材的詩歌還有盧傑樺〈葡京街某賭場派牌埋錢的荷官參孫〉、龔剛〈澳門印象〉組詩中的〈賭徒〉等。

　　和散文、新詩相關作品的貧乏相比，以博彩為題材的小說則有一定數量，而且頗有佳作，這應該和賭與人性牽連複雜、適合小說文體演繹和承載有關。例如 2003 年第五屆「澳門文學獎」小

---

14 岑淑平：〈小城印象五題〉，《澳門筆匯》第 36 期，2007 年 12 月，頁 37。

說第一名作品〈轉運〉就是以「賭」為主題的深刻力作，故事描寫富商李富海在澳門求得轉運籌碼，逢賭必勝，但當一切都唾手可得之後，生活的動力與意義反而失去，因此他又不計成本找到了那枚籌碼，但在賭場上無論如何費盡心思也輸不去那枚籌碼，換言之，他永遠也無法重返原本的生活，因此寧願結束生命。結尾的感喟：「是什麼在操控我們每一個人的命運？那些轉運靈符？抑或，是我們自己？」[15]寓意深刻，不僅好看，而且富人性啟發意義。2005 年第六屆小說第二名〈賭徒〉也是一篇關於澳門社會中病態賭博的魔幻寫實小說，作者透過丁建中的精神失常與墜樓自殺的悲劇，描繪父子兩代皆為變態賭徒的心理掙扎，警世意味濃厚，其深刻之處就在於強調：賭徒的世界與行為比我們想像中還要複雜，至於在賭的陷阱中，人性最後還剩下什麼？也是這篇出色小說給人沈重的思索。在「2008 澳門中篇小說徵稿」中脫穎而出的《上帝之眼》，也是一篇以博彩為主題的佳作，故事以澳門賭場為背景，敘述男主角恆笙已死，但仍在人間流連，與女主角程玥琳之間發生一段愛情，當然也安排了幾位賭徒最終身敗名裂的習見套式。

　　也許是司空見慣，澳門作家對博彩題材的關心不足；過於強調結局、忽略過程細節鋪陳的寫作窠臼，使這類題材作品整體力道也稍嫌薄弱。對這些繁華表面下的陰暗，澳門作家其實有著材料的方便性與豐富性，應該可以投注更多的寫作熱情。

　　和博彩題材的未受到重視一樣，澳門作家對歷史文化素材的挖掘與經營都不甚令人滿意。做為殖民地，長期以來澳門並無所

---

15 鄧曉炯：〈轉運〉，《澳門筆匯》第 24 期，2004 年 3 月，頁 36。

謂本土專業教材，由於澳葡政府對教育採取放任管理方式，造就出澳門私校林立的教育體制特色，加上教科書市場太小，無利可圖，導致澳門的歷史課程教材出現從香港、大陸、台灣引進的奇特現象。澳門學生都上過歷史課，對世界、中國、香港和台灣歷史都很熟悉，唯獨對自己所生長的澳門缺乏瞭解。這個「特殊性」，在回歸之後才有了部分的鬆動，家園意識逐漸形成後，認識自己鄉土歷史的氣氛開始擴散，影響所及，澳門文學中較深刻地處理自身歷史素材的作品才開始多了起來。由於歷史背景與事件的複雜度，這類題材仍以小說的表現爲主。舉例來說，在前五屆澳門文學獎中有關澳門歷史的題材很少，但第六屆時多了起來，兩篇描寫歷史上沈志亮刺殺澳門總督亞馬留的小說〈刺客〉和〈獨臂將軍〉，分別獲得第一名和優等獎，這充分顯示了澳門作者已經開始對宏大歷史題材的關注和思考，在參考歷史資料與自己想像演繹中，作了具平衡感的發揮，充滿歷史的厚重感；第七屆澳門文學獎則出現了一篇文化意涵豐富的〈朱仙寶誕〉，是少見的聚焦於民間習俗的作品，作者大量描寫水上人家的特殊風俗，穿插幾代人的感情糾葛，傳統與現代風景疊加，創造出一種具魅力的特殊氛圍。「2008 澳門中篇小說徵稿」得獎之作《迷魂》也是「想像歷史」，但又能根據史實，帶領讀者回到十七世紀在澳門發生的葡萄牙和荷蘭之戰，情節緊湊，在歷史連結中又能反思現在。我們盼望未來能看到更多這類具澳門歷史特色、又有人性寫真、文化反思的作品。

　　散文方面，李鵬翥的《澳門古今》固然有豐富的歷史文化，但其知識性大於文學性，文史掌故的性質居多，能以文學抒情之審美眼光處理歷史題材的散文隨筆確實稍嫌不足。以第三屆澳門

文學獎優秀獎〈澳門林則徐紀念館遊記〉為例，本可以館為象徵，將禁煙史、澳門史透過抒情文字及新穎觀點譜寫出一篇動人的散文，但可惜敘述平淡，類似「啊！林公，澳門同胞永遠會牢牢記住您的光輝事蹟，澳門同胞永遠、永遠懷念 ── 您！」的表述方式實顯陳舊而八股。倒是第四屆獲得第二名的〈遙遠巨響 ── 寫在林則徐雕像前〉，能將歷史素材和自己的感喟融合在抒情的文字裡，沒有俗套的歌頌，而是試圖走進林則徐的內心及近代史的變局中，且看這段描寫：「林則徐很疲勞，他風塵僕僕，他走進民族的血管。他在福州北郊馬鞍村住下；他在福州鼓樓南街澳門路的『林文忠公祠』住下；他在天安門『人民英雄紀念碑』的民族鬥爭畫面住下；他在澳門『林則徐紀念館』住下；他在千千萬萬中國人的心宮裡住下。他揮把汗，舒口氣，四周沸騰；他不輟地完成了一次次永載史冊的正氣突圍，他注定要與人民為他譜寫的詩篇進行一場繼往開來的壯麗對話。」[16]一股歷史的滄桑感與悲劇感撲面而來，頗能撼動人心。

　　和散文相比，新詩中通過歷史素材進行深刻反思的作品較多，像陶里能在 1982 年就寫出〈過澳門歷史檔案館〉這樣的佳作實屬不易，詩人以歷史的眼光回眸近代以來中國及澳門的屈辱：「我背手走過／澳門的歷史檔案館門外／中國的古代滾滾而來／穿黑衣的老祖母坐上／愛新覺羅的轎子遠去／回歸原始　而燧人氏／正在苦苦尋找一點火／／……其實　自從林則徐被鴉片煙／熏黑之後　我的先人便遠適／金山／老祖母把柔腸掛在／荊林裡懷念他鄉遊子／而浪子被賣豬仔的名字／又記於／什麼歷史檔

---

16 鄭卓立：〈遙遠巨響 ── 寫在林則徐雕像前〉，《澳門筆匯》第 19 期，2002
　　年 5 月，頁 138。

案？」接著穿插自己從東南亞遷移港澳、在時代洪流中飄盪的身
世：「我遠走／焚燒的印度支那熱帶森林／感染盛暑難治的瘴
癘」，最終，他來到這裡，「風追隨我的跫音／我聽到呻吟／自遠
古　自現代」[17]。全詩充滿寫實色彩，發出歷史之浩嘆，也寓寄
憤懣之控訴。淘空了〈黃昏的再版畫〉則是從曾祖父、祖父寫到
父親，力圖鋪展出一幅先人抗爭的血淚史，雖然結果是「坐在馬
交石哭亂黃昏心腸」，但「我既是民族臨盆的後裔／怎麼不用我的
黃昏支起希冀」[18]，意象交替，氣勢沈鬱，具深層歷史思考。像
這樣的作品還有錢浩程〈天使的化石 ── 參觀大三巴宗教博物館
有感〉、黃文輝〈峰景酒店的下午〉、呂志鵬〈站在媽閣區和崗頂
區上看世遺風景〉等。

　　我在 2001 年擔任第四屆澳門文學獎評審時就提到：「作為澳
門最具代表性的文學獎，我們盼望能看到屬於澳門獨有特色的探
掘與反映之作，例如殖民期間的各種複雜關係，華人、葡人、土
生之間，祖國、本地回歸等時代議題、重大事件，種族衝突與融
合等，這些正是澳門文學在世界華文文學中可以凸顯的特色之
一。……這正是澳門作家創造澳門文學的挑戰，也是責無旁貸的
使命，不是嗎？設若自己都不能、不願去面對、處理澳門文化或
歷史的相關題材，而企望『外人』來關心、寫作這方面的作品，
只怕是緣木求魚。」[19]對空間不大的澳門來說，歷史的縱深可以
成為取之不竭的題材來源，澳門歷史上發生過的重大事件如「洛

---

17 陶里：〈過澳門歷史檔案館〉，《澳門現代文學作品選》（陶里、林中英、鄭煒
　　明編，北京：中國友誼出版公司，1998 年 8 月），頁 452-453。
18 淘空了：〈黃昏的再版畫〉，《澳門筆匯》第 12 期，1998 年 3 月，頁 146。
19 張堂錡：〈聽見花開的聲音 ── 文學獎小說作品觀察〉，《澳門筆匯》第 19
　　期，2002 年 5 月，頁 7。

雷羅事件」、「嚴亞照案」、「1849 年關閘事件」、「林則徐澳門禁煙」、「路環慘案」、「封鎖澳門事件」、「拉塔石砲台之戰」、「一二‧三事件」等等，都無人以文學的筆觸深入這些領域，殊屬可惜。澳門作家在這方面雖然已經有所覺醒，也初步作了一些嘗試，但仍有無限的可能性等待有心人的開發。

四、多元：新生代的眾聲喧嘩

1991 年，黃曉峰、黃文輝編選的《澳門新生代詩鈔》由五月詩社出版，收錄青少年詩人 49 位的詩作 123 首，這是澳門年輕詩人的一次集體演出，而「澳門新生代」一詞即是黃曉峰在序言〈澳門校園文學的新芽詩草〉中所提出的。當時被稱爲「新生代」詩人的多爲中學生，包括夢子、黃文輝、林玉鳳、郭頌陽、謝小冰、馮傾城等，現在已經是「中生代」了。本文所指的新生代，雖然考量到年齡因素，但主要還是指涉相對於李鵬翥、陶里、高戈、雲力、韓牧、流星子、魯茂、徐敏、凌稜、林中英、周桐、葦鳴、懿靈等成名較早一輩作家的一群年輕寫手，他們以強烈的藝術個性、獨特的審美追求，和資深作家們共同建構起澳門文壇的豐美天地。這批以眾聲喧嘩之姿闖蕩文壇的新生代，除了上述幾位，還有寂然、梁淑琪、齊思、王和、盧傑樺、賀綾聲、凌谷、梯亞、王禎寶、李展鵬、區仲桃等。他們的寫作領域集中在詩、散文、小說，多曾於《澳門日報》副刊寫專欄，作品也都由《澳門日報》出版。

澳門新詩的先鋒精神及出色成就，一直是澳門文壇引以爲傲的。早在 1980 年代，陶里、葦鳴、懿靈等人的創作實踐中就已經出現「後現代」風格，陶里、黃曉峰、懿靈等人也都曾撰文闡述

澳門詩歌中的後現代主義精神，其中可以懿靈的〈後現代的足跡
——從新生代詩作看澳門後現代主義詩歌的實踐概況〉爲代表。
懿靈認爲：「澳門科技雖然不發達，資訊封閉，但是卻有著後資本
主義社會的許多特徵：人口膨脹、污染、工業轉型、消費掛帥……
諸如此類，既有小都會的雛形也有小都會的流弊。正因爲這樣，
我們身處其中的青年詩人，不用接觸什麼哲學觀念，什麼主張見
解，只要放心於生活，觸及現實的話，都能寫就一篇篇後現代詩
篇，因爲我們的社會確實是很『後現代』。」[20]中心性地位的消解，
虛無，回家，反戰，零散書寫，語言的不相稱性等後現代的特徵，
在澳門新生代詩人齊思、王和、林玉鳳、黃文輝的詩作中可以窺
見一二，她特別舉了黃文輝的〈這一天〉：

> 世界大戰遙遙無期／阿媽去街邊拾子彈／一粒子彈可換一
> 筆葬屍費／我們家裡窮／不得不撿破爛阿媽又和阿嬸爭論
> ／布殊和薩特姆哪個是好人／明年是羊年三羊啟泰阿妹要
> 做個聽話的淑女／火災中有四具幼童的屍體／石油氣又加
> 價窗在下雨窗在的的答答／看著在水珠中掙扎的燈光／我
> 想起明天要買／希特拉漫畫精裝本／還要申請簽證去巴格
> 達／拾子彈／天又黑了臉／這一天沒完

　　以一種看似無關、實則有關的語言不相稱性，給人多層面意
義的展延，體現出後現代主義詩歌的特色。

　　不過，懿靈也承認，在新生代詩作中，真正屬於後現代的實
在不多，大部分還是處於「現代」與「後現代」的夾縫之間。依

---

20 懿靈此文及後面所引黃文輝詩〈這一天〉均見李觀鼎編：《澳門人文社會科
　　學研究文選・文學卷》（北京：社會科學文獻出版社，2009 年 12 月），頁
　　103-112。

我看，在傳統意識強烈的澳門文化語境中，現代派詩歌仍是詩壇的主流。1980 年代以來，陶里、高戈、淘空了、流星子、葦鳴、凌鈍等人都大力宣揚過現代詩，新生代的創作都在這種詩風啓迪下成長，實在很難擺脫其影響，以黃文輝爲例，他在 1999 年出版的詩集《因此》和 2007 年出版的《我的愛人》，即使其中有少數後現代傾向的嘗試，但主體仍是現代主義式的；林玉鳳雖然也寫過〈孩子的故事 —— 索馬里的呼喚〉、〈我就這樣告訴你〉、〈我是真的忘不了 —— 訪老人中心〉等後現代表現手法的作品，但翻閱其詩集《假如我愛上了你》(1997)、《忘了》(1999)、《詩‧想》(2007)，迎面撲來的還是現代派的氣息。即使如此，澳門新生代在詩歌嘗試上求新求變的努力還是有目共睹的，鄭煒明就認爲：「無論從質和量（以已經結集成書的來算）方面看，澳門的現代詩，成就都比散文有過之而無不及。」[21]回歸以來，澳門詩壇又多了一些新生代的詩集，除黃文輝、林玉鳳外，讓人耳目一新的有賀綾聲《南灣湖畔的天使們》(2007)、盧傑樺《等火抓到水爲止》(2007)、凌古《新悅集》(2007) 等，隨著這些年輕詩人在詩藝及思想上的日漸成熟，當能爲澳門新詩開創另一個新的紀元。

　　和新詩的發展類似，1990 年代以來，澳門小說界出現了魔幻寫實主義小說、後設小說等頗具先鋒色彩的嘗試，打破了澳門小說創作過去偏重寫實的單一局面，成爲澳門小說創作多元化的補充。在這方面做出耀眼成績的是資深作家陶里和新生代作家梯亞、寂然。陶里在 1970 年代於北京出版的小說集《春風誤》偏重於寫實層面，但 1980 年代以後，他開始致力於魔幻寫實小說的創

---

21 鄭煒明：〈八○年代至九○年代初的澳門華文文學〉，引自李觀鼎編：《澳門人文社會科學研究文選‧文學卷》，頁 63。

作，1996 年在香港出版的《百慕她的誘惑》就是實驗下的產物，小說多以港澳為背景，有時敘及葡萄牙、泰國、越南等，表現手法偏於虛幻、不可思議，但仍是現實的借題發揮，他自己曾解釋說：「筆者虛構的故事，任情節再複雜，任題材的覆蓋面再廣再大，其實只是現實的小縮影，其本質只及現實的萬一罷了。」[22]他的短篇常設計一些空白，供讀者思考或尋找答案，加上別出心裁的題目如〈不很黃昏的黃昏〉、〈生青春痘的下午〉、〈一個很病的晚上〉等，影響了許多年輕的小說作者。寂然、梯亞就是受到其啟發而後致力於後設小說的探索和創新。

在澳門新生代小說家中，寂然最勤於探索敘事技巧，對西方現代派敘事技巧的嫻熟，使他的作品呈現鮮明的先鋒性。從《一對一》（1997，與林中英合著）、《撫摸》（2000）到《雙十年華》（2001，與梁淑琪合著），寂然喜用多重視角、焦點轉換，嘗試推陳出新的說故事方式，顛覆小說傳統的用心十分可嘉。在〈月黑風高〉系列中，他以澳門的社會治安、暴力犯罪、少年異化心理為題材，折射出澳門的社會生活現實，同時又以後設小說的技巧說故事，在虛實之間，探幽人性，極具可讀性。《撫摸》則是一個大膽的中篇，透過一群青年男女種種不同型態的「撫摸」，淋漓盡致地表現出人的幽微本性，有青春之戀、同志之愛、三角戀情，時而清純自然，時而變態扭曲，尤其對同性戀細膩直露的描寫，在澳門小說中是罕見的。到了《雙十年華》，他寫澳門人身份認同問題的〈忘記了我忘記了〉，還有反映某高等學府醜態百出事件的〈假面的告白〉，而〈雙十年華〉則以簡單的人物、傳統的方式敘述「她」所愛的

---

22 陶里：《百慕她的誘惑‧序》，頁 8。

男子娶了表姊，在婚禮上「她」的回憶與感傷。他似乎又回到了比較寫實的方向，就像他說的：「〈雙十年華〉是我費盡力氣擺脫既有習慣的一個起點，我渴望自己能再次建立屬於自己的小說新風格，我總想給大家一點新鮮感。」突破既有窠臼的新鮮感，正是新生代作家可貴的特質。

梯亞小說數量不多，但同樣熱中於對文體類型的探求，作品充滿現代派風格，例如〈第八天的早晨〉，寫上帝用七天時間創造世界之後的第八天，失序錯亂的社會，「我」要尋找真正的「人」，但清醒的人被視為瘋子，瘋子則孤獨地活在集體荒誕的世界裡；又如〈論《一個關於命運（或者自殺）的格言》〉，描寫西方歷史學家湯因比、日本創價學會會長池田大作進行一場關於「自殺」的對談，穿插以自殺方式結束生命的日本作家三島由紀夫、太宰治等人在對談會場下的不同反應，介於嚴肅學術與調侃趣味之間，注重讀者的介入，時刻提醒小說的虛構性，是典型的後設小說；〈鋼門〉則是一篇反映現代社會人際關係冷漠、不信任、無法溝通的現象，以一個被關的精神病患的瘋狂幻想，挖掘潛藏在人物內心的絕望心理，吶喊式的結局：「開門開門你們為什麼要關著我開門你們憑什麼來關著我開門我要開門開門求求你們不要關著我開門我沒有病開門求求你醫生開門開門開門……開門……開……門……」[23]給人魯迅筆下「狂人」的聯想，是篇意識流小說。

寂然和梯亞這一類的創作實驗，有一個明顯的特點，即由偏重對人的現實生活關注，轉向對人的存在關注，試圖更新敘述技巧和文體構成方式，尋求與讀者進行對話。這種與傳統小說迥然

---

23 梯亞這幾篇小說都收在陶里編：《澳門短篇小說選》，〈鋼門〉引文見 171 頁。

不同的美學表現，標誌著澳門新生代作家小說觀念的變化。小說的優劣成敗，自有其複雜的藝術本質要求，並不是後現代主義就是好的，而是這其中透露了澳門新生代作家對既有形式的不滿，企圖走出傳統觀念的覺醒和決心，這種覺醒和決心，我們在廖子馨、梁淑琪、呂平義、陳志峰等新生代小說家中也同樣看到，他們以突破傳統的作品共同預示了一種值得期待的新的可能性。

相形之下，散文在新世紀澳門文壇顯得較爲被動而平靜，幾位新生代作家陸續出版了他們的新作，數量上超過小說和新詩，但受限於副刊專欄寫作的特性，內容顯得龐雜而缺乏系統，如王禎寶《見習閒人》（2001）、梯亞《愚樂版》（2001）、馮傾城《飄逝的永恆》（2004）、水月《忘情書》（2006）等，雜記生活感悟，書寫見聞感受，或旅遊隨筆，或讀書心得，或批評時事，或追憶往昔，大抵未脫傳統散文題材與寫作手法的範疇，從水月《忘情書》中五輯的小標題即可說明此一現象：〈夜闌人靜〉、〈胡思亂想〉、〈談情說愛〉、〈萬水千山〉、〈千迴百轉〉。

不過，觀察新生代作家的散文還是可以看到兩個值得注意的趨勢：女作家批評力道的增強，以及專業化題材寫作的出現。澳門女作家散文的溫柔細膩是其一貫的風格，在娓娓道來中，體現出女性細密的心思與豐富的情感，這從林中英、周桐、凌鈍以來即形成一個冰心體的「文藝腔」，在新生代作家身上仍可看到這個清晰的傳統，例如水月、馮傾城等。然而，胡悅、林玉鳳的散文在溫柔腔外卻多了幾分匕首、投槍式的「魯迅風」，讓人對新生代女作家日趨強烈的現實意識刮目相看。以胡悅《娃娃臉》（2000）爲例，從國際、中國到澳門所發生的大小事，她能及時反應，且見解不俗，溫和中暗藏芥辣，實屬難得，如〈愛國愛民〉中說：「民

愛國講了不少年了，是時候講講國愛民了。」；〈蜜月已過〉中直言：「好容易盼到澳門人當家作主，在回歸的蜜月期內，爲不掃自己人的面子，傳媒與政府互唱高調。我倒希望這蜜月期快些完，不要只懂卿卿我我，你來生火做飯，我去打掃屋子，傳媒和政府各自做好自己的本份。」還有〈澳門人自食其力〉的反省：「就算中央政府對澳門確是另眼相看，有人將回歸大騷辦得風風光光，有心出錢出力扶持澳門，但天有不測之風雲，中國家大業大，需要關注的事情，需要幫助的地區何其多，百密難免一疏，澳門和其他地區爭飯吃未必爭得贏，還是自食其力保險些。」[24]這樣的「烏鴉」言論，在回歸前後出現，想來是有些「不合時宜」，然而，胡悅說得起勁，也說得有理，黃文輝不得不佩服地說：「胡悅是值得澳門讀者尊敬的」，因爲「她的確是在別人家不敢說的時候秉筆直言的」。[25]

林玉鳳的「強悍」比起胡悅，有過之而無不及，她可以寫非常抒情的〈想起月光〉、〈深深的寂寥〉、〈楊樹〉、〈除了這朵笑，我什麼都可以忘記〉等美文，也可以橫眉冷對，給人當頭棒喝的震動，如《一個人影，一把聲音》（2004）中的第一、二輯，辛辣直接，只怕連男作家也要自嘆不如，如〈澳門人都是政府發言人〉的片段：

> 回歸四年以來，特區政府的一大政績是擅於平衡各方利益
> 和循序漸進的施行新政，可是，這次的入咪錶新例，讓我
> 們看到的卻是一個截然不同的政府作風：對於影響民主的

---

24 見胡悅：《娃娃臉》，頁 134、194、202。

25 黃文輝：〈胡悅胡閙 —— 兼論澳門文學與報紙副刊之關係〉，《字裡行間 —— 澳門文學閱讀記》，頁 49。

法例，毫不諮詢，絕不推銷，粗疏立法然後急急施行，那種粗暴的程度，對受影響的人幾乎是一種懲罰。粗疏的政策，是最有機會成為暴政的。這種法例施行以後，真正得益的將會是什麼人？[26]

質疑與批判的力度，不僅挑戰政府部門，也挑戰閱讀澳門女性文學的慣性。其他如〈當澳門成為黃賭中心〉、〈社會有病，與青少年何干？〉、〈哪些才是民意？〉、〈總統是靠不住的〉等文，對社會、政府、制度，都有深惡痛絕的針砭。

新生代男作家當中要以黃文輝最令人矚目。他的《不要怕，我抒情罷了》（2006），不僅是抒情，更是沈重苦澀的批判，他對當今消費中心、強權當道、價值淪喪、理想消失的社會，有他獨到而犀利的見解，就如李展鵬所言：「瞭解他的人一定知道，他的『抒情』負載了那麼多 —— 關於我們的時代、我們的文化、我們的社會、我們的靈魂。」[27]我以為，澳門文壇需要「龍應台」，至少要能容忍「龍應台」式的文風與批評，在新生代作家林玉鳳、胡悅、黃文輝的身上，我看到了這個可能性。

專業化散文題材寫作的出現，可以李展鵬的《電影的一百種表情》為代表，這是他自 2001 年起在《澳門日報》副刊撰寫電影專欄「光影漫遊」的作品結集。全書分華語光影、外語光影、光影話題、光影私房四篇，共一百篇短文，紀錄著電影的一百種表情。這是電影漫遊，也是作者成長的生命漫遊，既有影評的專業素養，又有文學的閱讀趣味，其厚度與深度，在澳門散文輕薄短

---

26 林玉鳳：〈粗糙暴政，公眾受罰〉，《一個人影，一把聲音》（澳門日報出版社，2004 年 6 月），頁 42。

27 李展鵬：〈唐朝已遠，但明天仍舊在 —— 寫在《不要怕，我抒情罷了》出版前夕〉，《不要怕，我抒情罷了》（澳門日報出版社，2006 年 4 月），頁 4。

小的傾向中顯得獨樹一幟，只可惜這種主題式、系統性、專業化的散文在澳門文壇並不多見。澳門新生代作家如果能在這方面多加思索，勤加耕耘，應該可以寫出澳門散文的新格局。

從單一到多元，從業餘到專業，跨傳統到現代，澳門文學正蘊蓄著躍躍欲試的生機與活力，這種生機與活力，主要來自新生代的勇於突破、大膽創新，我們之所以對澳門文學的未來充滿信心，很大一部分原因就來自於這些前仆後繼的文學生力軍。

五、結　語

從殖民到回歸，澳門及澳門人都有了新身份和新面貌；回歸之後，澳門文學又將以何種身份及面貌走向未來呢？相信是所有參與和關心澳門文學發展者不能迴避的課題。劉登翰寫於 1999年的一段結語：「就整體而言，澳門文學還在起步之初，缺乏歷史積累和社會扶持使其困難重重。但澳門深厚的歷史蘊蓄和國際都市的現代色彩，提供給澳門文學的發展的前景，都是可以預期的。」[28] 不能否認，回歸十年之後，這段話的某些正確性依然存在。澳門文學早已跨越「起步」階段的生澀、零碎、貧乏，而有了系列、豐富、獨特的成果，但其「困難重重」的局面，則似乎未能得到大幅度的改善，和台灣、香港、中國內地的文學成就相比，確實有著一段不小的差距，但我認為，與其將兩岸四地的文學發展置於同一平台來檢視比較，不如從各自獨特、殊異的面貌出發，正視其自身的藝術特性與文化脈絡，以建構眾聲喧嘩的「華文文學博覽會」，或許對整體華文文學世界版圖的擴大、影響力的提升，會有更具建設性的視野與思考。

---

28 劉登翰：〈文化視野中的澳門文學〉，《文學評論》1999 年第 6 期，頁 20。

略論王鼎鈞與中國現代作家的文學因緣

一、兼類主義：王鼎鈞散文的深、厚、重

　　從「當代十大散文家」到「文壇三大男高音」，從「散文大國手」到「文壇長青樹」[1]，寫作超過一甲子、出書超過四十本的當代重量級作家王鼎鈞，以其堅持不懈的創作力、風格多樣的文體試驗、情理兼具的豐富題材，特別是對人生、文學、宗教的智慧體悟，使他在當代文壇中獨樹一幟，備受推崇，不僅獲得「兩岸掌聲」，恐怕大部分的「海水天涯中國人」，都曾在王鼎鈞作品中

1　1977 年，由管管、菩提編選的《中國當代十大散文家》（台北：源成文化圖書供應社），王鼎鈞被列入十大之一；1994 年，陳義芝主編《簷夢春雨：當代台灣十二大散文名家選集》（台北：朱衣出版社），王鼎鈞又被列入「當代散文大國手」，同時也被列入當代新十大散文家；1999 年，由文建會主辦的「台灣文學經典」評選活動，選出三十本書，王鼎鈞以《開放的人生》入選；至於「文壇三大男高音」，是爾雅出版社隱地先生在 2009 年出版的《文學江湖》書末廣告頁上的用語，他將王鼎鈞、余秋雨、白先勇三人合稱為「文壇三大男高音」。

得過心靈的啟發或慰藉。台灣散文作家陳幸蕙以其為「效法學習的一個標竿」；張曉風則感性地說：「對於這樣的作者，除了謝天，你還有什麼可說的？」；柯慶明更以令人驚詫的「奇蹟」來概括王鼎鈞跨越傳統與現代、寫作歷經大半個世紀而生生不息的驚人成就[2]。大陸學者同樣重視王鼎鈞在散文上的意義與地位，古遠清稱他為「台灣一流散文家」[3]；樓肇明則指出：「人們熟悉作為散文革新家的余光中的名字，而另一位也許藝術成就更大、意境更為深沈博大的旅美華人散文家王鼎鈞，則是為大陸讀者所知不多和相當陌生的了。」然而，他認為王、余二人「可謂珠聯璧合，共同為完成對現代散文傳統的革新，奠定了堅實穩固的基石。」[4]他甚至形象地稱許余、王兩人是「台灣散文天宇上的雙子星座」。[5]

這些肯定與讚譽，證明了王鼎鈞在文學上不凡的成就，即使不是一個「奇蹟」，至少也是當代文學的一頁「傳奇」，一頁深、厚、重的「傳奇」。他的文化厚度、抒情深度，以及「重量級」的文學成就，主要來自他的涉獵廣、格局大、形式自由。沒有廣博就沒有深厚，沒有自由就不會有如此創作之豐所積累出的「重量」，王鼎鈞以其創作為這個觀點作了最生動的詮釋，而他也以這個觀點的實踐成了一代作家的典範。

仔細推敲王鼎鈞少年失學、青年逃難、中年流離的坎坷際遇，不禁令人好奇，是什麼成就了他的廣與大、厚與重？他擅長小說、

2 以上陳幸蕙、張曉風、柯慶明的說法，見王鼎鈞：《風雨陰晴》（台北：爾雅出版社，2000 年 7 月），頁 4、18、19。

3 古遠清：〈王鼎鈞：台灣一流散文家〉，《名作欣賞》2009 年 7 月號，頁 21。

4 樓肇明：〈談王鼎鈞的散文〉，《王鼎鈞散文》（杭州：浙江文藝出版社，1999年 3 月），頁 1-2。

5 樓肇明：〈穿越台灣散文 50 年 —— 序《1945 年至 2000 年台灣散文選》〉，《海南師範學院學報》（社會科學版）2004 年第 5 期，頁 53。

散文、劇本、文藝批評、作文指導等多種文體，其中以散文成就
最高，藝術表現手法嫻熟而多變，是什麼讓他在失學與逃難的環
境中得以自學有成，卓然成家？這是一個令人好奇但也不難理解
的問題。我們知道，一個作家的成長與成熟，必然有著諸多條件
與因緣的會合，王鼎鈞豐富的人生閱歷，造就他不拘一格、多方
轉益的嘗試精神，在摸索中，他不斷突破自己，勇於創新，終於
練成一代大家的不凡身手。也就是說，他先從「雜」入手，透過
「雜」的吸納與互滲，才逐漸提煉出「純」的文學。最能表現出
他這種「雜」的精神是他的「兼類」主義[6]，也就是魯迅的「拿來
主義」。但凡能為其所用者，他都盡量融會一體，不同文體的界限，
在他有意的實驗下被打破，被跨越，我認為，這正是形成王鼎鈞
散文氣度恢弘、視野寬闊、質地厚重風格的主要原因。

　　王鼎鈞在一次接受訪談時提到：「我一生都在學習。從讀中國
古典起步，後來經歷新文學的寫實主義、現代主義，到後現代。
經歷左翼掛帥、黨部掛帥、學院掛帥、鄉土掛帥，到市場掛帥。
每個時段都學到東西。在思想方面，從孔孟、耶穌基督、馬列、
佛陀面前走過，都沒有空手而回。能融會貫通，生生不息，所以
一直能寫。」[7]這種從思想到創作都能廣納百川的學習心態，奠定
了他的文學走向雄渾壯美的基礎，在高度創作自覺意識的驅使
下，他力求打破既有陳規，脫胎換骨，開創新局。他對自己不斷
嘗試「兼類」寫作，是有著文學理論的支撐，他說：「詩、散文、
小說、劇本，是那棵叫做文學的大樹上的四枝，是文學大家族中

6　散文研究者喻大翔說王鼎鈞是「兼類」作家，其作品是「兼類」散文。在此
　　借用為「兼類主義」。見喻大翔、谷方彩：〈散文世界的「兼類」作家 —— 論
　　王鼎鈞的散文藝術〉，《名作欣賞》2009 年 7 月號，頁 14。
7　李曄：〈海外著名散文家王鼎鈞訪談錄〉，《當代文壇》2006 年第 4 期，頁 21。

的四房，並非像動物和礦物截然可分。……爲了便於觀摩學習，必須誇張四者相異之點，尋求他們個別的特色。這以後，層樓更上，作家當然有不落窠臼的自由，兼採眾體的自由。」[8]在〈王鼎鈞自述〉一文中，他就自豪地說：「在台灣爲及早力行將小說戲劇技巧融入散文之一人」[9]。一個真正具有創作力的作家，必然知道文學裡沒有絕對的文體，更沒有絕對的分類。王鼎鈞的散文創作很早就跳出了文體界限，因而成就了他獨特的兼類文風。

文體形式的兼類跨越，加上宗教思想的兼類混融，王鼎鈞的散文因此顯得大氣。他深知自己的才學有限，因此特別用心學習吸收各種文學養分，在模仿中創新，在摸索中前進。只要被他「拿來」，他總能推陳出新，另闢蹊徑，這是他的才氣，也是他的勇氣。本文所要探討的中國現代文學作家[10]，就是被他拿來所用的許多材料中的一部分。這批從五四到三〇、四〇年代的文學作家包括了夏丏尊、冰心、許地山、魯迅、沈從文、林語堂、胡適等，他們的思路與作品，都曾經或多或少地影響過他，給他人生的啓發，給他寫作的靈感，給他思想的啓蒙，也給他在寂寞道路上堅持下去的力量。

二、從《文心》到《文路》：夏丏尊

王鼎鈞在自傳體（回憶錄）散文集《昨天的雲》中提到，在讀

8　王鼎鈞：《文學種籽》（台北：爾雅出版社，2003 年 7 月），頁 74-75。
9　王鼎鈞：〈王鼎鈞自述〉，《千手捕蝶》（台北：爾雅出版社，1999 年 1 月），頁 181。
10　本文的「現代」指涉的時間範疇是指 1917 年胡適發表〈文學改良芻議〉揭開新文學序幕，至 1949 年大陸政權易手爲止。1917 年以前的「近代」與 1949 年以後的「當代」，暫不在本文討論的時限內。

小學時曾受到一位蘇姓國文老師的指點和啟發，從而認識了夏丏尊及其作品，在寫作上給他極大的影響。蘇老師在一次講文章作法的課堂上指出：「同樣一件東西，同樣一片風景，張三看見了產生一種感情，李四看見了產生另一種感情。」接著舉例說：「同樣是風，『吹面不寒楊柳風』是一種感情，『秋風秋雨愁煞人』是另一種感情。」聰慧的王鼎鈞立即表示質疑地說：「春風和秋風不是一樣的風，是兩種不同的風，人對春風的感覺和對秋風當然不同。」蘇老師一聽，微笑點頭，表示認同地說：「我們另外找例子。我們不要一句春風一句秋風，要兩句都是春風，或者兩句都是秋風。」自小作文即受到賞識的王鼎鈞，下課後，蘇老師叫他去辦公室，送他一本夏丏尊專為中學生寫的書《文心》，表示期許和肯定，王鼎鈞回憶說：

> 我一口氣讀完它，蘇老師舉的例子，是從這本書中取材。雖然書中偶有不甚精密的地方，但我非常喜歡它，它給我的影響極大，大到我也希望能寫這樣的書，大到我暗想我也將來做個夏丏尊吧。[11]

　　《文心》由夏丏尊與葉聖陶合著，1934 年由開明書店出版，全書採用說故事的體裁來介紹或討論有關國文的知識，是兩人運用多年教導中學國文的經驗所寫成，在當時產生了很大的迴響。朱自清對這本「讀寫的故事」深表讚賞，認為是對青年寫作的「一件功德」，「書中將讀法與作法打成一片，而又能就近取譬，切實易行。不但指點方法，並且著重訓練。」以故事的方式呈現，「自然比那些論文式綱舉目張的著作容易教人記住 —— 換句話說，收

11　王鼎鈞：〈我讀小學的時候〉，《昨天的雲》（台北：作者自印，1992 年 5 月），頁 69。

效自然大些。至少在這一點上，這是一部空前的書。」[12]夏丏尊
還曾和劉熏宇合寫《文章作法》，和葉聖陶合寫《閱讀與寫作》、《文
章講話》，加上他所翻譯的《愛的教育》風行久遠，使他的青年導
師、開明教育家的形象深入青年人心中。早慧且對寫作充滿熱誠
的王鼎鈞，顯然在《文心》這本書中得到很大的啓發，因而對夏
丏尊的文學事業充滿了敬意，於是，後來的王鼎鈞寫了一系列與
寫作指導有關的作品，包括《文路》、《講理》、《靈感》、《作文七
巧》、《文學種籽》、《作文 19 問》等。特別是《文路》與《講理》，
明顯是夏丏尊啓發下的成果，在《文學江湖》中他提到，1961 年
在育達商業職業學校及 1962 年在汐止中學擔任國文教師時，他利
用作文課以學生爲實驗對象，進行作文教學，然後將這些經驗與
心得陸續寫了這兩本書，他說：「《文路》的體例仿照《愛的教育》，
偏重記敘文、抒情文的寫法。我想再寫一本書，體例模仿夏丏尊
的《文心》，內容專門討論議論文。」[13]這本討論議論文的書就是
《講理》。

　　夏丏尊在《文心》中塑造了一位國文教師王先生的角色，他
不僅親切和藹，而且對學生的讀書寫作都認真指引、熱情鼓勵，
是一位充滿教育愛的典型良師形象。在王鼎鈞的相關著作中，並
沒有塑造出這樣一位人物典型，因爲他自己就扮演了「王老師」
的角色。對於一系列談作文的書，王鼎鈞和夏丏尊有著同樣的理
想和體認，他曾說：「既然談的是『方法』，就得注重『可行』，就
得找出『程式』『步驟』供人練習，這種書就要寫得既具體又實際。

---

12 朱自清：《文心·序》，《夏丏尊文集·文心之輯》（杭州：浙江文藝出版社，
　　1983 年 12 月），頁 171-172。
13 王鼎鈞：〈我與學校的已了緣〉，《文學江湖》（台北：爾雅出版社，2009 年 3
　　月），頁 442。

你得在書中指出一些目標，讓凡是照著書中規定去做的人果然可以達到，不能讓『目標』可望不可即。我在這方面算是盡了力。」[14]他教導如何培養和積累靈感的方法（《靈感》），介紹直敘、描寫、演繹、歸納、綜合等技巧（《作文七巧》），告訴初學寫作者如何一步步從教室走向文壇（《文學種籽》），透過對話方式探究創作方法、釐清創作脈絡（《作文 19 問》），還有以小說的手法來教導如何寫論說文（《講理》）等等，都能寫得深入淺出，活潑生動，難得的是提出具體實用的步驟方法，層次井然，由近及遠，許多看法都別有見地，且可即學即用。

王鼎鈞和夏丏尊一樣，都是自學有成，或許是這個緣故，他對青年（特別是失學青年）的自學格外重視，他在這方面投注的心血，長期努力經營的成果，我認為完全不輸給夏丏尊，也就是說，他已經做到了小學時「將來做個夏丏尊」的夢想，而且有過之而無不及。

三、宗教情懷與寓言人生：許地山

楊牧在〈中國近代散文〉一文中，將王鼎鈞歸入許地山的「寓言散文」一派，他指出許地山「博學沈潛」，能「深入梵文舊籍，結合中國傳統的象徵筆法，作品充滿寓言點化的技巧，神韻無窮。」[15]王鼎鈞的部分散文如寓言體的《開放的人生》、《人生試金石》、《我們現代人》（合稱「人生三書」）、《千手捕蝶》，以及宗教色彩較明顯的《心靈與宗教信仰》（原名《心靈分享》）、《黑暗聖經》（原名《隨

---

14 王鼎鈞：〈答問（代序）〉，《作文七巧》（台北：作者自印，1984 年 8 月），頁 3。
15 楊牧：〈中國近代散文〉，《文學的源流》（台北：洪範書店，1984 年 1 月），頁 56。

緣破密》)等,確實讓人有許地山風格的聯想。王鼎鈞很早就讀過
許地山的作品[16],雖然他沒有進一步說明許地山對他的影響,但
他深具宗教情懷與寓言人生的寫作傾向,和許地山確有相近之處。

　許地山的一生和宗教結下不解緣,除了教學工作和文學創作
外,他花費很多時間研究、撰寫宗教比較學和宗教史,還研究印
度宗教、哲學、人類學,基督教、佛教與道教,都曾進入他的心
靈。因為宗教信仰,他早期的作品遂流露出濃厚的宗教色彩,小
說〈命命鳥〉、〈商人婦〉、〈綴網勞蛛〉等即是反映其厭生樂死宗
教觀的代表作,帶有消極的心態;散文集《空山靈雨》中多篇作
品也是以佛教出世思想為基調,在〈弁言〉中,他就宣示「生本
不樂」,認定人生多苦,例如短文〈蟬〉寫道:「急雨之後,蟬翼
濕得不能再飛了。那可憐的小蟲在地面慢慢地爬,好容易爬到不
老的松根上頭。松針穿不牢的雨珠從千丈高處脫下來,正滴在蟬
翼上。蟬嘶了一聲,又從樹底露根摔到地上了。雨珠,你和它開
玩笑麼?螞蟻來了!野鳥也快要看見它了!」呈現的是生物界險
象環生的處境,同時也揭示了這個充滿苦難危機的人世間,帶著
消極的色彩。不過,他前期的散文中還是有一些能積極面向現實
人生的思考,如〈海〉中寫道:「我們坐在一隻不如意的救生船裡,
眼看著載我們到半海就毀壞的大船漸漸沈下去。」這船就是人生
的寓寫,即使不如意,即使終將下沈,也不能放棄,他鼓舞大家
一起划槳:「在一切的海裡,遇著這樣的光景,誰也沒有帶著主意
下來,誰也脫不了在上面泛來泛去。我們儘管划罷。」還有著名

---

16 王鼎鈞:「我憑六冊文選初步認識中國的新文學,我得以知道山東出了王統
　　照、李廣田,台灣出了許地山。」見〈左翼文學薰陶記事〉(上),《聯合報》
　　副刊,2004 年 2 月 7 日。

的〈落花生〉，以物喻人，指出花生不炫耀自己、埋頭實幹的品質，希望能像花生一樣，「人要做有用的人，不要做偉大、體面的人。」[17]充分顯現他務實入世的精神。宗教的觀點和現實的感受，在他的筆下自然激盪，從而發展出屬於他個人特有含蓄雋永、意味深長的藝術風格。

王鼎鈞的一生也和宗教結緣甚早、甚深，少年受洗為基督徒，但對佛教道教也不排斥，表現出兼取各家所長的「拿來主義」務實精神，他說：「我是基督徒，坦白地說，佛教道教對我仍然有吸引力。我對這三家的內涵都有取捨。……我覺得宗教信仰是混血的，佛徒心中不止有佛，耶徒心中不止有耶，儒釋道耶俱在，你我每個人自己調一杯雞尾酒。」[18]這種多元混合的宗教信仰，被稱為「雞尾酒」式的信仰。和許地山的宗教義理研究不同，他是「一種在實用原則指導下的選擇結果」，為了洞悉人性、解決人生問題，他向不同宗教尋找秘方和解答，體現的是一種「儒家用世精神的靈活性」[19]，而非追想彼岸式的出世寄託。這就決定了他比許地山更為樂觀、積極的哲理思考與精神追求。他曾這樣比喻文學與宗教的關係：「音樂是上帝的語言，美術是上帝的手巾，文學是上帝的腳印，我們順著腳印，尋找上帝，想像上帝」。[20]於是，我們在他的作品中看到「仁者的獨照、智者的透闢和文者的生動」。[21]隱地甚至以「聖歌」形容王鼎鈞的散文。[22]

---

17 以上〈蟬〉、〈海〉、〈落花生〉三篇文章，引自周俟松、向雲休編：《中國現代作家選集·許地山》（台北：書林出版社，1992年12月），頁6、26、78。
18 王鼎鈞：〈關於宗教的反思〉，《心靈與宗教信仰》（台北：爾雅出版社，1998年11月），頁153。
19 語見趙秀媛：〈論王鼎鈞散文的精神品格〉，《名作欣賞》2008年9月號，頁58。
20 王鼎鈞：《心靈與宗教信仰》，頁1。
21 高彩霞：〈踏著「上帝的腳印」追尋永恆〉，《美國華文文學論》（黃萬華主編，

　　以《千手捕蝶》為例，多篇源自基督教義的啓發與聯想，如〈聖經？〉寫道：「起初，上帝造人。他造了兩個男人，又造了兩個女人。人類的歷史從這兩對配偶開始。不久，其中一個男子，殺了另一個男人，把另一個女人也據為己有。這個勝利的男子搜遍樂園，把另一個男子留下的痕跡完全消滅，使後之來者完全看不出還有一個人在這裡生活過。他又對兩個女子洗腦，使她們把某些事情忘得乾乾淨淨。然後，他坐下來寫《創世紀》，他是上帝所造唯一的男人，是人類的始祖。」這是王鼎鈞所「創造」的人類起源，對於「聖經」，他提供了另類的思考，帶有反諷權威的意圖；又如〈創世外記〉所說：「或者並不是上帝照自己的形象『拷貝』了人類，而是人『盜用』了上帝的版權。蚌類或許是模仿上帝的保險箱。」幽默的顛覆許多既有的定見；還有〈感恩節〉、〈面具人間〉、〈奉獻〉等也都是從宗教題材中所提煉出來的人生哲理。在寫作《黑暗聖經》一書時，他甚至效法《聖經》的結構，開卷似創世紀，終篇似啓示錄，中間則經歷紛紜世相。至於《心靈與宗教信仰》一書更是明顯的宗教思索之作，談宗教情操、多元信仰、生死之謎、宗教與文學創作關係、教會、人間大愛與小愛等，是其多年鑽研宗教奧義（特別是基督教）的集中呈現。

　　如果只是對宗教信仰有同樣的興趣，王鼎鈞和許地山的文學「相似度」將不會如此之高，必須加上對創作「寓言散文」的同好，兩人的牽連才因此緊密、合理。許地山的寓言散文取材自日常生活、宗教信仰、歷史素材，體悟深刻，寓理於事，平易中娓娓道來，具有哲思的感染力。例如〈暗途〉寫吾威在夜裡不點燈

濟南：山東文藝出版社，2000 年），頁 154。
22 隱地：〈王鼎鈞的聖歌〉，《千手捕蝶》，頁 165。

走山路回家，因為他認為：「不如我空著手走，初時雖覺得有些妨礙，不多一會，什麼都可以在幽暗中辨別一點。」於是，「那晚上他沒有跌倒；也沒有遇見毒蟲野獸；安然地到他家裡。」對人的本能回歸、自立自強的精神，做了生動的詮釋；〈蛇〉寫「我」在樹林見了一條毒蛇，趕緊逃開，而蛇也逃走了，返家後對妻子提起此事，疑問道：「到底是我怕它，還是它怕我？」妻子說：「若你不走，誰也不怕誰。在你眼中，它是毒蛇；在它眼中，你比它更毒呢。」[23]由此體認到相對立場的不同看法，富有人生哲理的寓意；其他如〈萬物之母〉、〈美底牢獄〉、〈補破衣的老婦人〉、〈公理戰勝〉、〈處女的恐怖〉等，都是文筆洗鍊、構思新穎的寓言之作。

　　王鼎鈞的寓言散文在質與量上都不遜於許地山，其「人生三書」多以小故事代替說理，巧用隱喻，給人咀嚼不盡的知性啓悟，如〈大漠弱者〉寫人性的軟弱，那位不能等待同伴提水回來的人，以最後一顆子彈結束生命，使得同伴只能看著屍體反覆追問：「你為什麼不堅忍到底？」；〈六字箴言〉以一位離鄉年輕人和族長的互動，提醒我們：「人生在世，中年以前不要怕，中年以後不要悔。」這「不要怕，不要悔」六字箴言的奧義，是人生經驗的提煉，也是生命智慧的濃縮；又如〈鎖匠和小偷〉寫鎖匠因賣鎖而致富，拿出財產來設立特殊學校，幫助小偷洗手轉業，有人提醒他，小偷少了，鎖的銷路就不好，這不是自己搬石頭砸自己的腳嗎？鎖匠的回答令人深思：「不會，完全不會。仍然有人甘居下流，人仍然要小心保管自己的財物，小偷不會絕跡，甚至也看不出顯著的減少。」鎖匠努力減少盜竊人口的結果是使自己升高，因為「有

---

23 以上〈暗途〉、〈蛇〉兩篇文章，引自周俟松、向雲休編：《中國現代作家選集‧許地山》，頁23、7。

些人自己沈淪的結果是把別人墊高,這幾乎是命中注定。」這實
在是洞察人性的推論;和許地山〈海〉的寓意接近的是〈水族啓
示錄〉,王鼎鈞寫道:「有些魚,尾部的骨骼折斷了,死在沙灘上,
那些倖而生還的,也難保不被鯊魚吃掉,雖然如此,它們仍然全
力歸海,因爲它們是水族,對海永遠有幻想。」[24]接受現實,勇
敢面對,即使徒勞無功,也無怨無悔,這是許、王兩人共同追求
的生命態度。

可以說,1949 年以前的寓言散文以許地山最爲突出,1949
年以後則以王鼎鈞最爲用心,兩人在宗教領悟上各有所長,在文
學創作上相互輝映,以寓言說人生,都是析事說理的大家,也是
理性感性兼具的智者。

四、曾經是「小讀者」:冰心

對於新文學第一代的女作家冰心,王鼎鈞經歷了由喜愛到批
評的心理轉折。在〈我的一九四五呢〉中他提到:

> 我們曾經是冰心的小讀者,因冰心愛海而嚮往海,因冰心
> 憐憫老鼠而喜歡老鼠。我們幻想如何像冰心一樣站在甲板
> 上,靠著船舷,用原來裝照相底片的盒子裝些詩句丟進海
> 裡,任它漂,任它被一個有緣人揀去。想想想,我把眠牀
> 想成方舟,把家宅想成一片汪洋。[25]

---

24 〈大漠弱者〉見《人生試金石》(台北:爾雅出版社,2002 年 8 月),頁 229;
〈六字箴言〉見《開放的人生》(台北:爾雅出版社,1975 年 7 月),頁 35;
〈鎖匠和小偷〉見《人生試金石》,頁 231;〈水族啓示錄〉見《有詩》(台
北:爾雅出版社,1999 年 1 月),頁 95。

25 王鼎鈞:〈我的一九四五呢〉,《左心房漩渦》(台北:爾雅出版社,1988 年 5
月),頁 143。

　　可見他曾經對這位以小詩《繁星》、《春水》，散文《寄小讀者》風靡無數讀者的作家有著發自內心的崇拜，幻想自己也能和她一樣寫詩、愛海。但是隨著自身文學素養與寫作經驗日漸豐富後，他對「冰心體」的散文開始有所質疑，在寫於 2004 年的一篇文章中他分析道：

> 我小學時代親近冰心，後來覺得她的語言夾生，節奏紊亂。我到台灣後一度主編《中國語文月刊》，該刊的主要讀者是中學的國文教師和學生，我曾經想開闢專欄，選擇「台灣能夠容忍的三十年代作家」，刊出他們的舊文，加以注釋分析，幫助學生提升寫作的水平，這時才發覺許多前賢修辭馬虎，有時造句也不通順，儘管留下「傑作」，卻不能作學習的範本。我把這個發現告訴某一位大教授，他「順藤摸瓜」，尋找病人，羅列病例，寫了一篇「無情」的論文，我確實嚇了一跳。[26]

　　從「親近」、「嚮往」到「嚇了一跳」，冰心和王鼎鈞的文學因緣漸行漸遠，理由是「語言夾生，節奏紊亂」。冰心是用情感寫作的作家，五四初期，她的散文開啟「美文」之風，細緻委婉，優美清新，成了一種典範。在語言修辭上，偏向明麗清新，「滿蘊著溫柔，微帶著憂愁，欲語又停留」[27]，成了她的作品風格。為了營造詩情畫意的美感，冰心喜用古典詩詞入文，濃抹重彩地運用各種修辭手法來描摩對象，好處是形象清晰在目，但不免有堆金砌玉、文勝於情之憾，文白夾雜，有時生動，有時則牽強。例如

26　王鼎鈞：〈左翼文學薰陶記事〉（上），《聯合報》副刊，2004 年 2 月 7 日。
27　這是冰心〈詩的女神〉一詩中的句子，拿來形容她自己的文風頗為貼切。見《冰心全集》（卓如編，福州：海峽文藝出版社，1994 年 12 月）卷 1，頁 313。

〈往事〉（二之三）：「往者如觀流水 —— 月下的鄉魂旅思：或在羅馬故宮，頹垣廢柱之旁；或者萬里長城，缺堞斷階之上；或者約旦河邊，或在麥加城裡；或超渡萊茵河，或飛越洛磯山；有多少魂銷目斷，是耶非耶？只她知道！」[28]修辭重複堆砌，顯得逞才使氣。當然，回到五四時期的文學語境，冰心的散文已經算是明白曉暢，具體可感，和同時期的作家相比，文字語病其實是相對較少的。

在題材內容上，冰心喜歡描寫山海自然，母愛親情，關注家國命運，思索宇宙人生，在這一點上，王鼎鈞也是如此。冰心和王鼎鈞都是基督徒，終生信仰「愛的哲學」，認為「有了愛就有了一切」，這使她的散文富有人生義理的闡發，且總是微笑看世界。雖然，沒有太多生命周折的冰心，她的「泛愛主義」，和歷經紅塵人世複雜糾葛的王鼎鈞有很大的不同，王鼎鈞致力於「黑暗聖經」的挖掘，冰心則是沈醉於「光明聖經」的歌詠。但只要讀讀王鼎鈞寫母愛的〈一方陽光〉，寫淡淡初戀的〈紅頭繩兒〉，寫繞樑不去的二先生的〈哭屋〉，或是〈失樓台〉中的心情：「以後，我沒有舅舅的消息，外祖母也沒有我的消息，我們像蛋糕一樣被切開了。但是我們不是蛋糕，我們有意志。我們相信抗戰會勝利，就像相信太陽會從地平線上升起來。從那時起，我愛平面上高高拔起的意象，愛登樓遠望，看長長的地平線，想自己的樓閣。」[29]和冰心所刻畫的溫暖人心、光明世界其實是十分接近的。還有〈唯愛為大〉、〈愛孩子〉、〈成全母親〉、〈人，不能真正逃出故鄉〉、〈中

28 冰心：〈往事〉（二），最初發表於 1924 年 7 月《小說月報》第 15 卷第 7 號。引自《冰心全集》卷 2，頁 186。

29 王鼎鈞：〈失樓台〉，《碎琉璃》（台北：作者自印，1978 年 3 月），頁 86。

國在我牆上〉、〈瞳孔裡的古城〉等有關親情、家國的作品，都讓
人看到了與冰心相似的身影。

　　有趣的是，王鼎鈞寫了一篇散文〈分〉，特別提到冰心寫的小
說〈分〉[30]，同題之作，足見王鼎鈞對冰心的作品還是熟悉的。
在這篇敘述兩岸因戰火隔絕，導致童年摯友即使聯絡上也不能再
像以前那樣無話不談的傷感之作，王鼎鈞具體而微地寫出了時代
的無情與個人的無奈：

> 分字底下一把刀，有形的刀之外還有無形的刀。你還記得
> 吧，冰心有篇文章題目就是「分」，在婦產科醫院的嬰兒室
> 裡，人和人都差不多，進了幼稚園就顯出許多差別，以後
> 年齡長大境遇各殊，人啊人就截然不同。那時，冰心的想
> 像力還不足以「假設」兩個人分別在兩種相反的社會制度
> 裡生活四十年，她的那篇文章已經令人夠傷感夠無奈了。[31]

　　於是，「記得當時年記小，我們談天可以由早晨談到中午，又
由中午談到晚上。」「當初我們一面談天一面發現我們所知道的完
全相同」，然而，戰亂使人分離，從形體、思想到感情，「而今我
們讀過多少有字無字之書，我們一年的見聞抵得上前人一世，我
們多少感觸、多少激盪、多少大徹大悟、多少大惑不解，三山五
嶽走遍，欲言又止。」王鼎鈞的〈分〉比起冰心的〈分〉，剖析更
為深刻、描寫更為細膩，令人感喟的力量也更強烈，這是因為王
鼎鈞「碎琉璃」（流離）的生活和對人性的體驗，比起「燦若繁星」
的冰心更為豐富而坎坷的緣故。

---

30 冰心的小說〈分〉寫於 1931 年 8 月，發表於 1931 年《新月》第 3 卷第 11 期。
31 王鼎鈞：〈分〉，《左心房漩渦》，頁 138。

五、不能欣賞，不敢親近：魯迅

作為新文學的奠基者，魯迅「世紀冠軍」的不凡成就與巨大形象，但凡中國作家很少有不受其影響的。王鼎鈞和中國現代作家的淵源極早，接觸亦多，十三歲時就在外祖母家遇到一位二表姊，這位二表姊給了他在新文學新思想方面的啟蒙，讓他「開始夢想有一天能做作家」[32]。對新文學作品涉獵甚廣的二表姊，借給他許多新文學作品，有蘇雪林的《棘心》、沈從文的《從文自傳》、巴金的《家》、茅盾的《子夜》，以及郁達夫、趙景深等人的文集，其中還有魯迅的《野草》。

《野草》是魯迅個人隱密心理有意識或無意識的表露，揭示出魯迅內心情感與道德的激烈衝突，這些被視為散文詩的作品，是進入魯迅內心世界的幽徑。在這本書中，跳動著作者誠摯而痛苦的靈魂，正如他自己所言：「大半是廢弛的地獄邊沿的慘白色小花，當然不會美麗。」[33]，這樣深刻的作品，少年王鼎鈞恐怕很難有感同身受的體會，他之不喜魯迅大約也是正常的。魯迅的文名主要建立在小說及雜文上，主題則集中於抨擊封建傳統的壓迫性、暴露落後愚昧的國民性、刻畫知識分子的虛偽性上，為了引起療救的注意，他以戰士的姿態，試圖喚醒鐵屋中沈睡的人們，於是，他吶喊，他徬徨，他以文筆為匕首，刺向陰暗人心，刺向不義社會，加上他個人成長過程中面臨家道中落、出入當鋪與藥店的不愉快經驗、父親早死、婚姻不諧等因素，使他有著猜疑、

---

32 王鼎鈞：《昨天的雲》，頁 122。

33 魯迅：〈《野草》英文譯本序〉，《魯迅全集》（北京：人民文學出版社，1981年）第 4 卷，頁 356。

孤獨、陰暗、虛無的心理層面，這也決定了他的作品偏向詛咒、
諷刺、批判、揭露、不平的風格。魯迅死前表示「一個都不寬恕」
的苛刻態度，對於懷有宗教之愛、信仰寬恕美德的王鼎鈞顯然是
不能認同的，他說：

> 我不喜歡魯迅，那時我從未說出口來，即便是今天，說這
> 句話還有些膽怯。我知道陳西瀅、梁實秋、胡秋原、蘇雪
> 林也不喜歡魯迅，但是我那時並未讀到他們的評論，我的
> 耳目所及盡是高度稱頌。我不喜歡他大概是氣性使然，我
> 欣賞文學固然有局限，魯迅恐怕也未能把他的氣性完全昇
> 華轉化。現在詩人楊澤說，魯迅是「恨世者」，哥倫比亞大
> 學教授王德威說，魯迅刻薄寡恩，散發毒氣與鬼氣，他們
> 展示多元的看法，先獲我心。瞿秋白和魯迅同世為人，他
> 說魯迅是狼族，有狼性。羅馬神話：萊漠斯出生後吃狼奶
> 長大，不離狼群。這話我到八十年代才讀到，相見不恨晚。
> 如果說讀書變化氣質，我拒絕變成這樣的人，我也不能欣
> 賞、不敢親近這樣的人。[34]

　　不能欣賞，也不敢親近，魯迅成為他映照人世、探索人生的
反面鏡像。和魯迅相比，王鼎鈞的寬厚恕道精神給人正面的力量，
他曾說過一段令人動容的話：「作家可以愛仇敵。誰來造就一個作
家？第一是情人，第二是敵人。沒有情人，沒有敵人，他都不能
成為好作家。情人使他愛他所能愛的，仇人使他愛他所不能愛的。
如果他對仇敵有恨，他仍然難成最好的作家。」[35]這也許是宗教
信仰給王鼎鈞的啟示，一種崇高的人生境界在這位「愛世者」的

---

34 王鼎鈞：〈左翼文學薰陶記事〉（上），《聯合報》副刊，2004 年 2 月 7 日。
35 王鼎鈞：〈感恩見證〉，《心靈與宗教信仰》，頁 192。

心中成為一生牢不可破的信條。

　　王鼎鈞曾在 1946 年抗戰勝利後,到瀋陽擔任日軍投降後的接收工作,偶然發現一套六冊中國當代文學的選集,他搶救下來,仔細讀了魯迅的〈狂人日記〉。為恐被連隊長官發現他閱讀左翼作家的作品,他把六冊文選寄放在一家中藥鋪,抽空才到店裡看書,他記得在中藥鋪裡讀到魯迅的小說〈藥〉,「感受特別深刻」,「我覺得『人血饅頭』如能治病,烈士在天之靈也會贊成,可惜它只會傳染疾病。」[36]看來,對於魯迅的「不親」,並不代表他的「不見」,而是有己見的接受,有批判的回應。

　　這六冊文選顯然對他產生了很大的影響,他說:「我眼界大開,立刻覺得長大了,比起同儕,我算是見多識廣。」只是,這些作品中不斷出現的「壓迫」、「剝削」、「受侮辱的和受損害的」等口號,使他不自覺中被灌輸了左傾的意識型態,文學上則接受了寫實主義的創作立場,對此,他反省道:「那時寫實主義的詮釋者和鼓吹者,只談意識型態,不談藝術技巧,作品有沒有價值要看站在什麼立場、為什麼階級說話,要看揭露的是什麼、控訴的是什麼。……對我的影響是:幾乎不知道有『形式美』。」[37]這個弊病,直到 1960 年代,台灣提倡流行「現代主義」,才糾正了他。透過魯迅、巴金、茅盾、郭沫若、丁玲等左翼作家的作品,王鼎鈞曾經受到啟蒙,但人生觀與文學觀的根本差異,使他很快放棄了這種主題先行、革命為先、政治為準的文學思潮。

　　不過,在王鼎鈞的一些帶有諷刺性與批判性的散文中,我們還是可以看到「魯迅風」雜文的展現,這不是有意的模仿,只能

---

36 同註 32。。
37 王鼎鈞:〈左翼文學薰陶記事〉(下),《聯合報》副刊,2004 年 2 月 8 日。

說是部分性格的巧合，例如〈給我更多的人看〉：

> 人啊人，人字只寫兩條腿。左看像門，右看像山，另有一
> 說是像倒置的漏斗，總之站得牢。人為萬物之「零」，符號
> 十分簡單，人字只兩劃，你看馬牛羊雞犬豕多少劃！門供
> 出入，人分內外；山有陰陽，人感炎涼；漏斗倒置，天地
> 否極，看誰來撥亂反正旋轉乾坤。啊，人啊人。[38]

　　一針見血，洞明世事，有魯迅的犀利，也有魯迅的機鋒。又
如他的〈哭屋〉，寫一個舊式讀書人追求、失敗、懸樑自盡的悲劇
故事，有論者就指出，「與魯迅的《吶喊》、《徬徨》中知識分子的
遭遇與心路歷程有著極大的相似性」，「這是繼魯迅的寂寞悲涼之
後對讀書人寂寞情懷情結的另種書寫。」[39]雖說不喜歡魯迅，但
王鼎鈞的散文有時譏刺人性，有時暗喻時局，有時同情弱小，有
時感慨世事，其實在不自覺中可能還是受到了魯迅潛在的啟發與
影響。

六、人性的善與美：沈從文

　　在二表姊給王鼎鈞的文學啟蒙書籍中，有一冊沈從文的自
傳，對這本書，少年王鼎鈞有一種特別的體會：「書很薄，讀的時
間短，想的時間長，依書中自序和編者的介紹，沈氏生長於偏僻
貧瘠的農村，投軍為文書上士，憑勤苦自修成為有名的作家，最
後做了大學教授。這個先例，給籠中的我、黑暗貼在眼珠上的我
很大的鼓舞。這本書展現了一個廣闊的世界，人可能有各種發展。」

---

38 王鼎鈞：〈給我更多的人看〉，《左心房漩渦》，頁 155。
39 熊小菊：〈解讀《哭屋》的寂寞情結 —— 與魯迅的《吶喊》、《徬徨》比較〉，
　　《美與時代》2006 年 3 月號，頁 82。

⁴⁰那是 1937 年，抗戰爆發，整個民族陷入血和火的洗禮，在烽火連天之際，他從沈從文二十歲以前的自傳中看到了自己，也渴望未來有各種廣闊的可能性。這是他和沈從文的第一次接觸，人性的善與美，從此進入了他審美化的的心靈中。

後來，他又讀了《邊城》，「我喜歡沈從文，他的名作《邊城》，寫一個老人和一個孫女相依為命，使我想起老父正帶著幼女流亡，難以終卷，三歲定八十，我始終很難從純粹審美的角度接受文學。」⁴¹沈從文筆下人性的美給他鼓舞的力量，殘酷的戰爭現實則使他暫離純美的追求，但即使在「社會」這部「大書」中，王鼎鈞和沈從文一樣，從來不曾忘記對人性的善、人情的美、人生的愛的堅持。王鼎鈞在部隊中的經歷並不遜於沈從文，他對文學的愛好與追求也不亞於沈從文，兩人自學成家的背景，看來也很類似。在《從文自傳》中，沈從文多次提到水對他的重要，他說：「我認識美，學會思索，水對我有極大的關係。」⁴²當部隊駐紮在龍潭，沈從文幾乎每天都去河邊「聽水吹風」：

> 那地方既有小河，我當然也歡喜到那河邊去，獨自坐在河岸高崖上，看船隻上灘。那些船夫背了縴繩，身體貼在河灘石頭下，那點顏色，那種聲音，那派神氣，總使我心跳。那光景實在美麗動人，永遠使人同時得到快樂和憂愁。當那些船夫把船拉上灘後，各人伏身到河邊去喝一口長流水，站起來再坐到一塊石頭上，把手拭去肩背各處的汗水

40 王鼎鈞：《昨天的雲》，頁 120。
41 王鼎鈞：〈左翼文學薰陶記事〉（上），《聯合報》副刊，2004 年 2 月 7 日。
42 沈從文：《沈從文自傳》（台北：聯合文學出版社，1987 年 4 月），頁 9。

時，照例總很厲害的感動我。[43]

　　沈從文對河流的愛與想像，行吟江畔的王鼎鈞也在〈讀江〉中有著相近的感受與描繪：

> 城外碼頭，很寬的水面，很小的船，船夫是個中年的漢子，他說的話我只能聽懂一半。船往水窄處走，不久，──也許很久，──兩岸就是層層疊疊的水成岩，就是亂峰，就是飛魚般的落葉。城中的擁擠燥熱恍然是隔年的事了。回想當年經過的山山水水，都成了濛濛煙雨中的影子，像米芾的畫，唯有這條江一根線條也不失落。船是溯江而上，我坐在船頭仔細讀那條江。江上秋早，寒意撲人，江水比烈酒還清，水流很急，但水紋似動還靜，江面像一張古代偉人的臉，我仔細看那張臉，看大臉後面排列的許多許多小臉，以他們生前成仁取義的步伐，向下游急忙奔去。[44]

　　經過二十年的人生歷練，「每天讀那條江如讀一厚冊哲理」，王鼎鈞說：「後來，很久以後，我忽然靈機頓悟，一切豁然。我明白了，我瞭解人，也瞭解你。」來自湘西的沈從文，來自山東的王鼎鈞，兩人在江河船岸上的身影同樣寂寞，也同樣豁達。

　　沈從文說：「我願意在章法外接受失敗，不想到章法內得到成功。」[45]王鼎鈞跨越文類、打破陳規的努力正是基於這樣的信念；沈從文說：「我只想造希臘小廟」，「這神廟供奉的是『人性』」[46]。在中國現代文學史上，像沈從文那樣高揚人性旗幟的作家似乎並

---

43 前揭書，頁 96。
44 王鼎鈞：〈讀江〉，《左心房漩渦》，頁 45。
45 沈從文：〈《石子船》後記〉，引自《沈從文研究資料》（劉洪濤、楊瑞仁編，天津人民出版社，2006 年 6 月），頁 29。
46 沈從文：〈《習作選集》代序〉，前揭書，頁 51。

不多見，他往往被視為人性論者，是「人性的治療者」。對於《邊城》，沈從文說是要「為人類『愛』字作一度恰如其分的說明」，要表現一種「優美，健康，自然，而又不悖乎人性的人生形式」。[47]談人生論人性，我們在王鼎鈞的作品中看到了同樣的思維與關懷，從「人生三書」到《黑暗聖經》，就如王鼎鈞自言：「作家把人生經驗製成標本，陳列展覽，供人欣賞批評，給人警誡或指引。作家取之於人生，又還之於人生，和廣大的讀者發生密切的關係。」[48]考察人性一直是王鼎鈞創作的思想核心，透過人性的解碼，對人性或溫暖或冷峻的剖析，他應該是想為人間的「情」作一生動的說明，就如他所言：「固然『無情不似有情苦』，但『無情何必生斯世？』願我們以有情之眼，看無情人生，看出感動，看出覺悟，看出共鳴，看出希望！」[49]

　　《邊城》在沈從文人性抒寫的長河中，無疑是最具代表性的作品，最為集中地呈現出他的生命理想與人性觀點，然而他所構築的人性神廟，多少帶有理想化的烏托邦色彩，王鼎鈞雖然喜歡《邊城》田園牧歌情調的單純與天然，但是具有強烈現實感的他也不禁要說：「很難從純粹審美的角度接受文學」，這是因為時代的鼓聲、生存的艱難、歷史的命運對他的生命理想強力擠壓、衝擊，使他一直保持著「山雨欲來」的憂患意識，也使他的筆觸指向了整個民族的生存狀態與精神風貌。從《左心房漩渦》、《碎琉璃》到《海水天涯中國人》、《看不透的城市》，乃至於自傳散文《怒目少年》、《關山奪路》等，表現出的整體意蘊，是個人在時代變

---

47 前揭書，頁 53。
48 王鼎鈞：〈人生〉，《文學種籽》，頁 190-191。
49 王鼎鈞：《情人眼‧自序》（台北：作者自印，1990 年 11 月），頁 12。

動中心靈與精神的變異與掙扎，是時代巨變所引起的生命焦慮與
文化困境。也許可以這樣說，沈從文是從「善」的角度看待人生，
而王鼎鈞則是從「真」的角度剖析人性。他在沈從文身上看到了
向上的力量，在《邊城》中看到了廣闊的世界，並且在日後複雜
坎坷的生命流轉中，憑自己的韌性與才情，走出了一條和沈從文
相似但又不盡相同的文學道路。

七、完全的自由：胡適、林語堂

　　感性文學因緣以外，有些現代作家在理性思想上對他產生過
較大衝擊，例如林語堂與胡適，在他的人生思考與個性凝塑上也
有過潛移默化的作用。在《心靈與宗教信仰》一書中，王鼎鈞有
一章專談林語堂與基督教、教會、儀式、中國文化等相關問題，
流露出他對林語堂強烈的認同感，在末尾時還誠摯地呼籲：「我們
應該慶幸基督教有林語堂，一如慶幸佛教中有王維。我很盼望教
會正式樹立『林語堂模式』，接納更多的王維。」[50]一個開放、自
由的林語堂，是他心目中理想基督徒的典型。不過，他和林語堂
的淵源，可以追溯到更早的抗戰時期，在《怒目少年》中，他回
憶抗戰期間曾偶然讀到林語堂《生活的藝術》下冊，非常喜歡，
但一直沒找到上冊：

> 因為耳目閉塞，《生活的藝術》上冊沒看過，不知道到哪裡
> 去找，我們非常喜歡林氏的文筆，可是談到生活，他那致
> 命的精緻實在叫吃「抗戰八寶飯」的人受不了。例如他推
> 許明代文人屠隆的生活：焚香時「慢火隔紗、使不見煙」，

---

50 王鼎鈞：〈信仰者的腳步〉，《心靈與宗教信仰》，頁137。

香薰透衾枕,「和以肌香,甜豔非常」。那種生活似乎很「可怕」。常聽會戰發生,我們一個個變成斯巴達人,有人跑了七十里路弄到「上冊」,問我要不要看,我竟擺一擺手,算了。我這個輕率的決定大錯特錯。多年後讀到「上冊」,才知道和下冊不同,下冊談的是技術細節,上冊談的是人生哲學,在斯巴達之外,人對生活對社會還可以有另一種態度,實在是我老早應該知道的。斯巴達式的人生觀可以用於戰時,不能用於平時,可用於工作,不能用於閒暇,可用於青壯,不能用於終生,而我只知其一,不知其二,後來環境改變,這苦頭可就吃足了![51]

這次的經驗顯然讓他茅塞頓開,他走出了狹隘的慣性(或是惰性),不再只讀「半本書」,也不只讀「一本書」,而是體認到「該融匯各種不同的學說,欣賞不同流派的藝術,承認不同地域的風俗,容納各種不同的個性,讀各種政治立場的報紙。」[52]對於「斯巴達」式的專制政治體制、高壓生活方式和僵化思考模式,他已經有所質疑和反思。

這次的思想啟發和後來與胡適的一段因緣有著相似之處。王鼎鈞提到,1958 年時,台北的中國文藝協會開大會,邀請胡適演講,胡適講〈人的文學〉、〈自由的文學〉,其中一段話讓王鼎鈞印象深刻:

> 政府對文藝採取完全放任的態度,我們文藝作家應該完全感覺到海闊天空,完全自由,我們的體裁,我們的作風,

---

51 王鼎鈞:《怒目少年》(台北:作者自印,1995 年 7 月),頁 104-106。斯巴達是古代希臘城邦之一,以其嚴酷紀律、獨裁統治和軍國主義聞名,其政體是寡頭政治,和當時雅典的民主制度形成對比。

52 同上註。

> 我們用的材料，種種都是自由的，我們只有完全自由這一
> 個方向。[53]

　　這其實是王鼎鈞一生服膺與嚮往的文學境界：「要有人氣，要有點兒人味，因爲人是個人。」[54]只有完全的自由，才是個「人」，寫作的文學才是「人的文學」。胡適在專制政治環境下鼓吹獨立思考的精神，對他性格、觀念的建立有著直接的影響，「訓練我對人生世相的穿透力」，「並且有可能成爲一個夠格的作家」。[55]王鼎鈞後來說：「我寫散文是因爲愛好自由 —— 文學形式的自由，題材選擇的自由。」[56]這種文學的自由觀，不能說沒有受到一點胡適「完全自由」主張的影響。

　　思想之外，這位白話文學的提倡者與實踐者和王鼎鈞在文學寫作上也有一次獨特的「空中互動」。由於胡適經常應邀到各地演講，美國之音駐台北的單位都派人錄音。大部分錄音都交給中廣節目部一份，節目部再交給任職於中廣的王鼎鈞聽一遍，他的任務是斟酌是否適合播出，或者摘出一部份播出。這是他和胡適一種極特殊的文學因緣，他說：「我在工作中深受胡適語言風格的薰陶，他使用排比、反復、抑揚頓挫，常使我含英咀華，他有些話含蓄委婉，依然震撼人心，他明白流暢而有回味。我只能跟他學敘事說裡，學不到抒情寫景，他畢竟只是廣義的文學家。」[57]對胡適「重實用，不重文學藝術性的拓植」[58]的文學特質有著精準

53　王鼎鈞：〈我從胡適面前走過〉，《聯合報》副刊，2006 年 2 月 16 日。
54　同上註。
55　王鼎鈞：〈胡適從我心頭走過〉，《聯合報》副刊 2006 年 4 月 23 日。
56　見陳義芝編：《散文教室》（台北：九歌出版社，2002 年 2 月），頁 64。
57　同註 51。
58　楊牧：〈中國近代散文〉，《文學的源流》，頁 57。

而深刻的體會。

許地山、林語堂、胡適等人在宗教、思想上對王鼎鈞的影響，使得他在散文作品中以說理見長，錘鍊出情、事、理交融的散文風格，筆鋒凌厲，思辨精微，常能從現實生活中汲取靈巧的機智，深遠的洞見，給人雋永的哲思，不愧為「講理」的高手。王鼎鈞說：「我的寫作秉持一個信念：『要給讀者娛樂，給讀者知識，給讀者教訓。』這些話說來似平淡無奇，像『教訓』這樣的字眼也易引起讀者反感，其實這話並沒有什麼錯。我希望讀者讀到我的作品，能多瞭解些人情世故，讀完之後，多了一些智慧。」[59]深諳人情世故與開發生活智慧，王鼎鈞透過一則則生活的小故事，靈光乍現的生活化語言，議論風生出理趣與哲思兼美的文學光芒，讓人省思，更讓人回味。

八、在「風雨陰晴」中成就「一方陽光」

王鼎鈞與中國現代作家的文學因緣，除了上述幾位外，其實還有一些，他曾說：「我也喜歡朱自清、周作人、趙景深，還有丁玲。」「我喜歡曹聚仁、蕭乾，他倆和報館淵源深，作品帶報導文學風格，也許暗示我和新聞有緣。我喜歡麗尼，也許伏下我對『現代文學』的欣賞能力。」[60]至於同為山東老鄉的作家王統照、李廣田，他也很早就讀過其作品。三〇年代具代表性作家茅盾的《子夜》、老舍的《牛天賜傳》，也曾在他文學養成階段給過他許多養分。這些作家中除了沈從文後期作品帶有現代主義風格外，多以

---

59 趙衛民：〈磨劍石上畫蘭花 —— 訪第二屆聯副「每月人物」王鼎鈞先生〉，《聯合報》副刊，1989 年 7 月 31 日。

60 王鼎鈞：〈左翼文學薰陶記事〉（上），《聯合報》副刊，2004 年 2 月 7 日。

現實主義為主要創作傾向，王鼎鈞浸淫其中，多方體會，日求精進，奠定了穩固的文學根基，以及關注現實的創作理念。其後雖歷生活的顛沛流離，異鄉漂泊，不論在創作上或閱讀上，終身自學不輟，博採眾家，廣泛吸收，終能成其博大。來台後，眼界日開，對包括現代主義、意識流等各種文學思潮、敘述方式，不斷琢磨實驗，使其作品呈現出令人眼花撩亂的多重樣貌，正如大陸研究者方方所論：「王鼎鈞的文學生命豐富。論時代，他歷經抗戰、內戰、台北時期和紐約時期，經歷了『寫實主義』──現代主義──後現代』輪流坐莊的文學潮流演進。文學發展的道路曲折，兼收並蓄，取精用宏，頗耐時潮淘洗。」[61]

然而，與其說是文學因緣造就了王鼎鈞這位當代重量級的散文作家，不如說是時代的「風雨」、人性的「陰晴」提煉了他，是血肉硝煙、背井離鄉的滋味豐富了他。沒有天才，沒有運氣，就像他在〈舊夢〉中那切膚之痛般的自白：「我們二十世紀五十年代的人物，同睹過一個世界的破碎，一種文化的幻滅，痛哭過那麼多的長夜，這隻手還不是產生名著的手嗎？無疑的，這身體，從頭頂到腳底，每一寸都是作品！」[62]亮軒說得沒錯：「是躲也躲不掉的使命感推動他成為一個作家」[63]。

從大時代中走來，又從大變動中走過，昔日的「怒目少年」，今日的「海水天涯中國人」，王鼎鈞歷經「關山奪路」之糾結驚危，「文學江湖」之滄桑流轉，使「昨天的雲」成為文壇今天耀眼奪

---

61 方方：《妙手文心──王鼎鈞創作心理及寫作理論探析》（台北：爾雅出版社，2009 年 3 月），頁 127。

62 王鼎鈞：〈舊夢〉，《情人眼》，頁 14。

63 亮軒：《風雨陰晴王鼎鈞：一位散文家的評傳》（台北：爾雅出版社，2003 年 4 月），頁 115。

目的「一方陽光」。他與許多作家的文學因緣只是一個引線，一個
觸機，歷史命運與時代風雲才是真正讓他躍上文學舞台的背景與
動因。他說：「人，不能真正逃出故鄉」，其實，人，也不能真正
逃出時代。

本書論文原始發表出處

1.湖畔詩社研究若干問題考辨

　　本文發表於《文藝爭鳴》【吉林省文聯。CSSCI 核心期刊】
　　2010 年 3 月號。

2.春暉白馬湖，立達開明路 —— 「白馬湖作家群」命題形成與發
　展的歷史考察

　　本文為 94 學年度國科會補助專題研究計畫之部分研究成
　　果。發表於 2010 年 4 月《現代中文學刊》第 5 期【上海華東
　　師範大學中文系】。

3.從《立達》、《一般》看「立達文人群」的精神品格與寫作風格

　　本文為 94 學年度國科會補助專題研究計畫之部分研究成
　　果。發表於 2007 年 6 月《中國現代文學半年刊》【THCI 收
　　錄期刊】第 11 期。

4.羸疾者的哀歌 —— 「立達文人群」中的薄命詩人白采

　　本文為 94 學年度國科會補助專題研究計畫之部分研究成
　　果。發表於 2007 年 5 月《勵耘學刊·文學卷第 4 期》【北京
　　師範大學文學院。CSSCI 核心期刊】。

5.尋找施濟美 ── 鉤沈現代文學史上的「東吳女作家群」

　　本文為 93 年度國科會補助專題研究計劃之部分研究成果。發表於 2005 年 11 月 20 日「2005 海峽兩岸華文文學學術研討會」【南亞技術學院、中國現代文學學會主辦】，後收入 2005 年 12 月出版之《2005 海峽兩岸華文文學學術研討會論文集》。

6.詩意與政治的悖反 ── 析論「散文三大家」的文體特徵及其得失

　　本文發表於 2008 年 12 月《政大中文學報》【THCI 核心期刊】第 10 期。

7.從小巷走向大院 ── 陸文夫小說藝術追求的變與不變

　　本文發表於 2005 年 10 月 28 日「第二屆兩岸現代文學發展與思潮學術研討會」【佛光大學文學系主辦】，後發表於 2005 年 12 月《中國現代文學季刊》第 8 期。

8.新世紀澳門現代文學發展的新趨向

　　本文為 95 學年度國科會補助專題研究計畫之部分研究成果。發表於 2010 年 5 月 1 日「2010 海峽兩岸華文文學學術研討會」【中國現代文學學會、中原大學通識教育中心、武漢大學文學院主辦】。經審查後發表於 2010 年 6 月《中國現代文學半年刊》【THCI 收錄期刊】第 17 期。

9.略論王鼎鈞與中國現代作家的文學因緣

　　本文發表於 2010 年 5 月 15 日「王鼎鈞學術研討會」【明道大學中文系主辦】。

張堂錡作品出版編目

一、專　著

《黃遵憲及其詩研究》（台師大碩士論文），文史哲出版社，1991。

《智慧的光穿越千年》（勵志小品），中央日報社，1993。

《讓花開在妳窗前》（小說、散文合集），幼獅出版公司，1994。

《從黃遵憲到白馬湖：近現代文學散論》，正中書局，1996。

《域外知音》（人物報導），三民書局，1996。

《文學靈魂的閱讀》（論述），三民書局，1998。

《清靜的熱鬧：白馬湖作家群論》（東吳大學博士論文），東大圖
　　書公司，1999。

《舊時月色》（散文），三民書局，1999。

《生命風景》（人物報導），三民書局，2000。

《編輯學實用教程》，業強出版社，2002。

《現代小說概論》，五南圖書出版公司，2002。

《跨越邊界：現代中文文學研究論叢 1》，文史哲出版社，2002。

《追想彼岸：現代中文文學研究論叢 2》，文史哲出版社，2008。

《嬗變中的光影：現代中文文學研究論叢 3》，文史哲出版社，
　　2008。

《黃遵憲的詩歌世界》，文史哲出版社，2010。

《精神家園：現代中文文學研究論叢 4》，文史哲出版社，2010。

《清靜的熱鬧：白馬湖作家群論》（增訂本，出版中），【上海】復旦大學出版社，2011。

二、合　著

《現代文學》，空中大學出版部，1997。

《文學創作與欣賞》，空中大學出版部，2000。

《台灣文學》，萬卷樓圖書公司，2001。

《中國現代文學概論》，五南圖書出版公司，2002。

《大陸當代文學概論》，五南圖書出版公司，2008。

三、主　編

《中學課本上的作家》，幼獅出版公司，1994。

《拿到博士的那一天》，幼獅出版公司，1995。

《印象大師》，業強出版社，1997。

《現代文學名家的第二代》，業強出版社，1998。

《大學短篇小說選》，業強出版社，2001。

《中國現代文學名家傳記叢書》（15 本），文史哲出版社，2002。

《二十世紀文學名家大賞：夏丏尊》，三民書局，2006。

《百年文心：政大中文學人群像》，文史哲出版社，2007。